Christoph Vogel

Abhandlungen der hessische geologischen Landesanstalt zu Darmstadt

Christoph Vogel

Abhandlungen der hessische geologischen Landesanstalt zu Darmstadt

ISBN/EAN: 9783741167218

Hergestellt in Europa, USA, Kanada, Australien, Japan

Cover: Foto ©ninafisch / pixelio.de

Manufactured and distributed by brebook publishing software (www.brebook.com)

Christoph Vogel

Abhandlungen der hessische geologischen Landesanstalt zu Darmstadt

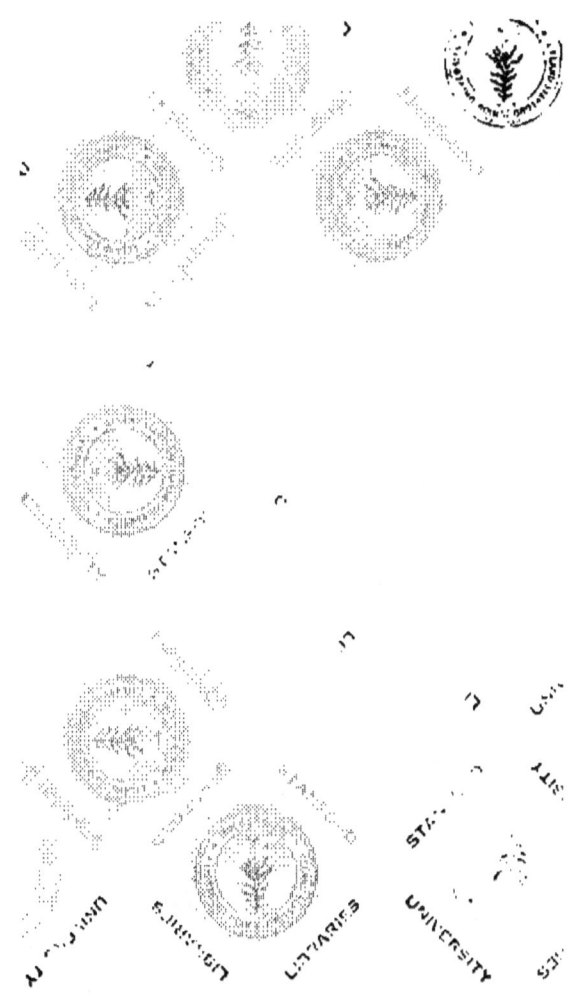

ABHANDLUNGEN

DER

GROSSHERZOGLICH HESSISCHEN

GEOLOGISCHEN LANDESANSTALT

ZU DARMSTADT.

Band II. Heft I.

DARMSTADT.
IN COMMISSION BEI A. BERGSTRÄSSER.
1891.

DIE

QUARZPORPHYRE

DER

UMGEGEND VON GROSS-UMSTADT.

VON

CHRISTOPH VOGEL.

MIT ZWÖLF LITHOGRAPHIRTEN TAFELN.

DARMSTADT.
IN COMMISSION BEI A. BERGSTRÄSSER.
1891.

Die Quarzporphyre der Umgegend von Gross-Umstadt.

Gross-Umstadt liegt an den nördlichen Ausläufern des dritten der vier von Süd nach Nord gerichteten Höhenzüge des Odenwaldes, etwa in der Mitte zwischen den beiden Punkten, an denen sich die zwei bedeutendsten Odenwaldflüsse Mümling und Gersprenz, ihre nördliche Richtung verlassend, nach Osten, dem Maine zuwenden. Im Nordwesten dehnt sich der hessische Theil der Mainebene bis zum Main und den Städten Frankfurt, Hanau, Offenbach und Seligenstadt aus, die zum grössten Theil mit Flugsand und Diluvialschottern bedeckt ist. Südwestlich von Umstadt zieht die fruchtbare Thalniederung der Gersprenz von Reichelsheim herab, welche den Odenwald in einen westlichen, aus krystallinen Gesteinen bestehenden Theil — den vorderen Odenwald (die Bergstrasse) und einen östlichen, vorwiegend aus Sandstein bestehenden — den hinteren Odenwald, trennt. Das Gebiet des bunten Sandsteins schliesst sich im Osten und Südosten an die niedrigen Gneissrücken an und findet im südlichen Spessart und im eigentlichen Sandstein-Odenwald seine Fortsetzung. Nach Norden dacht sich der Odenwald in diese Gneissrücken sanft ab. Westlich von Umstadt schliessen sich direkt an das Gneiss- und Porphyrgebirge sehr fruchtbare alluviale und diluviale Ablagerungen an.

Wenn auch der physiognomische Charakter unseres Gebietes infolge der geologischen Zusammensetzung des Gebirges keine grossartigen landschaftlichen Bilder bietet, so ist derselbe doch keineswegs ein einförmiger. Vor allen Dingen sind es der Basaltkegel des Otzbergs und die Porphyrkuppen in der nächsten Umgebung von Gross-Umstadt, die eine angenehme Abwechselung bedingen und eine Anzahl reizender Ansichten schaffen.

Die Gneissrücken bilden entweder fruchtbares Acker- und Weinland oder sie tragen herrliche Laubwaldungen. Da wo der Sandstein beginnt, fängt auch gewöhnlich der Nadelwald an. Nur der untere Buntsandstein eignet sich durch seinen Wasserreichthum zur Wiesenkultur und trägt noch Laubwald.

Das eigentliche Porphyrgebiet liegt zwischen Wiebelsbach und Klein-Umstadt. Ein isolirtes Porphyr-Vorkommen findet sich bei Schaafheim unweit der Grenze zwischen Bayern und Hessen.

An allen zwölf Stellen, an denen der Quarzporphyr bis jetzt beobachtet wurde, durchbricht derselbe den Gneiss oder krystalline Schiefer und erscheint besonders in der Nähe von Gross-Umstadt in verhältnissmässig steilen Kuppen. Da wo die Porphyrerhebungen durch Thäler von einander geschieden sind, nach Nord und Süd, fallen sie meist steil ab; nach Ost ist das Urgebirge an die Porphyrkuppen angelehnt, so dass entweder ebene Rücken oder flache Sättel an der Grenze beider entstehen. Die östliche Fortsetzung der Gebirgszüge bildet das Buntsandsteingebirge, unter dem nach dem Main hin wieder das Grundgebirge zum Vorschein kommt.

Durch die Erosionsthätigkeit haben gewaltige Veränderungen stattgefunden. Die ehemals bedeutend höheren Porphyrkuppen wurden auf ihre jetzige Höhe und Gestalt gebracht und das von ihnen herabgeschwemmte Material findet sich jetzt als Schotter in den diluvialen Ablagerungen. Die Sandsteine, die nachweislich eine grössere Verbreitung nach Westen und Norden hatten, sind ebenfalls abgewaschen worden und werden auch zum Theil als faustgrosse Rollsteine in den unteren Sanden des Diluviums an den Gehängen des Gebirges z. D. schön in der Lehmgrube der Stuckert'schen Ziegelhütte bei Gross-Umstadt gefunden. Vielleicht war auch das Rothliegende an verschiedenen Stellen vorhanden, das jedoch auch infolge der Erosion verschwunden ist.

A. Klipstein[1] erwähnt die zwischen Gross-Umstadt und Raibach über das niedrige Gneissgebirge emporsteigende höhere Gebirgsmasse unter seinen Porphyren und beschreibt dieselben in seinem Katalog über die geognostisch-

---

[1] Klipstein A., Gedrängte Uebersicht der Ergebnisse einer geognostischen Erforschung des Odenwaldes etc. Heidelberg 1825, S. 8 u. 9.

mineralogische Sammlung des Odenwaldes, Oestliche Gruppe, Nr. 551—597 resp. 581—596 ziemlich anschaulich unter der Bezeichnung Felsitporphyre. Wenn auch nicht alle Vorkommen von Porphyren in seiner Karte angegeben sind, so stimmen doch die angegebenen recht gut. Gute Handstücke des Porphyrs finden sich in seiner Sammlung, welche jetzt im Darmstädter Museum aufbewahrt wird.

Bei F. Becker finden wir die Umstädter Porphyre unter den „rothen Porphyren" erwähnt[1]); etwas eingehender behandelt R. Ludwig dieselben in den Erläuterungen zu Blatt Dieburg[2]) und in einigen interessanten Angaben über die Vorkommen am Rauhwald und Steinerwald.[3]) Auf der von Langsdorf aufgenommenen, nicht im Druck erschienenen geologischen Karte der Umgegend von Dieburg stimmen die eingezeichneten Porphyr-Parthien mit denjenigen der Ludwig'schen Karte ziemlich überein. C. Chelius stellte die Umstädter Porphyre zu den Felsophyren.[4])

Der reiche Wechsel in den geologischen Formationsgliedern wird in den Erläuterungen zu Blatt Umstadt, das sich jetzt in Bearbeitung befindet, eingehender beschrieben werden. Hier soll nur eine kurze Uebersicht über die Gesteine des Gebietes unseres Porphyrs gegeben werden, welche in mehr oder weniger engem Zusammenhang mit diesem stehen.

Folgende Gesteine treten als Formationsglieder auf:

I. Das Grundgebirge, als:

 1. Gneiss:
   a. dunkler Flasergneiss,
   b. rother Gneiss,
   c. Hornblendegneiss,
   d. Zweiglimmeriger Gneiss,
   e. dioritisches Gestein;

 2. Glimmerschiefer;

---

[1] F. Becker, Geognostische Skizze des Grossherzogthums Hessen, S. 101, in Beiträgen zur Landes-, Volks- und Staatenkunde, herausgegeben vom Verein für Erdkunde zu Darmstadt, 1. Heft. Darmstadt 1850.
[2] R. Ludwig und F. Becker, Erläuterung zu Section Dieburg der geologischen Specialkarte im Maassstabe 1:50000, S. 55—69. Darmstadt 1861.
[3] R. Ludwig, Mineralien und Versteinerungen aus der Umgegend von Hering, Wiebelsbach, Gross- und Klein-Umstadt, im Notizblatt des Vereins für Erdkunde zu Darmstadt 1877, S. 169 ff.
[4] C. Chelius, Zur Kenntniss der älteren porphyrischen Gesteine des nördlichen Odenwaldes, im Notizblatt des Vereins für Erdkunde zu Darmstadt 1884, S. 38.

3. Augitschiefer mit Marmor;
4. Hornblendeschiefer.

II. Dyas:
5. Zechstein und Zechsteinconglomerat.

III. Buntsandstein:
6. unterer Buntsandstein { a. Schieferletten, b. Tigersandstein,
7. mittlerer Buntsandstein { c. Conglomeratsandstein, d. Pseudomorphosensandstein.

IV. Das Diluvium.
V. Das Alluvium.
VI. Gänge:
Baryigänge,
Quarz und granitische Gangmassen.

VII. Eruptivgesteine:
a. Quarzporphyr,
b. Basalt.

Das Grundgebirge.

C. Chelius[1]) theilt das Gneisgebiet des Odenwaldes in drei Zonen ein:
1. Die Neustädter Gneisse östlich der Mümling bei Neustadt.
2. Die Böllsteiner Gneisse und krystallinen Schiefer im dritten Odenwaldhöhenzug zwischen Mümling und Gersprenz.
3. Die Bergsträsser Gneisse und krystallinen Schiefer zwischen Gersprenz und Rheinebene.

Die Gneisse unserer Gegend gehören zu den Böllsteiner Gneissen und bilden deren direkte Fortsetzung von Böllstein, Breuxbach und dem Otzberg nach Norden. Sie zeigen in unserem Gebiete eine grosse Verbreitung und treten fast überall unter den jüngeren Gesteinen, wenn auch oft nur in kleinen Parthien an Rainen und Gehängen hervor. Durch zahlreiche natürliche Aufschlüsse — Schluchten, Raine, Hohlen etc., sowie in alten und neuen Steinbrüchen —

[1]) C. Chelius, Neues Jahrb. f. Min. 1890, Bd. II. S. 67 ff.

sind sie der Beobachtung zugänglich. Vorwiegend sind die Gneisse unseres Gebietes dunkle Flasergneisse, eine geringere Ausdehnung zeigen die rothen Gneisse, noch mehr treten zurück die Hornblendegneisse.¹)

Das Einfallen der Gneissschichten geht gewöhnlich nach N und NW, das Streichen von SW nach NO oder von O nach W.

Der dunkle Flasergneiss.

Obwohl sich zahlreiche Aufschlüsse dieses Gneisses finden, fällt die genauere Charakterisirung desselben hier doch schwerer, als in der Böllsteiner Gegend. Denn infolge des Vorwaltens von Glimmer ist er verhältnissmässig wenig widerstandsfähig, so dass frisches Material selten ist. Es sind mittel- bis grobschieferige Gesteine, hie und da mit feinschieferigen Einlagerungen. Der frische Gneiss ist dunkelgrau bis dunkelgrün; je nach dem Stadium der Verwitterung zeigt er hellgraue, gelbgraue, bei starkem Eisengehalt braungelbe Farbe. Seine Hauptbestandtheile sind Orthoklas, Glimmer und Quarz.

Ein guter Aufschluss mit frischem Material ist hinter Heubach am Wald, dem Lämmerberg gegenüber, vorhanden. Die grossen, weissen bis schwach röthlich oder gelblich gefärbten Feldspäthe sind frisch und werden linsenförmig von zahlreichen Biotitblättchen umgeben, so dass dieser Gneiss in seiner Struktur an den typischen Flasergneiss von Wallbach bei Brensbach (Blatt Böllstein) erinnert. Demselben Gesammthabitus zeigen die Gneisse, die nördlich, südlich und östlich von Heubach vorkommen und ferner der gelegentlich des Tunnelbaues der Odenwaldbahn bei Frau-Nauses im Jahr 1872 aufgeschlossene dunkle Gneiss, dessen Biotitreichthum sofort in die Augen fällt

---

¹) Ludwig theilt nach seinen Beobachtungen die hier vorkommenden Gneisse in vier Zonen: 1. In dem Winkel, dessen Basis von der Schlossmühle bei Ober Klingen nach Heubach reicht, herrsche grauer, flaseriger, dickschieferiger Gneiss vor. 2. Die nordwestlich daranstossende Zone Hongort, Zipfen, Schlössberg enthalte eisenreichen dünngeschichteten Gneiss. 3. Dann folgen graue und grünliche, feldspathreiche und dickschieferige Gneisse bis nach Klein-Umstadt, denen sich 4. die Amphibolhaltigen Gesteine von Langstadt anreihen sollen.

Diese Eintheilung wird sich schwer aufrecht erhalten lassen. Obwohl die petrographische Verschiedenheit, wie sie Ludwig angibt, vorhanden ist, so stimmen die geographischen Grenzen derselben keineswegs, da flaserige, dünnschieferige, glimmerarme und glimmerreiche, ein- und zweiglimmerige Gneisse, Hornblendeeinlagerungen und granitische Ausscheidungen in diesem Gebiete einen viel reicheren Wechsel hervorrufen.

Siehe F. Becker und R. Ludwig, Geolog. Spezialkarte des Grossh. Hessen, Sect. Dieburg. Erläutg. 1861. S. 25 u. 26.

und ihn deutlich von den Neustädter Gneissen unterscheidet, die den Dioritgneissen des Spessarts von Gailbach etc. gleichen. Jenseits des Rondels tritt der Flasergneiss noch einmal in einer nur mehrere Kubikmeter grossen Parthie am Fusse des sog. Rigiberges bei Höchst unter den Schieferletten des unteren Buntsandsteins zu Tage und zeigt hier dieselbe Zusammensetzung wie die Heubacher Gneisse. Vielleicht sind die Hornblenden etwas stärker vertreten.

Unter dem Mikroskop zeigt der Gneiss von Heubach neben Quarz, Orthoklas und Plagioklas grüne Hornblende mit Glimmer- und Apatiteinschlüssen, ferner Magneteisen und Zirkon. Alle Individuen sind ziemlich regelmässig entwickelt; Druckwirkungen sind nicht wahrzunehmen. In einem Feldspathkrystall von einem Gneissblock bei Höchst beobachtete ich einen grösseren sechsseitigen Glimmerkrystall, ferner sehr hübsche Zirkonkryställchen, viele Mikrolithe und Querschnitte von Eisenoxyd.

Diese Gneisse stimmen mit den körnig-flaserigen Biotitgneissen des Spessarts[1]) ziemlich überein, obwohl starke mechanische Einflüsse, wie bei diesen, nicht wahrzunehmen sind und Quarz zurücktritt.

In der nächsten Umgebung von Gross-Umstadt findet sich kein frischer Gneiss. Der in der Kuhhöhle anstehende zeigt eine hellgraue bis dunkelgraue Farbe und ist in verschiedenen Richtungen von 2—5 cm dicken Feldspathausscheidungen durchzogen, die sich unter dem Mikroskop als aus mehreren Orthoklasindividuen zusammengesetzt erweisen. Das nördliche Einfallen desselben geschieht unter einem Winkel von ca. 60°, das Streichen geht von O nach W. Der reichlich vorhandene Biotit zeigt eine dunkelbraune bis schwarze Farbe, ist jedoch oft stark verändert, gebleicht und dann gewöhnlich braungelb bis messinggelb. Er umschliesst die grossen Feldspathkrystalle und ertheilt dem Gneiss ein etwas flaseriges Aussehen. Muskovit scheint zu fehlen. Der Feldspath ist häufig mit grauem Quarz zu einem Aggregat verwachsen. Ausserdem durchschwärmen grosse, im Gestein noch gut erhaltene Orthoklaskrystalle von 1—8 cm Grösse das Gestein. Dieselben sind weiss oder blassröthlich, seltener roth oder gelb. Beim Herausnehmen aus dem stark zersetzten Gneiss zerfallen sie leicht in Spaltungsstücke. Gewöhnlich sind sie von Quarz durchsetzt. Die übrigen Feldspäthe sind stark verwittert, oft schon zu Kaolin oder einer grünerdeähnlichen Masse umgewandelt.

Merkwürdig sind eigenthümliche Ei-grosse Concretionen in dem zersetzten Gneiss, die hauptsächlich aus kohlensaurem Kalk bestehen und inwendig hohl

---

[1]) Vergl. Bücking H., das Grundgebirge des Spessarts S. 37.

oder mit Spalten und Rissen wie die Lösskindchen versehen sind. Sie treten häufig in der Nähe des Eidmann'schen Bierkellers in der Kuhhohle auf, sind aber nicht an Spaltrichtungen gebunden, sondern finden sich überall mitten im stark verwitterten Gestein.

Der dunkle Flasergneiss wird häufig von sauren Ausscheidungen durchsetzt, die gangförmig oder in den verschiedensten Formen auftreten. Bei Frau-Nauses, dicht hinter den Häusern sind sie von linsenförmiger, wurstförmiger Gestalt, gerade, gebogen, geschweift 1—15 cm dick und bestehen aus weissem oder gelblichem Feldspath, weissem oder rauchgrauem Quarz, denen sich nicht selten Flittchen oder Schuppen von dunkelgrünem Glimmer zugesellen. Klipstein beschreibt ähnliche Ausscheidungen im Gneiss von Heubach in seinem Katalog Nr. 570 als „flonsförmige, granitische Ausscheidungen im Gneiss. Zwischen milchweiss und graulichweiss nüancirender Feldspath in beinahe gleichem Verhältniss gemengt mit rauchgrauem, öftern röthlichgrau gefärbten Quarz. Lauchgrüner Glimmer höchst sparsam in dünnen Schuppen". — Am Hardtberg östlich vom Steinerwald, unweit der Porphyrgrenze und weiter auf der Höhe wurden ähnliche Ausscheidungen wiederholt gangförmig beobachtet. Aus der Kuhhohle wurden sie oben schon erwähnt.

Die dunklen Gneisse von Klein-Umstadt und Kleestadt sind den hiesigen ähnlich (Risselsberg und Neuberg), manchmal dünnschieferiger (Elter, Leichtweiss), diejenigen vom Junkerloch bei Klein-Umstadt sind dickschieferig, glimmerarm und feldspathreich, grau bis grün, stark zersetzt.

Der rothe Gneiss.

Ueber dem dunklen Flasergneiss lagert an mehreren Stellen in unserem Gebiete ein rötlicher, körniger Gneiss; derselbe hat nur eine geringe Verbreitung und findet sich am Otzberge, an der Schmelzmühle bei Ober-Klingen, am Eichels bei Heubach und in etwas grösserer Menge auf der südöstlichen Ecke des Blattes Babenhausen zwischen Kleestadt, Schlierbach und Langstadt. Er ist von weisser oder rother Farbe, ebenflächig, körnigstreifig, besitzt hübsche Parallelstruktur und besteht aus Feldspath, Quarz und Glimmer; während der Feldspathgehalt ein höherer wird, tritt der Glimmer stark zurück.

Am Eichels, südlich von Heubach, wurde früher in einem kleinen Bruch ein ziemlich harter Gneiss gewonnen, dessen Ausbeute, wie es scheint, nicht lohnend war. Derselbe ist ein feinkörniges Gemenge von weissem Feldspath, Quarz und Biotit, und ist demjenigen von der Schmelzmühle sehr ähnlich.

Biotit tritt nur in einzelnen dünnen Lamellen stark hervor, im übrigen ist das Gestein glimmerarm. Unter dem Mikroskop lassen sich ausser den mit blossem Auge wahrnehmbaren Gemengtheilen nur noch Zirkon- (oder Apatit-) kryställchen wahrnehmen. Das Gemenge von allotriomorphen Krystallkörnchen erinnert an einen Ganggranit, der eine Pressung erfahren hat. Die Glimmerblättchen sind blau bis blassgelb und röthlichgelb und zeigen eine eigenthümliche Streckung, die an anderen Gemengtheilen nicht wahrnehmbar ist. Eigenthümlich sind die eiförmigen Quarzkörner. Untergeordnet tritt Zirkon auf. Der Gneiss zeigt eine auffallende Mikrostruktur, die keine ursprüngliche zu sein scheint. Diese Erscheinung, die Pressung und besonders die eigenthümliche unregelmässige Begrenzung des Quarzes sprechen für starke Druckwirkungen, denen das Gestein ausgesetzt gewesen sein muss.

Der rothe Gneiss von der Schmelzmühle erweist sich auch unter dem Mikroskop demjenigen vom Eichels sehr ähnlich. Er besitzt noch weniger Glimmer als jener, Muskovit fehlt ganz.

Noch mehr tritt der Glimmer in dem durch Eisenoxyd stark roth gefärbten, feinkörnigen, dünnschieferigen Gneiss vom Riedelberg, nördlich von Kleestadt, zurück. Derselbe ist sehr hart infolge des hohen Quarzgehaltes, der in gleichartigem Gemenge mit Orthoklas den Hauptbestandtheil dieses Gneisses ausmacht. Jedenfalls haben bedeutende dynamometamorphe Vorgänge im Gestein stattgefunden, wofür die stark hervortretende undulöse Auslöschung des Quarzes spricht. Als sekundärer Gemengtheil tritt ausser Glimmer Plagioklas auf und mikroaccessorisch Magnetit und Ilmenit. Oft ist der Glimmer durch die Erze vollständig verdrängt. Wegen seiner Härte wird das Gestein als Chausseedeck- und -rollmaterial benutzt. Als Mauerstein — bloss zu Fundamenten kann er gut gebraucht werden — hat dieser Gneiss nur eine untergeordnete Bedeutung.

Der rothe Gneiss, der dicht bei Schlierbach vorkommt, ist dem vorhergehenden ähnlich. Das Gestein zeigt starke Kataklasstruktur. Der Quarz ist der vorherrschende Bestandtheil und tritt in Form von unregelmässigen grossen Krystallen und kleinen Stücken mit unregelmässiger Orientirung auf. Von Feldspäthen ist nur Orthoklas vorhanden. Er ist nicht so stark zerrissen, wie der Quarz, zeigt aber auch undulöse Auslöschung. Glimmer ist spärlich vorhanden. An seine Stelle ist Eisenoxyd getreten, das man bei Abblendung des Lichtes als rothe und gelbe hexagonale Kryställchen deutlich erkennen kann. Parallelstruktur ist nicht erkennbar, weshalb man schwankend sein kann, ob das Gestein als ein Gneiss oder als ein körniger Granitgang aufzufassen ist.

Hornblendegneiss.[1]

Hornblendereiche Einlagerungen im Gneiss sind häufig, aber gewöhnlich von geringer Ausdehnung. Sie finden sich am Buschel bei Raibach, in der Wächterabach bei Umstadt, im Leichtweiss bei Kleestadt, auf dem Angert bei Heubach, in den Schluchten südlich vom Eichelsberg bei Heubach und bei Langstadt.

1. Das Vorkommen im Buschel bei Raibach besteht fast ganz aus Hornblende. Mit dem unbewaffneten Auge lässt sich ausser dieser nichts erkennen. Hornblendebrocken, die stark mit Eisenoxyd überzogen sind, liegen in grosser Menge auf den Aeckern umher. An den Rainen findet man das Hornblendegestein anstehend. Die zerschlagenen Brocken haben eine gleichmässig dunkelgrüne Farbe, grobkörnigen, blätterigen Bruch und erweisen sich beim Zerschlagen als ziemlich mürbe. Unter dem Mikroskop lassen sich ausser Hornblende Plagioklas und Zirkon erkennen. Die Hornblende ist blaugrün, wenig dichroitisch, mit deutlicher Spaltbarkeit, erfüllt von zahlreichen sechsseitigen Eisenglanztäfelchen und durchspickt von Zirkon und Apatit. Die grossen Hornblendekrystalle sind besonders schön in der Prismenzone krystallographisch entwickelt, an den Enden allerdings unregelmässig ausgebildet. Die Zwickel zwischen den Hornblendeindividuen werden von Plagioklasen ausgefüllt, die sich später ausgeschieden haben. Die Feldspäthe sind schon häufig zu körnig-faserigen Aggregaten umgewandelt, umgeben und erfüllt von ausserordentlich zahlreichen dunklen Einschlüssen, die wohl grösstentheils in Zersetzung begriffene Erzkörnchen sind. Die schiefe Auslöschung der Hornblende beträgt $c : c = 14°$.

2. In einem ähnlichen Einschluss am östlichen Ende des Wächterabacher Thales, östlich von Gross-Umstadt, kommen vor: Hornblende, Plagioklas, Biotit, Quarz, Zirkon, Apatit und Titanit. Die Hornblende ist stark dichroitisch blaugrün bis gelbgrün. Feste compakte Stücke derselben gehen in blassgrüne Aggregate über, welche in mancher Beziehung an Uebergänge in Diallag erinnern. Oft zeigt die Hornblende schöne Zwillingsverwachsung. Die Plagioklase sind sehr gut erhalten und zeigen deutliche

---

[1] Diese Hornblendegesteine können als hornblendereiche Einlagerungen im Gneiss, wohl aber auch als ein dem Gneiss concordant eingelagertes Gabbrolager gedeutet werden, welches wie sonst (vergl. Blatt Böllstein) an seinen Rändern durchaus verändert ist. Ob sie als selbständige Gesteine oder als Einlagerungen zu betrachten sind, mag vorläufig dahin gestellt bleiben.

Zwillingsstreifung. Die Quarze sind sehr zerbrochen und zerstückelt, zeigen undulöse Auslöschung und sind dabei in Formen angeordnet, die auf Druckwirkung schliessen lassen. Quarz, sowie die braunen Reste von Magnesiaglimmer treten stark zurück, Apatit und Zirkon treten häufig als Einschlüsse der Hornblende auf. Ferner ist noch viel Magneteisen in Form von unregelmässigen Körnern vorhanden. Die Titanite sind nicht mehr frisch, sondern zersetzt und mit Löchern versehen.

3. Die hornblendereichen Lagen im Gneiss vom Leichtweiss (Hilgert der Generalstabskarte) bei Kleestadt sind den vorhergehenden Vorkommen ähnlich. Die Hornblende tritt mehr zurück und zeigt keine krystallographische Begrenzung mehr. Feldspath ist in Fetzen zerrissen, stark dichroitisch, zeigt deutliche Zwillingsstreifung, bisweilen doppelte Streifung und ist stark zersetzt.

4. Die Vorkommen bei Heubach stimmen mit den vorhergehenden ziemlich genau überein.

5. Oestlich von Langstadt am Wingertsberg und der Steinkaute am Ende der Wachholderschneise tritt ein Hornblendegestein von etwas grösserer Ausdehnung auf, das Ludwig[1] zu den Syeniten stellt. Das Gestein ist von dunkler, fast schwarzer Farbe, zeigt Parallelstruktur und ist stark zerklüftet.

Mit unbewaffnetem Auge kann man nur Hornblende erkennen. Unter dem Mikroskop erweist es sich als übereinstimmend mit dem Hornblendegestein vom Buschel, nur ist die Hornblende stark dichroitisch, mehr blaugrün, und die Feldspäthe nehmen einen grösseren Raum ein. Quarz fehlt entweder ganz oder ist nur in geringer Menge vorhanden, daneben Apatit. Mit den dunklen 0,25—0,5 m starken Bänken wechseln dünne hellere Lagen oder Ausscheidungen eines Feldspath-Quarzgemenges, in denen stark zersetzte, grosse Hornblendekrystalle von meist lauchgrüner Farbe und grosse Titanitkrystalle eingelagert sind. Die Feldspäthe sind gross, gelblichweiss bis fast glashell und rissig, die Quarze haben weisse Farbe. Die theilweise stark zersetzten Hornblenden, die selbst wieder hie und da Titanite einschliessen, zeigen in manchen Exemplaren einen Längsdurchmesser von 23 und 25 mm und einen Querdurchmesser von 9 und 10 mm. Die prächtigen Titanitkrystalle sind 5,5—9 mm lang, 3,5—4 mm breit, von braungrauer bis gelbbrauner Farbe, besitzen Glas- bis Fettglanz und treten in den folgenden Kombinationen auf: r, p, a, y = P ob. oP. ∞P∞ P∞. Unter dem Mikroskop zeigen diese helleren,

---

[1] Fr. Becker und R. Ludwig, Erläuterungen zur geologischen Spezialkarte des Grossherzogthums Hessen. Section Dieburg. S. 22. Darmstadt 1861.

aus Quarz und Feldspath bestehenden Parthien ebenfalls sehr grosse Titanitkrystalle mit eigenthümlich gekörnelter Oberfläche und starker Lichtbrechung. Die Titanite sind umrandet von Eisenglanzkrystallen, die sehr regelmässig sechsseitig ausgebildet sind und jedenfalls umgewandelte Magnetite darstellen. Auch auf den Spalten zeigen sie zahlreiche Erzeinschlüsse. Ihre Polarisationsfarben sind niedrig. In dem Feldspath finden sich ebenfalls Erzanhäufungen. Die Hornblende, die in idiomorphen Krystallen auftritt, zeigt starken Dichroismus. Sie erscheint blaugrün bis grünlichgelb. Ihre Auslöschungsschiefe beträgt ca. 15°. Von ihren Querspalten aus sind Zersetzungsprodukte ausgeschieden; dunkle Eisenerze, die in eine dunkle, schmierige Masse übergehen.

Zweiglimmeriger Gneiss.

In der zweiten Schlucht südlich vom Eichelsberg bei Heubach steht ein gut erhaltener zweiglimmeriger Gneiss an. Er besitzt ein etwas feineres Korn als die meisten flaserigen Gneisse. Von Flaserstruktur ist nichts zu merken. Deshalb sieht er den Glimmerschiefern etwas ähnlicher, obwohl Orthoklaskrystalle von 4—5 mm Grösse nicht gerade selten sind. Sie sind frisch, von weisser oder wenig röthlicher Farbe. Quarz ist spärlich vorhanden. Beide Bestandtheile ändern nur wenig an der dunkelgrauen Farbe des Gesteins, die ihm von den beiden Glimmerarten verliehen wird. Auch unter dem Mikroskop lässt sich das Gesagte bestätigen. Sowohl Biotit als auch Muskovit sind gut ausgebildet. Unter den Feldspäthen herrscht der Orthoklas entschieden vor. Plagioklas ist selten. Desgleichen tritt Quarz etwas zurück gegen Feldspath. Eine parallele Anordnung der Glimmer lässt sich deutlich erkennen, aber auch eine durch Druckwirkung hervorgerufene Zerstückelung.

Dioritisches Gestein von Gross-Bieberau.

Ein dioritisches Gestein tritt im Gersprenzthal ganz in der Nähe von Gross-Bieberau auf. Aus dem Bruch des Bürgermeisters Merz, der die harten Felsen zu Pflastersteinen verarbeiten lässt, liegen mir gute Handstücke vor. Dieselben zeigen eine dunkelgraue Farbe und lassen mit unbewaffnetem Auge nur Hornblende und weissen Feldspath in gleichmässig mittelkörnigem Gemenge erkennen. Von Parallelstruktur ist nichts wahrzu-

nehmen. Sie scheinen den von Cohen[1]) vom Hummelsberg nahe Ober-Flocken-
bach bei Heidelberg beschriebenen Gesteinen ähnlich zu sein.

Unter dem Mikroskop erweisen sie sich als ein deutliches Gemenge von
Plagioklas, Hornblende, Biotit, accessorischem Quarz, Schwefelkies und Apatit.
Die typische reine Hornblende zeigt Augittrümmer und sehr charakteristische
Augit- resp. Diallagkerne, wie sie im Odenwald öfters in Dioritgesteinen beobachtet worden sind. Der Diallagkern ist auch vielfach in Hornblende umgewandelt. Der prächtige Feldspath zeigt oft Zonarstruktur. In einem Quarz-
krystall sind eigenthümliche dunkle Nadeln in Form eines merkwürdigen Faser-
büschels vorhanden.

Die Glimmerschiefer.

Wenig nördlich von Frau-Nannen beginnt ein grossblätteriger Glimmerschiefer an dem östlichen Rand des Thaleinschnittes, der von erbsengrossen
Granaten reichlich erfüllt ist. Er wird weiter nördlich feinschieferig, verbreitet sich auch auf der westlichen Thalseite bei Wiebelsbach über den
Zipfen bis zum Fuss des Otzberges. Auf der östlichen Thalseite begleitet
er die Höchster Chaussee bis an die Porphyrgrenze des Rauhwaldes, dem
Wiebelsbacher Bahnhof gegenüber.

Der feinschieferige glimmerreiche, gelbgraue Glimmerschiefer ist durch
die Verwitterung stark angegriffen und zerfällt leicht zu einem feinen, grau-
gelben Pulver, aus dem sich kleine Granate und Turmalinkryställchen auslesen lassen. Ich fand einen solchen Turmalinkrystall mit deutlich gestreiftem
trigonalem Prisma von 4 mm Durchmesser. Ein anderes, zwar kleineres Kryställchen zeigte deutliche rhomboëdrische Endflächen (R). Zur mikroskopischen
Untersuchung eignet sich dieser Glimmerschiefer nicht wegen seiner zu starken
Verwitterung. Ein guter Aufschluss findet sich da, wo die Chaussee von
Wiebelsbach die von Höchst nach Umstadt führende trifft und als Viehaal-
weg durch das Herghübchen hindurch nach Henbach weitergeht.

Die Augitschiefer mit Marmor.

An der eben erwähnten Stelle bildet der helle Glimmerschiefer das
Liegende eines dunklen schiefrigen Gesteins der den von Seibert[2]) zuerst

---

[1]) W. Benecke und E. Cohen, Geognostische Beschreibung der Umgegend von Heidelberg. S. 139 ff. Strassburg 1881.
[2]) Seibert, Körniger Kalk im Odenwald, Notizbl. d. V. f. Erdk. 1881 s. 13.

beschriebenen körnigen Kalk enthält. Nach Ludwig¹) fand sich der letztere in Linsen von 0,5—1 m Dicke in dem krystallinen Schiefer eingelagert. Jetzt finden sich nur noch Linsen von höchstens 5 cm Dicke. Nach Erinnerung älterer Leute in Wiebelsbach wurden in den zwanziger Jahren einige Wagen weissen Kalkes gebrochen und verwendet, der Betrieb aber bald als nicht lohnend wieder eingestellt. Diese Kalkeinlagerungen wurden von Seibert für die Fortsetzung oder das Ende eines bei Bensheim beginnenden Ganges gehalten: „Es unterliegt wohl keinem Zweifel, dass wir es hier mit einem kolossalen Gang zu thun haben, der bei Hensheim beginnt und in der Richtung von Ilenbach unter dem bunten Sandstein verschwindet."

Die dunklen krystallinen Schiefer vom Heeghölzchen bestehen aus Quarz und Hornblende nebst Titanit, zu denen oft noch rothbraune und grünliche Glimmer treten. Nach den grösseren Marmorlinsen zu tritt in Zonen und Streifen Kalkspath mit Zwillingsstreifung hinzu. Der Titanitgehalt wird sehr reichlich und es stellt sich allmählich ein blassgrüner, stark zersetzter Augit ein, der zum Malakolith zu rechnen ist und „in der Formation der krystallinischen Schiefer sehr verbreitet, vorwiegend an körnigen Kalk gebunden" ist (Rosenbusch). Er tritt in Körnern mit parallelen Spaltrissen auf und weist eine Auslöschung bis zu 39 und 40° auf. Ausserdem findet sich ein eigenthümlicher Querschnitt eines Minerals, das voller Einschlüsse und in Zersetzung begriffen ist und an einigen Stellen einen Pleochroismus von hellgelb bis rothgelb zeigt und wohl als Cordierit zu deuten ist. In den Augitschiefern tritt der Quarz gegen den kohlensauren Kalk zurück. Die Titanite werden oft gross, krystallinisch begrenzt, oft auch fruchtklaichartig zusammengeballt. Die spärliche Hornblende ist immer mit dem Augit verwachsen und umrandet denselben bisweilen. Es ist wahrscheinlich, dass diese Quarz-, Augit- und Hornblendeschiefer aus kalkhaltigen Schiefergesteinen metamorph entstanden sind; die Gegenwart des Kalkes begünstigte die Augitbildung. Ob von den kleinen eingeschlossenen Körnern einige dem Granat und Epidot angehören, bleibe dahingestellt. Nach Chelius kommen dieselben augithaltigen Schiefer bei Leutershausen (an der Bergstrasse) an der hohen Wald⁴) vor (nach vorliegenden Schliffen von dort), ferner am Vordersberg bei Heppenheim und unweit der Marmorlinse westlich von Ilerbach nächst Wernau a. d.

---

¹) Becker F. u. Ludwig R., Geologische Spezialkarte etc. Section Dieburg. S. 25, Darmstadt 1887.
²) Vergl. auch Benecke u. Cohen, Geognostische Beschreibung der Umgegend von Heidelberg S. 26, Strassburg 1881.

Gersprenz, endlich ähnliche Contactgesteine bei Auerbach an der Bergstrasse und im Schwarzwalde bei Gengenbach. Die Vergesellschaftung mit Kalk scheint demnach charakteristisch zu sein. Druckwirkungen offenbaren sich in den Kalkspathkörnern an der Biegung vieler Zwillingslamellen.

Hornblendeschiefer[1].

Am Türkopfous südlich vom Häuser Hof tritt, dem Gneiss aufgelagert, ebenfalls ein krystalliner Schiefer auf, der demjenigen vom Heegbölzchen äusserlich vollständig gleicht. Er besteht aus Hornblende, Quarz, Plagioklas und Magneteisen. Die Hornblende ist braungrün, stark dichroitisch und zeigt viel Apatiteinlagerungen, die sich auch ausserhalb derselben finden. Der Quarz zeigt schwache undulöse Auslöschung und ist von vielen kleinen Kryställchen, aus Quarz- und Feldspathsubstanz bestehend, umlagert. Die einzelnen Bestandtheile sind parallel angeordnet, und zeigen deutliche Streckung. Das Gestein ist wohl als ein Hornblendeschiefer aufzufassen, der durch gewaltige Druckwirkungen starke Veränderungen erlitten hat. Dafür spricht ausser den genannten Erscheinungen auch der Umstand, dass alle Gemengtheile nirgends eine Krystall-Umgrenzung zeigen. Zirkone zeigen Einschlüsse, auch solche in Stäbchenform. Ein intensiv blau und dunkel erscheinender Körper scheint auf zersetzten Hämatit zu deuten. Kleinere Eisenglanzblättchen sind vielfach vorhanden.

Der Zechstein.

Dieses Formationsglied fehlt fast ganz in der Nähe der Porphyre. Nur an einer Stelle, am Eingang des Tunnels bei Frau-Nauses und in demselben ist der Zechstein gut aufgeschlossen. Er ist von geringer Mächtigkeit. Bei Gelegenheit des Bahnbaues (1872) wurde das Material aus dem Tunnel durch speziell für diesen Zweck angelegte Schächte herausgeschafft und damit die Schluchten zwischen dem Rondel und Frau-Nauses ausgefüllt. Man findet jetzt noch das Material, dunklen Flasergneiss, Zechsteinconglomerat, Zechsteindolomit, Schieferletten, Tigersandstein, wohlerhalten vor. Alle diese Gesteine wurden, da die Sohle des Tunnels 1:50 nach Norden zu steigt,

---

[1] Obwohl ich mir kein endgültiges Urtheil über die Stellung dieses Gesteins erlauben möchte, habe ich ihm doch vorläufig hier seinen Platz angewiesen. In einer anderen Arbeit soll weiteres darüber mitgetheilt werden.

angeschlagen. Sie lassen sich sehr gut an einem prächtigen Profil vor dem Eingang des Tunnels an der Chaussee, die durch Frau-Nauses geht, beobachten. Siehe Tafel X, Fig. 1.

Unter dem Zechstein findet sich ein Conglomerat von grauer bis grauvioletter Farbe, das oft gewissen Porphyren aus dem Gebiet zum Verwechseln ähnlich sieht. Glashelle Quarze, Feldspäthe und Kalkspäthe sind deutlich zu erkennen und heben sich scharf ab von einer feinkörnigen Bindemasse, die derjenigen der Porphyre ähnlich ist. Dasselbe zeigt sich unter dem Mikroskop: in einem kalkigen Cement liegen Orthoklas, viel gelbbrauner, stark zersetzter Biotit und Körnchen von kohlensaurem Kalk, der ohne Streifung, also amorph ist, ferner noch rothes Eisenoxyd.

Der Zechstein, der über dem Conglomerat folgt, besitzt eine Mächtigkeit von 0,5 m. Seine Schichten ziehen von dem Tunnel aus weiter bis zu der Schlucht unterhalb des grossen Sandsteinbruches bei Frau-Nauses. Mitten auf der Höhe hinter diesem Ort finden sich kleine Stücke und ein grösserer Block von etwa 0,75 m Dicke, der aus reinem Dolomit besteht. Trümmer der Zechsteinschichten finden sich ferner auf dem Babokörper nach Wiebelsbach hin, wo dieselben als Ausfüllungsmaterialien zwischen den Schienen und Schwellen gedient haben. Der Zechstein ist hellgrau bis dunkelgrau und deutlich krystallinisch.

Der Bunte Sandstein.

Wie schon erwähnt, lagert in der Umstädter Gegend direkt über dem Grundgebirge der Buntsandstein, mit Ausnahme der Stellen, an welchen der Zechstein als Zwischenschicht erhalten blieb, wie z. B. bei Frau-Nauses. Die ausgedehnten Sandsteinmassen des östlichen Odenwaldes setzen sich als Ausläufer desselben nordöstlich von unserem Porphyrgebiet bis in die Nähe von Schaafheim fort, und ihre Plateaus überragen die Porphyrkuppen und das Grundgebirge um ein Beträchtliches.

Von den einzelnen Gliedern des Buntsandsteins sind hier vertreten:

1. Die Schieferletten
2. Tigersandstein } unterer Buntsandstein.

3. Conglomeratsandstein
4. Pseudomorphosensandstein } mittlerer Buntsandstein.

Der obere Buntsandstein und die höheren Glieder des mittleren sind in unserer Gegend nicht mehr vorhanden.

1. Die Schieferletten oder Bröckelschiefer treten häufig zu Tage und bedecken meist direkt den Gneiss. Gewöhnlich sind diese Schiefer in Hohlen, Wasserrissen und an Rainen gut aufgeschlossen, z. B. bei Klein-Umstadt in nächster Nähe des jetzt verlassenen grossen Schwerspathwerkes, zwischen Klein-Umstadt und Raibach an verschiedenen Stellen, ferner östlich von Raibach am Eingang zum Wald, auf dem Hardtberg zwischen Raibach und Heubach, bei Heubach, am Hänner Hof, bei Wiebelsbach, am Otzberg, bei Ober-Nauses und Frau-Nauses und am Eingang des Tunnels bei Höchst. Seine Mächtigkeit ist meistens gering, 0,5—3—5 m. Er ist dünnplattig, von braunrother, rother, grauer, graugrünlicher oder weisser Farbe, hat ein thoniges Bindemittel und ist oft glimmerreich. In Folge der leichten Verwitterbarkeit bildet er mürbe Platten, die zu nichts verwendet werden können. Dagegen liefern sie einen lockeren, thonigen, fruchtbaren Boden, der an seiner braunen bis violettgrauen Farbe leicht zu erkennen ist. Durch seinen Wasserreichthum eignet er sich gewöhnlich zum Wiesenbau. Meistens ist er kalkfrei, selten kalkhaltig. Oestlich von Raibach, wo der Wald beginnt, steht er in einer ca. 3 m hohen Wand an. Der untere Theil derselben ist kalkfrei, der obere kalkhaltig und zu lehmigem, gelbem Sand umgewandelt.

2. Der Tigersandstein. Die Schieferletten werden hier von dem Tigersandstein überlagert, dessen Schichten besonders schön bei Ober- und Mittel-Kinzig und am Breuberg entwickelt sind; ferner tritt er auch charakteristisch, wenn auch etwas weniger gut aufgeschlossen, bei Raibach, Heubach, Höchst und Ober-Nauses auf. Er ist roth bis braun, meist schön gelb, weiss und grün gefleckt und geflammt, zerfällt leicht in 3—10 cm dicke Platten und spaltet zugleich senkrecht zu diesen. Seine Mächtigkeit beträgt bis 10 m. Als Baustein wird er bisweilen verwendet.

Häufig sind an den Bergabhängen die Schichten beider Abtheilungen stark zerbröckelt und viele Stücke derselben heruntergerollt. Diese selbst sind wieder von Schuttmassen und Sanden des mittleren Buntsandsteins bedeckt, so dass die Grenzen zwischen den einzelnen Gliedern nur schwer zu erkennen sind.

Der mittlere Buntsandstein tritt hier in zwei deutlich entwickelten Zonen auf, der unteren und oberen Abtheilung desselben: Conglomeratsandstein und Pseudomorphosensandstein.

3. Der Conglomeratsandstein. Die Conglomeratzone enthält einen quarzreichen Sandstein, dessen Quarzkörner abgerundet oder eckig, meist von Hirsekorngrösse, seltener von Stecknadelkopfgrösse sind. Das Binde-

mittel ist ein eisenreicher Thon. Die Farbe ist roth bis rosaroth, selten tritt Manganoxyd ein. Die Gerölle, welche die Conglomerate bilden, sind meist erbsen- bis kirschgross; es kommen aber auch Brocken bis zur Grösse einer Kinderfaust vor. Es sind gewöhnlich die verschiedensten Sorten von Quarz, besonders Milchquarz und alle dunklen Varietäten desselben bis zum Kieselschiefer, die regellos in den Sandsteinschichten angehäuft sind. Auch granitische Bruchstücke finden sich. Die Gerölle liegen vielfach ausgewaschen an den Abhängen zerstreut umher. Mit ihrer Hülfe lässt sich die obere Grenze der Zone gewöhnlich feststellen, wenn auch nicht scharf, denn es findet ein allmähliger Uebergang in die nächst höhere Schicht statt. Thongallen sind nicht selten und liegen gewöhnlich in bestimmten Reihen geordnet, manchmal sind sie aber auch unregelmässig eingelagert.

4. **Pseudomorphosensandstein**. Ueber dem Conglomeratsandstein folgt in unserer Gegend ein Sandstein, der wohl zu dem „Pseudomorphosensandstein" gerechnet werden muss. Farbe, Korngrösse und Bindemittel sind dieselben wie bei der vorhergehenden Schicht. An Stelle der Pseudomorphosen zeigen sich hier Vertiefungen von Erbsen- bis Haselnussgrösse, selten bis zur Grösse eines Hühnereis. Gewöhnlich sind diese Löcher von einer braunrothen, körnigen Masse ausgefüllt, an deren Umfang man deutlich hexagonale Querschnitte erkennen kann. Hie und da werden auch Concretionen gefunden. Es wurde mir eine solche aus dem Raibacher Sandstein gebracht von 5 cm Längsdurchmesser, die jedenfalls eine Pseudomorphose war, im Innern in krystallisirten Quarz umgewandelt ist und nach aussen einen Chalcedonüberzug und Manganringe zeigt.

Gewisse Schichten dieser, sowie der vorhergehenden Zone geben ein gutes Baumaterial ab und werden in grossen Brüchen bei Raibach, Heubach, Frau-Nauses, Höchst und Sandbach gebrochen, verarbeitet und versandt. Gewöhnlich liegen zwei Bausteinlager übereinander. Der abbauwürdige Sandstein im Raibacher Bruch hat eine Mächtigkeit von 12 m, das untere Lager in den Heubacher Brüchen eine solche von 20 m, das obere von 18 m, zusammen von 38—40 m. In den Brüchen von Höchst beträgt die Mächtigkeit ca. 20 m. Die Bearbeitung macht keine Schwierigkeit, da der Sandstein wegen seines thonigen Bindemittels leicht zu behauen ist.

Das Einfallen geht bei Raibach nach S, bei Höchst nach WSW und NW, bei Sandbach nach SSO, in den Brüchen beim Zipfen nach NNO und ONO. Gewöhnlich sind zwei Spaltrichtungen vorhanden: ONO und NNW, in den Frau-Nauseser Brüchen drei solcher: NNW, ONO, NNO.

Die Spalte, die unser Porphyr ausfüllt (siehe unten), und die in die Fortsetzung der Verwerfungsspalte längs des Mümlingthales von Michelstadt bis Neustadt fällt, trifft auch den Buntsandstein unseres Gebietes. Deshalb halten die Zonen des letzteren nicht genau die Höhenlagen ein, die ihrem Einfallen entsprechen.

Unter dem einheimischen Beschotterungsmaterial des Bahndammes bei Wiebelsbach fand sich eine 35 cm lange und 23 cm breite Sandsteinplatte, die unzweifelhafte Spuren von Thierfährten in Reliefform und sog. Trockenleisten enthält (auch Regentropfen?). Der Ort, an dem diese Platte vorkam, konnte leider nicht festgestellt werden.

Das Diluvium.

Die diluvialen Schichten der hiesigen Gegend sind besonders westlich von dem Porphyrgebiet in dem fruchtbaren, reichgesegneten flachen Hügelland, das sich zwischen Reinheim, Lengfeld, Heubach, Gross-Umstadt, Klein-Umstadt bis gegen Kleestadt ausdehnt, verbreitet. Aber auch in dem gebirgigen, östlichen Theil (des jetzt in Bearbeitung befindlichen Blattes Gross-Umstadt) sind dieselben vielfach in bedeutender Mächtigkeit entwickelt. In Wasserrissen, tiefen Hohlwegen und an Rainen sind oft die schönsten Profile freigelegt, und häufig lassen sich fast sämmtliche diluviale Schichten übereinander beobachten.

Als Unterlage für dieselben sind zu nennen: Gneiss, Porphyr, Buntsandstein, pliocäne Sande und Thone, ältere diluviale Schotter, Sande und Thone. Auf dieser Unterlage bauen sich die einzelnen Schichten, wie dies schon im Neuen Jahrbuch für Mineralogie[1] angegeben, in folgender Weise auf:

Lösslehm^(f), braun, oft schwach humos, kalkfrei, ungeschichtet.	jüngerer Löss^(f) mit verlehmter Oberfläche.
Löss, jüngerer, hellgelb, kalkreich, ungeschichtet.	
Lössähnlicher Sand, gebändert und geschichtet, hellgelb, bräunlich und grünlich, oft kalkhaltig.	jüngerer Sandlöss^(h) — oberer
Schotterreiche und lehmige Oberfläche des oberen Sandes, kalkarm.	
Sand und Schotter, jüngerer, mit Geröllen und Körnern einheimischer Herkunft, geschichtet.	unterer
— scharfe Grenze. —	

[1] Chelius u. Vogel, Zur Gliederung des Löss, Neues Jahrb. f. Min. 1893. Bd. I S. 104 ff.

Humoser Lehm, kalkfrei, grauhraun mit oberflächlich eingemengten Quarzkörnchen und zahlreichen Kohlenstückchen. Laimen, dunkelbraun bis rothbraun, kalkfrei mit Manganknötchen (= Lösslehm [!!!]), ungeschichtet. Löss [!!!], älterer, hellgelb, kalkreich, ungeschichtet. Löss, mit zahlreichen „Puppensteinen" (= Losskindeln).	älterer Löss [!!!] mit verlehmter alter Oberfläche.
Lehmig-thonige Oberfläche des unteren Sandes, oft kalkhaltig; ockergelbe, lössartige Lehme ohne Kalk wechseln mit Sandbändern und graugelben, weissen und grünlichen Thonen und ockerigen Sandschmitzen mit oder ohne Kalk. Sand und Schotter, älterer mit sandigen, lössähnlichen Schmitzen, mit Geröllen und Körnern einheimischer Gesteine.	älterer Sandlöss [!!!] oder mittlere Diluvialsande lokalen Charakters. / oberer / unterer

Oft fehlt das eine oder andere Glied. In der Steinbornshöhle bei Gross-Umstadt finden wir oberhalb der Kellereien des Herrn Bierbrauers Ganss, direkt über einer wagrechten, fast vollständig ebenen Oberfläche von Laimen, jüngeren Löss abgelagert. Der Laimen stellt eine alte Oberfläche dar. Etwa 200 Schritte weiter abwärts ist hinter dem Vorrathsschuppen des Herrn Ganss das folgende Profil zu beobachten:

0,2 m Lösslehm.
0,8 „ Löss.
2,0 „ Sandlöss.
0,75 „ humoser Laimen.
3,0 „ Laimen.
— Unterer Sand mit Schottern.

Die oberste Schicht bildet der 0,2 m mächtige Lösslehm von hellgrauer Farbe. Er ist ungeschichtet und bedeckt einen charakteristischen hellgelben, jüngeren Löss mit senkrechter Wand von 0,8 m Höhe. Darauf folgen 2 m Sandlöss von hellgelber Farbe, der deutliche feine Schichten eines röthlichgelben Sandes zeigt. Es folgt weiter eine deutliche alte Oberfläche des Laimen, dunkelgrauer humoser Lehm (0,75 m), der eine besondere Vegetation trug und also eine alte Kulturschicht darstellt. Holzkohlenstücke finden sich häufig und ebenso scharfkantige Quarzsplitter. — (Auch an mehreren anderen Stellen konnte dieselbe Schicht beobachtet werden, so in der Hohle, die rechts vom „Ohlig" in den Steinerwald einführt, am Wege von Umstadt nach Lengfeld und in der Lehmgrube am Bahnhof Klein-Umstadt.) — Der darauf folgende rothbraune Laimen hat eine Mächtigkeit von 3 m, ist kalkfrei und enthält zahlreiche Manganknötchen. Die darauf folgende Schicht, gelber, kalkreicher Löss und Sand, ist hier nicht, wohl aber ca. 30 Schritte weiter abwärts in der Steinbornshöhle zu beobachten.

In der Geimckerhohle, südlich von Gross-Umstadt, liegt der obere Löss mit Sandlöss auf dem Laimen. Unter diesem tritt der untere Löss hervor. Sand und Schotter und die humose Schicht fehlen, die unteren Schichten sind nicht aufgeschlossen. Eigenthümlich ist das Vorkommen der Lösskindel. Sie treten gewöhnlich in einer Schicht über der lehmig-thonigen Oberfläche des unteren Sandes auf und sind in ganz bestimmten Reihen geordnet, nicht ungerecht, sondern senkrecht gestellt. Von Haselnuss- bis Kinderkopfgrösse kommen sie in den sonderbarsten Formen, manchmal auch plattenförmig vor, enthalten viel Kalk und sind inwendig stark zerklüftet (Septarien), manchmal mit einem Kern versehen. Die Innenseiten sind nicht selten mit Kieselsäure (Quarzkryställchen) überzogen. Auch Conchylien lassen sich häufig darin beobachten. Hier wäre auch noch der Kalkröhrchen, des sog. „Heinhrech", zu gedenken, die sich häufig in dem Löss finden und als Pflanzen-Wurzeln ausgeschieden wurden.

Ein treffliches Profil der diluvialen Schichten ist in der Sandgrube in der Wächtersbach aufgeschlossen. Siehe Tafel X, Fig. 2.

Dort folgen aufeinander: mitteldiluviale Sande (dm = 3 m), unterer Löss (lu = 0,5 m), brauner Laimen (la = 1,5 m), oberer Löss (lo = 1,5 m), Lösslehm (ll = 1 m). In dem Sand wechseln Streifen und Lagen hellerer und dunklerer Sandes ab, bei welch' letzterem die Sandkörner durch Eisenoxydhydrat verkittet sind, in Folge dessen die dunkleren Schichten härter sind als die helleren[1]). Ferner finden sich häufig darin Concretionen mit kalkigem Bindemittel.

Von dem Löss an primärer Lagerstätte ist derjenige auf sekundärer Stelle zu unterscheiden, welcher sich an Steilgehängen in Terrainsenken findet. Seine Fauna enthält einen grossen Prozentsatz von Helix arbustorum.

Etwa 3 km nördlich von Umstadt beginnt das Gebiet des Flugsandes, bei dem, wie an oben erwähnter Stelle N. Jahrb. Min. 1891, Bd. I, S. 106, bereits beschrieben.

---

[1]) Vergl. Fr. Becker und R. Ludwig, Geologische Spezialkarte des Grossherzogthums Hessen, Section Dieburg, Erläuterungen S. 12, Darmstadt 1891.

1. entkalkter Flugsand über
2. kalkreichem Flugsand liegt. Darunter folgen
3. Sande mit einheimischen Geröllen,
4. mächtige geröllfreie, kalkreiche Sande mit Concretionen (älterer Flugsand),
5. mitteldiluviale Sande und Schotter.

Das Alluvium.

Die in der Gegenwart sich vollziehenden Ablagerungen sind in der östlichen Hälfte unseres Gebietes, dem eigentlichen Porphyrgebiet, unbedeutend. Nur im westlichen Theil erhalten sie eine etwas grössere Ausdehnung.

Der Torf findet sich bei Kleestadt, Klein-Umstadt, Semd und Gross-Zimmern. An ersterem Ort wurde er am Anfang des Jahrhunderts als Formtorf gegraben. Ueber dem Torf liegt meist eine dünne sandige Lehmschicht, unter demselben diluvialer Lehm.

Der Wiesenlehm, ein dunkler, rothbrauner oder grauer bis graubrauner Lehm von sehr verschiedener Beschaffenheit, je nachdem sein Untergrund und die in seiner Nähe vorkommenden Bodenarten wechseln. Seine Ausdehnung ist uns gewöhnlich in den Grenzen der Wiesenanlagen gegeben.

Die Moorerde, ein Gemisch von Wiesenlehm und organischer Substanz, die oft reichlich mit weissem Sand gemischt ist, tritt besonders in den Wiesen zwischen Altheim, Langstadt und Klein-Umstadt auf. Der Sand verleiht ihr eine graue Farbe. Vielfach zeigen sie starken Eisengehalt, der oft Wurzeln und andere Pflanzentheile mit braunrothem Oxyd oder Oxydhydrat überzieht.

Das Ueberschwemmungsgebiet der Bäche. In dem östlichen Theil wären hier nur einige Schottkegel, z. B. bei Heubach, Höchst, in der Wächtersbach, zu erwähnen, in denen sich der Erosionsschutt angesammelt hat. Im westlichen Theil sind diese Absätze in reichlicherer Menge in den ehemals stärkeren Flussläufen, z. B. der „Tauben Semme" vorhanden und bilden da Schlick-, Sand-, Kies- und Torfablagerungen. Sie sind oft 1—2 m mächtig, kalkhaltig, humusfrei und oben dem Löss ähnlich. Die tieferen Flussabsätze sind kalkfrei. Im Gersprenzthal führen sie in 4,85—5,55 m Tiefe Torf.

Basalt.

Innerhalb der näheren Umgebung unserer Porphyre tritt Basalt nur am Otzberg, südlich von Umstadt, auf. Der Otzberg erhebt sich in einem ziemlich regelmässigen Kegel, 368,8 m hoch über dem Meer und bedeckt den Buntsandstein, von dem er grosse Partikeln eingeschlossen hat. Der Basalt ist dicht bis grobkörnig. Mit unbewaffnetem Auge lassen sich in der dichten schwarzen Grundmasse kleine Augite erkennen; ferner zeigt sich auffallend viel Olivin, der theilweise frisch als gelbgrünes Glas erscheint, theilweise stark verwittert als eine rostbraune erdige Masse vorhanden ist; durch gänzliche Auslaugung des Olivins entstanden nuss- bis faustgrosse Löcher. Gelegentlich ist der Basalt in Folge beginnender Verwitterung eigenthümlich gezeichnet: eine Menge kleiner, grauer, kreisrunder Fleckchen zeigen sich in dem dunklen Grund. Auch Kugeln und Schalen haben sich in Folge der Verwitterung gebildet; am besten sieht man diese Kugeln, welche von einer graugrünen zersetzten Masse umgeben sind, auf der nördlichen Seite des Berges.

Von Rosenbusch und Möhl wird der Otzbergbasalt zu den Leucitbasalten gestellt. Bis jetzt konnte ich Leucit nicht nachweisen. Olivin, Augit und Magnetit bilden ein deutliches gleichartiges Gemenge. Nach den Ergebnissen der chemischen Untersuchung ist auch Nephelin vorhanden. Bei diesem Basalt finden sich ebenso, wie bei demjenigen vom Rossberg, Glaseinschlüsse, die von Augitkrystallithen umgeben sind.

Jedem Besucher des Otzbergers sind die Einschlüsse von Buntsandstein in diesem Gestein bekannt, die bis ins Innere mit Glas und Trichiten erfüllt sind. Sie wurden von der glühenden Lava erhitzt und gefrittet. Bei der Abkühlung haben sie sich, wie der Basalt und in derselben Richtung wie dieser, in drei- bis sechsseitige Säulchen abgesondert. Die Sandsteinsäulen sind dünner als die Basaltsäulen; ich konnte eine solche sechsseitige Säule kolören, die 57,5 cm lang ist und einen kleinsten Durchmesser von 4,2 cm besitzt. Bei einer dreiseitigen Säule, wie sie ausnahmsweise auch vorkommen, beträgt die Breite der Seiten 21, 20 und 13 cm. Diese Sandsteine sind nicht mehr roth, sondern entfärbt, weiss, grauweiss oder grünlichweiss. Auch die Schieferletzen sind stark gefrittet und gelbgrau und schwarz gebändert; sie finden sich besonders im westlichen Bruch.

Granit-, Quarzit- und Schwerspathgänge.

Eine grosse Anzahl von Gängen durchsetzen in unserem Gebiete die Gesteine, meistens im Gneiss aufsetzend. Alle streichen von SO nach NW, durchschnittlich N 45° W. Abgesehen von kleineren Granitgängen, wie sie sich am Hardtberg und bei Heubach finden, sind besonders solche in der Nähe von Wiebelsbach zu erwähnen, die aus weissem Feldspath, Quarz und meist dunklem Glimmer bestehen. In demjenigen, der im Wald östlich von Wiebelsbach am Anfang einer Schlucht beginnt, finden sich rothe Granate von Hirsekorn- bis Erbsengrösse; meistens sind sie schon etwas zersetzt, jedoch findet man beim Zerschlagen auch viele frische Exemplare, bei denen ich deutlich die Flächen von ∞O und mOm erkennen konnte. Der weisse Feldspath herrscht vor, Quarz ist meist glashell, der etwas spärlicher vorhandene Glimmer schwarz.

An der Abzweigung des Weges nach dem Otzberg von der Chaussee aus, die von Zipfen nach Hassenroth führt, setzt ein Schriftgranitgang auf, der wohl als eine Fortsetzung des oben erwähnten Ganges anzusehen ist. Sein Material besteht aus schmutzigweissem Feldspath und Quarz. Glimmer fehlt fast vollständig. Früher war er aufgeschlossen, jetzt ist fast nichts mehr davon zu entdecken.

Von grösserer Bedeutung und Ausdehnung sind die Quarzitgänge, die besonders in der Nähe des Zipfens, bei Umstadt und Raibach auftreten. Auf dem Ziegelwald findet sich eine grosse Anzahl von Quarzitblöcken zerstreut, die meistentheils einen Durchmesser von mehreren Metern besitzen. Jedenfalls gehören dieselben zwei oder drei Gängen an, deren Fortsetzung sich am Buschel bei Raibach und am Ende einer Schlucht bei Raibach an einer ca. 5 m hohen Wand erkennen und über den Mittelwald bis an die Stockäcker im Wächtersbacher Thal verfolgen lässt. Häufig sind diese Gänge Pseudomorphosen von Quarz nach Schwerspath. Die tafelförmigen Krystallgestalten des Baryts lassen sich überall deutlich erkennen und geben dem Quarz das Aussehen, als wäre er mit dem Beil zerhackt.

Bezüglich der Schwerspathgänge möchte ich hier erwähnen, dass man, wie mir scheint, gewisse Eigenthümlichkeiten in der Ausbildung der Barytkrystalle der verschiedenen Vorkommen beobachten kann. Die bekannten prächtigen, meist glashellen Krystalle von Klein-Umstadt sind vorherrschend tafelförmig bis säulenförmig entwickelt mit den Flächen $\infty P \infty$, ∞P, $\infty P \infty$, $P \infty$, $mP \infty$, $P \infty$. Die Fläche $\infty P \infty$ herrscht gewöhnlich vor.

Die Kleestädter Vorkommen sind ihnen im allgemeinen sehr ähnlich. In den letzten 4 Jahren wird in der Nähe des Pfarrgartens (Seiserweg) ein Schwerspath gegraben, der, wenn auch meist kleine, so doch gut ausgebildete Krystalle liefert. Sie sind weiss, farblos oder citronengelb und ausserordentlich flächenreich. Dabei sind sie mehr säulenförmig als tafelförmig entwickelt.

In der krystallographischen Ausbildung von beiden etwas verschieden sind die schönen Krystalle vom Zipfen. Gewöhnlich sind hier die Individuen tafelförmig oder spitzkeilförmig aufgebaut. Das Brachypinakoid ist stark vorherrschend, während meistens eine Anzahl von Makrodomen in der Art damit verbunden sind, dass die Krystalle wie mehrfach zugeschärfte Keile aus der Unterlage hervorragen. Dabei sind sie wasserhell, röthlich oder bläulichgrau.

Von dem Malachit, Psilomelan und den Pyrolusitnädelchen, die sich finden, soll a. a. O. die Rede sein; aber eines Vorkommens von Flussspath im Schwerspath soll hier Erwähnung geschehen.

An der Hansenhöhe, nördlich vom Zipfen, war vor einigen Jahren ein Stollen in einen Schwerspathgang getrieben worden, der jedoch bald, weil der Abbau sich als nicht lohnend erwies, wieder verlassen wurde. Es fanden sich in dem weissen, hie und da krummschalig entwickelten Baryt blaugraue und durchscheinende bis durchscheinende Flussspathkrystalle bis zur Grösse von 2 cm eingeschlossen, bei denen gewöhnlich $\infty O \infty$ und O gut entwickelt waren. Deutliche Spaltrichtungen waren zu erkennen.

Quarzporphyr.

In dem vorbenannten Gebiete tritt als Eruptivgestein Quarzporphyr auf. Obwohl er nur in verhältnismässig geringer Verbreitung vorkommt, erregt er ein besonderes Interesse durch seine Ausbildungsweise, die Art seiner Absonderung, seine charakteristischen Bergformen und andere Eigenschaften, die wir hier eingehend behandeln wollen. Sein Vorkommen erstreckt sich in gangähnlicher breiter Masse von Wiebelsbach bis Klein-Umstadt, liegt also ausser einem isolirten Vorkommen bei Schaafheim (Blatt Babenhausen) auf Blatt Gross-Umstadt der Karte im Maasstabe von 1:25000 und erfüllt hier einen unterbrochenen schmalen Streifen, der in südnördlicher Richtung am Rande des Grundgebirges, etwa vom Bahnhof Wiebelsbach-Heubach bis Klein-Umstadt verläuft. Der Quarzporphyr tritt hauptsächlich in Form von mehr oder weniger hohen Kuppen über dem Grundgebirge oder als kaum merkbare Erhebungen unter den diluvialen Schichten hervor.

Das südlichste Vorkommen ist das dem Bahnhof Wiebelsbach-Heubach gegenüber auf der Höhe gelegene; es durchbricht dort den Augitschiefer am „Heeghölzchen". Das zweite, dasjenige des „Rauhwalden" (200,3 m) von der nördlichen Schiefergrenze bis zum „Weidig" sich erstreckende, ist an zwei Stellen durch Steinbrüche aufgeschlossen und der Beobachtung gut zugänglich. Zwei kleinere Vorkommen, von denen das eine beim Bahnbau 1871 durchschnitten wurde, liegen westlich vom Rauhwald auf der „Hansenhöhe" (227,3 m) und am zweiten Bahneinschnitt der Strecke Wiebelsbach-Heubach—Darmstadt zwischen ersterer Station und Station Lengfeld. Direkt nördlich vom Rauhwald, jedenfalls eine Fortsetzung des Rauhwald-Porphyrs bildend, und nur durch das Pferdsbachthälchen, den sog. Weidig, von jenem getrennt, erhebt sich die 250,6 m hohe Kuppe des „Steinerwaldes". Hier ist der Porphyr durch einen bedeutenden Steinbruch gut aufgeschlossen. Es folgt im Norden das unbedeutende Vorkommen im „Oblig" und weiter in unmittelbarer Nähe von Gross-Umstadt dasjenige vom „Hainrich" (262,2 m), das eine kleine stromartige Abzweigung nach dem Wächtersbuchthal entsendet und, mit diesem zusammenhängend, der Porphyr des „Knosberges", der ebenfalls durch zwei Brüche gut aufgeschlossen ist. Nur durch das Raibacher Thal von diesem geschieden ist der „Ziegelwald" (255,4 m); den Zusammenhang dieser beiden Vorkommen, deren Entfernung in der Thalsohle kaum 15 m beträgt, erkennt man noch deutlich an den Einschnitten und Erhebungen beider Berge. Wieder in nördlicher Fortsetzung folgen weiter die Porphyre des „Stachelberges" bei Richen, bekannt durch seinen vortrefflichen Wein, und des „Neuberges" bei Klein-Umstadt, mit der Abzweigung an der „Hochstadt" bei Richen, dessen feinkörniges, mittelhartes Material in einem alten Bruch zur Strassenbeschotterung gebrochen wird. Weit getrennt von diesen, aber doch wohl demselben Eruptionsherd angehörend und in seinem petrographischen Charakter mit denselben ganz übereinstimmend, ist dasjenige von Schaafheim, zwei Stunden nördlich von Gross-Umstadt, zwischen der Neuberghöhle und dem Eumicher Loch, im Südosten des Blattes Babenhausen gelegen, das meines Wissens bis jetzt noch nirgends eine Erwähnung gefunden hat.

Der Längendurchmesser der Porphyrmasse des Raubwaldes beträgt 975 m, die Breite 162,5 m, die Länge des Steinerwaldvorkommens 750 m, die Breite desselben 375 m. Die bedeutendste Ausdehnung gewinnt der Porphyr am Hainrich, Koos und Ziegelwald, wo er, als ein Ganzes betrachtet, einen Flächenraum von 1800 m Länge und 500 m resp. 1000 m Breite einnimmt. Die anderen Vorkommen sind von geringerer Grösse.

In ihrem petrographischen Charakter zeigen unsere Porphyre keine grosse Verschiedenheit. Jedoch lassen sich unschwer zwei Arten unterscheiden: 1. Solche mit makroskopisch deutlich erkennbaren Einsprenglingen; 2. solche ohne makroskopisch wahrnehmbare Einsprenglinge. Zu ersteren gehören alle südlichen Vorkommen bis einschliesslich zum Hainrich, zu letzteren der Knosporphyr und alle nördlich davon gelegenen.

Der Uebergang beider ist kein allmählicher, sondern ein plötzlicher. Hier findet sich noch die Varietät mit grossen Einsprenglingen, 50 m weiter nördlich die einsprenglingarme. Diese zeigt überall ausgesprochene Fluidalerscheinungen, jene keine oder nur geringe. Da wir uns nun die ganze Porphyrmasse als Reste einer Effusionsdecke vorstellen müssen und solche wesentlich an ihrer Oberfläche fluidale Erscheinungen, wie wir sie später beschreiben werden, aufweisen, so liegt die Folgerung nahe, dass die nördlichen Porphyrmassen den oberflächlichen Partihen des Porphyrergusses entsprechen, die südlichen den tieferen Theilen desselben. Nach Gestalt und Verbreitung könnte man wohl geneigt sein, den Porphyr als eine gangförmige Masse sich vorzustellen, da seine Grenze gegen das Nebengestein vertikal und quer abschneiden. Jedoch dürften Gangmassen wohl nirgends die erwähnten Oberflächenerscheinungen aufweisen. Es bleibt also nur die Annahme wahrscheinlich, dass die ursprünglichen Ränder der Porphyrmasse denudirt und die heutigen Massen Reste einer grösseren Decke darstellen, die im Norden durch die hier sich bemerkbar machenden OW- und NS- Verwerfungen tiefer gesunken sind als im Süden, dass hier dadurch die Oberfläche denudirt, dort im Norden wegen ihres tieferen Einsinkens dieselbe erhalten geblieben ist.

Die Grenze zwischen beiden Porphyrarten auf dem Knos wird durch das Terrain deutlich markirt. Von beiden Seiten des Knosberges aus verlaufen Rinnen oder muldenförmige Senken, von denen die östliche einen deutlichen Haken nach Nordosten bildet, die westliche nach der Schneidemühle zu in das Thal der Wächtersbach mündet. Auf der Höhe des Berges liegt die Grenze genau in einer Verflächung oder einem schmalen Sattel, jenseits welcher sich nach Norden zu der einsprenglingarme Porphyr plötzlich schroff in der Knoskuppe erhebt, während das Terrain nach Süden leicht wellig bis zur sog. Platte des Hainrichsberges ansteigt. Es ist also hier eine Querverwerfung anzunehmen.

1. Porphyr ohne deutliche Einsprenglinge.

Petrographischer Charakter. In frischem Zustande zeigt dieser Porphyr eine dunkelfleischrothe, braunrothe, dunkelviolette oder grauviolette bis blassröthlichweisse Farbe. Dieselbe ändert sich bei dem Eintreten und Fortschreiten des Verwitterungsprocesses rasch, so dass das Gestein mehr oder weniger gebleicht wird und hellviolett, blassröthlich, grünlichgrau, lichtgrünlichweiss, schmutziggrau, schmutziggelb oder schmutzigweiss aussieht. Oft erscheint es gestreift, gebändert, gefleckt, geflammt, kattunartig gezeichnet. Die Bleichung unter dem Einfluss der Atmosphärilien erfolgt immer von Spalten, Rissen, Sprüngen und Poren aus. Auch dunkelgraue oder schwarze Manganstreifen lassen sich erkennen und folgen gewöhnlich der unten näher zu beschreibenden Fluidalstruktur. Auf den Spalten und Rissen finden sich häufig Eisen- und besonders Manganausscheidungen in Form von prächtigen Dendriten oder als rostige und rothe Imprägnationen von Eisenoxyd.

Für das unbewaffnete Auge erscheint der Porphyr dicht, nur aus Grundmasse von felsitischem Habitus bestehend, selten hornsteinartig ohne jegliche Einlagerungen. Manchmal findet man feine Drusenräume, die mit Quarzkryställchen und Eisenglanzblättchen erfüllt sind. Daneben beobachtet man gewöhnlich noch eine erdige oder mehlartige Masse in den Vertiefungen. In einem kopfgrossen Porphyrstück vom Knos befindet sich ein solcher Hohlraum von 1,5 cm Längsdurchmesser, in dem 3 mm lange Quarzkryställchen bloslagen, und deren Zwischenräume mit Eisenglanzblättchen bestäubt sind. Seltener und fast nur band- oder streifenartig zwischen Porphyrschichten ist amorphe Kieselsäure ausgeschieden. Dies zeigt sich besonders in der Nähe des Nebengesteins im Raibacher Thal, wo das Wasser zwischen die Schichten des vertikal zerklüfteten Gesteins eindringen konnte; auch in zahlreichen feinen Adern durchdringt die Kieselsäure dort das Gestein und die Verkieselung geht auf die Brocciemassen und die Schwerspathgangmassen über; sie rührt offenbar her von Kieselsäure, die auf den Spalten und an Gängen emporgedrungen ist. Nach dem Innern der Kieselsäureausscheidung zu tritt gewöhnlich Krystallisation ein. Der Bruch der Porphyrgrundmasse ist körnig, fein- bis grobsplitterig, matt oder erdig. Dabei ist das Gestein in frischem Zustande sehr spröde und mit zahlreichen feinen, nicht sichtbaren Spalten durchzogen, so dass es schwer hält, ein gutes Handstück zu schlagen. Aus diesem Grunde sind auch die oft angestellten Versuche, den Porphyr als Pflasterstein zu behauen, missglückt. Als Chausseebeschotterungs- und Ausrollmaterial eignet er sich dagegen ziemlich gut, wenn auch das geringe specifische Gewicht die Härte des Materials ungünstig beeinflusst. Besonders sind es die Vorkommen vom Knos, des Raibacher Thals, der Hochstadt bei Höchen und das von Schaafheim, die als Strassenschotter in der hiesigen Gegend vielfach Verwendung finden. Als Baumaterial kann dieser dichte Porphyr nicht gebraucht werden, weil aus ihm hergestellte Mauern in Folge der geringen Porosität kalt bleiben, und weil er sich schlecht mit dem Mörtel bindet.

Auch unter dem Mikroskop lassen sich bei den dichten Porphyren keine Einsprenglinge oder nur sehr selten kleine abgerundete Quarze als solche erkennen. Das Ganze erscheint bei schwacher Vergrösserung als ein Hauwerk von Cumuliten, die der Fluidalstruktur entsprechend angeordnet sind. Bei starker Vergrösserung erscheint jedoch diese felsitische Grundmasse deutlich gegliedert in verschiedenen Körnchen, ein deutliches krystallinisches Aggregat von Quarz und Feldspath mit granophyrischer Verwachsung darstellend. Bis zu kryptokrystallinischer Struktur geht die Feinheit nirgends. Quarz scheint zurückzutreten, Feldspath vorzuherrschen. Da aber nach der chemischen Analyse der Kieselsäuregehalt ein sehr hoher — 75%/₀ — ist, so ist anzunehmen, dass es ein sehr saurer Feldspath ist, der die Grundmasse bilden hilft.

Das specifische Gewicht des an Einsprenglingen armen Porphyrs vom Knos betrug 2,602 (bei 21,2° C.). Es wurde versucht, die einzelnen Bestandtheile mittelst Methylenjodid zu trennen, indessen war das Resultat kein günstiges, da nur Gemenge fielen, die nicht brauchbar waren. Das Ergebniss soll jedoch hier mitgetheilt werden:

Bei dem spec. Gewicht 3,3302 fiel als

Portion I sehr wenig Erz, aus welchem Magneteisen mit dem Magneten ausgezogen wurde.

Bei dem spec. Gewicht 3,0 fiel nichts.
Bei dem spec. Gewicht unter 3 fiel

Portion II mit viel Quarz und mit wenig Grundmasse versetzte Körner, die jedoch zur Untersuchung ungeeignet waren.

Bei dem spec. Gewicht 2,615 fiel

Portion III aus, in der die Feldspathmenge zunahm.

Bei dem spec. Gewichte 2,583 fiel

Portion IV, fast ausschliesslich aus Feldspath und etwas mehr Grundmasse bestehend.

Bei dem spec. Gewicht 2,583 schwamm

Portion V, die aus unregelmässigen, nicht brauchbaren Körnern bestand.

Von Portion II—V nahm die Menge der Grundmasse zu. Zersetzte Glimmerreste waren ebenfalls vorhanden, besonders in Portion V.

Die chemische Analyse des einsprenglingarmen Porphyrs von der Hochstadt bei Richen, ausgeführt von Herrn Kutscher, ergab:

Kieselsäure . . . 75,53,
Thonerde 11,43,
Eisenoxyd . . . . 1,95.

Fluidalstruktur. Der hiesige einsprenglingarme Porphyr zeigt fast überall eine deutlich sichtbare Fluidalstruktur. Ausserordentlich schön ist dieselbe im Raibacher Thal, nahe bei der Brenner'schen Mühle, am Knos und auf dem Ziegelwald entwickelt und lässt sich überall mit dem unbewaffneten Auge gut erkennen. Es macht oft den Eindruck, als hätte die gluthflüssige, breiartige Masse durch heftigen Stoss eine starke Erschütterung erlitten und wäre dann in diesem Augenblick erstarrt. Wunderschöne Faltungen, Knickungen,

Biegungen, Drehungen, wellenförmige Bahnen und Oberflächen (Taf. VIII) kommen vor. Oft sehen die Stücke aus wie dicke zusammengerollte Wattenstücke. So fanden sich prächtige Exemplare von sog. „Wickeln" (Taf. VI Fig. 1 u. 2) auf dem Knos und in dem Bruch bei Schaafheim. Dieselben sind wohl so zu erklären, dass die fliessende Masse, theilweise an der Oberfläche erstarrt, durch nachdrängende Lava aufgerollt wurde. Manche Porphyrstücke erinnern auffallend an abgerissene Baumrinde. Ich fand solche, welche abgesprungener Apfelbaumrinde mit ihren Biegungen und mit in Folge dieser Biegungen entstandenen Querrunzeln zum Verwechseln ähnlich sehen. Die Lava, halb starr, wurde gebogen, riss dadurch und erhielt Sprünge (Taf. VII Fig. 1), wie sich solche Querspalten oft an jüngeren Laven beobachten lassen. Manchmal sind diese Risse wieder ausgefüllt. Andere Exemplare erinnern an Knochen und Thierhaut mit den vollkommensten Hautfalten (vergl. Taf. VIII). Dem entsprechend laufen auf dem Querbruch geflossener Gesteinsstücke, wo die Fluidalstruktur (vergl. Taf. IX Fig. 2) besonders schön zum Ausdruck kommt, Bänder (Taf. III Fig. 1 u. 2, Taf. IV Fig. 1 u. 2, Taf. V Fig. 1) von grauer, grünlicher, schwarzer, brauner, gelber und weisser Farbe in den zierlichsten Windungen, Knickungen und Fältelungen neben einander her, trennen sich manchmal zur Aufnahme von Kieselsäure in Form von Querschnüren, die der Fluidalstruktur parallel verlaufen, aber nicht zur Grundmasse gehören, sondern sekundäre Einlagerungen darstellen, oder auch zur Aufnahme von Erzpartikelchen. Zwischen den Bändern treten gerade, gebogene, dünn- und dicklinsenförmige, oft mehrere Centimeter lange Schlieren auf. Ferner sind zwischen den Bändern und Streifen opake und rothbraune Erzpartikelchen ausgeschieden und angehäuft, wodurch vielfach die fluidale Struktur bedingt wird. So ist die Fluidalstruktur des Porphyrs auf dem Stachelberg gerade durch Eisenoxyd angedeutet, das neben der feinkörnigen Grundmasse die Hauptrolle spielt und die intensiv rothe Farbe des Gesteins bedingt. Von Einsprenglingen ist auch hier nichts zu sehen. Aehnlich erscheint derjenige vom Neuberg bei Klein-Umstadt mit Quarzaggregaten. Die helleren Streifen der Struktur bestehen nach dem mikroskopischen Befund aus Kieselsäure, die sich nach dem Innern der Streifen zu als ein krystallinisches Aggregat (Chalcedon), nach aussen als amorphe Kieselsäure mit deutlichem schalenförmigem Aufbau erweist. Oft biegen diese Streifen in spitzen oder rechten Winkeln um und zeigen an den Biegungen sehr schöne radialfaserige Struktur.

Dieser Anordnung der kleinsten Theilchen in Folge der Fluidalstruktur entsprechend ist auch die Absonderung eine mannigfaltige und eigenthümliche. Vielfach zerspringt der Porphyr in der Richtung der vorhandenen, nicht deutlich sichtbaren Sprünge in unregelmässige, eckige, keilförmige und prismatische Stücke mit ebener oder vielfach gewundener Oberfläche; auch in Bänke von 0,25—1 m Dicke, wie z. B. an der Hochstadt bei Richen und im Raibacher Thal, sieht man ihn zerfallen. Der Zerfall wird dann unterstützt durch Spalten und Spaltensysteme, die in Folge der Contraktion entstanden sind und in keiner bestimmten Richtung verlaufen, aber überall im Gestein wahrzunehmen sind. Auf dem Knos ist eine dünnplattenförmige und unvollkommen säulenförmige Absonderung zu beobachten. Die Säulchen sind gewöhnlich vier-, seltener fünfseitig, meist 5—15 cm lang und besitzen durchschnittlich eine Dicke von 0,5—5 cm. Auch in andere trapezoëdrische, plattenförmige, vieleckige, aber immer scharfkantige Stücke zerspringt der Knosporphyr und wird in diesen Stücken von der Stadt Gross-Umstadt als Beschotterungsmaterial und zum Ausrollen von Chausseen vielfach verwendet. Ludwig[1]) sagt, und soweit sich dies auf die einsprenglingsarmen Porphyre bezieht, ganz richtig: „Die Absonderung des Gesteins ist theils schieferig, theils massig, in unregelmässigen keilförmigen und prismatischen Stücken; eigentliche Säulen finden sich nirgends. In den tiefen weit aufgeschlossenen Steinbrüchen zwischen Umstadt und Raibach steht das Gestein in mächtigen senkrechten Bänken an, welche aus einiger Entfernung betrachtet, allerdings der Säulenform ähnlich werden. Die 0,5—1 m dicken Bänke sind in sich nach allen Richtungen zerspalten."

Sehr schöner dünnplattiger Absonderung begegnen wir ebenfalls auf dem Knos. Wenige Schritte westlich von dem Hauptbruch ist eine von den Atmosphärilien stark angegriffene Wand von etwa 2,5 m Höhe und 4 m Breite stehen geblieben, an der sich, der Fluidalstruktur folgend, dünne Blättchen, massenhaft übereinander liegend, in Form eines S abgeschieden haben. (Tafel I, Fig. 1.) Dieselben sind wenig dicker als ein Kartenblatt und in Folge der weit vorgeschrittenen Verwitterung so mürbe, dass sie sich leicht mit der Hand abnehmen lassen.

Dünnschichtige und scherbige Absonderung (vergl. Tafel VII, Fig. 2) zeigt der Porphyr östlich vom Ziegelwald bei Klein-Umstadt, wo die Lesestücke zu einer Halde aufgehäuft sind. Dachförmige, halb röhrenförmige und in den bizarrsten Formen gewundene, gebogene, gestreckte, geknickte

---

[1]) Becker, Fr. und Ludwig, R., Erläuterungen zur geologischen Specialkarte des Grossherzogthums Hessen. Sektion Dieburg, S. 57. Darmstadt 1861.

und gestauchte Stücke, dünne Scherben, ebene und wellig gebogene Platten lassen sich in Menge mit Leichtigkeit hier sammeln.

Eigenthümlich und interessant ist eine Erscheinung, die sich im Raitischer Thal, Drenner's Mühle gegenüber, zeigt. In dem prächtig fluidal struirten, ziemlich frisch erhaltenen Material zeigen sich Warzen, Knollen, oder kugelförmige Gebilde von Erbsen- bis Eigrösse. Dieselben scheinen mit Spalten und Rissen zusammenzufallen und besonders in der Nähe der Gneisgrenze, wo zugleich Chalcedon- und Quarzablagerungen vorhanden sind, häufig aufzutreten. Jedenfalls haben wir es hier mit einer Oberflächenerscheinung zu thun. Ob sie die Ausfüllung blasiger Hohlräume an einer alten Oberfläche durch Magma darstellen, möchte ich dahingestellt sein lassen. Die Warzen und Knollen ragen bald aus dem festen Gestein hervor und geben, wenn sie in grösserer Menge in einem wenig tiefen Hohlraum oder auf einer Wölbung angehäuft sind, diesen das Aussehen eines mit erbsengrossen Warzen dicht besetzten Hautstückes (Tafel V, Fig. 3). Bald haben sie sich auch schon losgelöst unter Hinterlassung halbkugelförmiger Vertiefungen. Zuweilen sitzen auf grösseren Kugeln wieder mehrere kleinere Kügelchen, so dass das Ganze ein traubiges Aussehen bekommt. (Tafel V, Fig. 2.) Schalenförmiger Aufbau ist gewöhnlich schon an den Verletzungen und abgesprungenen Stücken zu erkennen, obwohl die Warzen im Innern dicht, hornsteinartig aussehen. Ihre Farbe ist aussen gewöhnlich die des umgebenden Porphyrs, nach innen wird sie heller, weiss, grau bis grünlichgrau. Die dem unbewaffneten Auge im Querschnitt dicht erscheinenden Knollen erweisen sich unter dem Mikroskop als schalenförmig aufgebaut. Eine solche erbsengrosse Warze zeigte im Querschnitt unter dem Mikroskop einen deutlichen Quarzkern mit einem Chalcedonmantel. Die Quarz- und Chalcedonmasse ist jedenfalls auf sekundärem Wege in Hohlräumen eingedrungen. Um diese herum fand sich Porphyrmasse, die sich bei starker Vergrösserung als aus verschiedenen konzentrischen Zonen aufgebaut erwies. Ferner liessen sich in die Schalen hineinragende und auf denselben gewöhnlich senkrecht stehende dendritische oder an Moos erinnernde Gebilde wahrnehmen. Zwischen den Zonen, in den helleren Partbien, die mit dunkleren abwechseln, haben sich in reichlicher Menge und fast selbst ein ununterbrochenes Band darstellend, sehr schön ausgebildete Turmalinkrystalle ausgeschieden; sie sind blassgrau, braun bis blaugrün und anilinblau. Da sich diese Turmaline und auch die Basis der dendritischen Figuren immer in derselben Reihe an der Oberfläche der helleren Schalenpartbien finden, so hat es den Anschein, als wenn nach der Bildung je einer der sonaren

Schalen eine Ruhepause in der Bildung der Warzen eingetreten sei, während deren sich dann die Turmaline ausgeschieden hätten. Durch den ganzen Schliff zieht sich ferner noch ein Band sekundär gebildeten Quarzes quer hindurch.

Gelegentlich der Neuanlage der Chaussee zwischen Gross-Umstadt und Raibach wurde an derselben Stelle neben dem älteren kleinen Bruch (Brenner's Mühle gegenüber) eine Porphyrwand freigelegt, in der zahlreiche Hohlräume von Erbsen- bis Nuss- ja bis Eigrösse vorhanden sind und den in den Liparitobsidianen vorkommenden ähnlich zu sein scheinen. Sie sind im Querschnitt kreisrund, gestreckt, gebogen, gewunden, zeigen überhaupt die verschiedensten Formen. Oft sitzen mehrere solcher Hohlräume mehr oder weniger nahe beieinander, so dass sie der betreffenden Stelle ein zelliges Aussehen verleihen. Nicht selten gehen auch gradlinige oder gebogene Leisten mitten durch dieselben und theilen die Hohlräume in verschiedene Kammern. Diese Blätter oder Schalen erinnern manchmal an einen zurückgeschlagenen Mantelkragen oder eine geöffnete Blüte mit dicken Blumenblättern, Formen, die jedenfalls durch Gasblasen geschaffen worden sind. Immer sind aber die Hohlräume und die Lamellen derselben mit Quarzkryställchen dicht besetzt, bei denen gewöhnlich die Kombinationsflächen ∞P, $+R - R$ sehr schön entwickelt sind. Sie sind farblos, weiss, oft durch Eisenoxyd roth gefärbt. Oft sind die Kryställchen zu strahlenförmigen Aggregaten angehäuft. Selten kommen rundliche Körnchen vor. Tridymit konnte ich noch nicht nachweisen. Herr Prof. Dr. Streng—Giessen erkannte bei seinem letzten Hiersein sofort die Aehnlichkeit dieser eigenthümlichen Hohlräume mit denjenigen der Liparitobsidiane vom Monte della Guardia und bezeichnete sie als „Lithophysen". Er hatte die Güte, mir zwei prächtige Exemplare derselben leihweise zu überlassen, wobei ich mich überzeugen konnte, dass allerdings eine grosse Aehnlichkeit zwischen dem hiesigen Vorkommen und jenen besteht.

Oben wurde schon der Kieselsäureausscheidung, die in Form von Chalcedon oder Quarz Spalten und Adern des Porphyrs durchdringt, Erwähnung gethan. Aber auch Bruchstücke der Porphyrmasse werden durch Kieselsäure zu Breccien (Taf. IX, Fig. 6) verkittet. Solche finden sich häufig in der Steinbornshohle, besonders schön werden sie aber auf der Porphyrhalde östlich vom Ziegelwald gefunden. Ich konnte Stücke sammeln, bei denen mitten in einer Porphyrplatte verschieden grosse Bruchstücke ähnlichen, aber doch deutlich von dem ersteren zu unterscheidenden Porphyrs mit scharfen Ecken und Kanten eingeschlossen sind. Gewöhnlich sind diese eingeschlossenen Fragmente scharfkantig, die Richtung ihrer Struktur zeigt keinen Zusammenhang mit derjenigen des Hauptgesteins. Durch die ganze Breccie gehen zahlreiche Risse und Sprünge, die mit Kieselsäure angefüllt sind. Die eingeschlossenen Bruchstücke der Breccie liegen in einer grauen, hornsteinähnlichen Kieselsäureanhäufung. Noch schöner zeigt sich diese Erscheinung an den Porphyrstücken des Ziegelwaldes. Dort finden sich auf der oben erwähnten Halde sehr scharfkantige Bruchstücke von Porphyr in den Breccien erhalten und geben geschliffenen und polirten Stücken ein reizendes Aussehen. (Tafel III, Fig. 1 u. 2 und Tafel IV, Fig. 1.) Jedenfalls sind diese Breccien bald nach oder während der Eruption der Porphyrmassen entstanden, sonst müssten die scharfen Ecken und Kanten abgerundet worden sein. Später trat zwischen die Fragmente gelöste Kieselsäure und verkittete sie.

Die Farbe der verkittenden Kieselsäure ist grau, graubraun, plasmafarbig, grün, seltener röthlich; sie ist kantendurchscheinend, zeigt splitterigen bis muscheligen Bruch und wird als Chalcedon zu bezeichnen sein. Manchmal ist sie auskrystallisirt und bildet Quarzdrusen, manchmal ist sie amorph und zeigt unter dem Mikroskop isotropes Verhalten. Auch an dem südwestlichen Abhang des Ziegelwaldes fand ich unter den dort in grosser Menge umherliegenden Quarziten Lesesteine von Porphyr, die mit Spalten, Rissen und Adern durchsetzt sind, in denen sich ebenfalls Kieselsäure abgeschieden hat. Auch die mächtigen Quarzitfelsen am Eingang zum Ziegelwald repräsentiren denselben Vorgang: jedenfalls war an dieser Stelle, über welche ehemals die Porphyrerhebung bedeutend emporragte, ein nicht unbeträchtliches Spaltensystem vorhanden, in das die Kieselsäure eindrang und die vorhandenen Porphyrstücke zu einer brecienartigen Masse verkittete; die Porphyrstücke, die der Verwitterung weniger Widerstand entgegensetzten, wurden im Laufe der Zeit weggeführt, während die Kieselsäure in Form von gewaltigen Felsblöcken zurückblieb. Damit stimmt auch das Vorkommen von Pseudomorphosen von Quarzit nach Schwerspath an diesen Felsen überein. Denn überall im Porphyr hat sich bis jetzt Schwerspath gefunden: im Haibacher Thal in dem Bruch des Herrn Sturmfels fand ich kleine weisse Täfelchen mit scharfer Begrenzung; auch in dem Knotenporphyr tritt er in sehr schön ausgebildeten wasserhellen Krystallen auf, deren Formen mit denjenigen der bekannten Vorkommen von Klein-Umstadt und Kleestadt übereinstimmen. Neben grösseren Stufen habe ich eine Tafel gefunden von 15 cm Länge, 12 cm Breite und 3,5—4 cm Dicke. Auf eine genauere Beschreibung der Schwerspath- und Quarzitgänge kann hier nicht eingegangen werden.

Die Grenze der Porphyre gegen den Gneiss lässt sich an einigen Stellen direkt beobachten. Besonders instruktiv ist in dieser Hinsicht ein Aufschluss im Raibacher Thal der „Mittelsten, Lautz'schen Mühle" gegenüber (Tafel X, Fig. 3). In einem vor Jahren dort angelegten, aber unvollendet gebliebenen Keller hat der Besitzer (Stauth) die westliche Berührungsstelle zwischen Porphyr und dem Gneiss freigelegt. Die Gneissschichten stehen fast saiger und zeigen deutliche unter sich parallel verlaufende Querspalten. Desgleichen lassen sich auch im Porphyr zwei Spaltenrichtungen oder eine Absonderung in zwei zu einander fast senkrecht verlaufenden — vertikalen und horizontalen — Richtungen erkennen. Die vertikale Absonderungsrichtung entspricht der Ausflussrichtung des flüssigen Magmas und demgemäss folgt die plattenförmige Spaltung der Fluidalstruktur, die ebenfalls parallel der Richtung des Aufsteigens und Ausfliessens verläuft. Diese Richtung steht senkrecht zur Grenzfläche beider Gesteine. In dieser horizontalen Spaltrichtung ist die Andeutung zur Bildung von Bänken in Folge der Zerberstung bei der Abkühlung gegeben. Die Grenzfläche selbst ist ziemlich ebenflächig. Wie überall an den Saalbändern ist hier der Porphyr fast dicht, ohne Einsprenglinge.

Porphyrtuff vom Ziegelwald (Tafel IV, Fig. 1 u. Tafel III, Fig. 2). Am östlichen Rande des Porphyrvorkommens am Ziegelwald tritt eine eigenthümliche tuffartige Gesteinsmasse in dem feinstruirten, prächtig fluidalen Porphyr auf, welche unser Interesse gewinnt. Stücke derselben sind in reichlicher Menge auf der Halde eines jetzt verlassenen Bruches zu finden. Sie ist von dunkelgrauer bis hellgrauer Farbe; nach dem Rande zu wird sie immer etwas dunkler. Diese Gesteinsmasse zeigt einen splitterigen, körnigen oder unebenen Bruch, besitzt die Härte des Porphyrs, ist oft gestreift, gebändert oder gefleckt und zeigt in Folge von zwischengelagerten fleischrothen Porphyrtrümmern einen conglomeratigen Charakter, oft erinnert sie an eine Breccie. Diese feinstruirten Porphyrstücke aus dem benachbarten Hauptgestein finden sich durch die ganze Tuffmasse hindurch zerstreut, an manchen Stellen sind sie angehäuft, wie wenn sie hingesäet wären, dabei sind sie abgerundet, scharf- und stumpfeckig, von allen möglichen Formen. Die geflossene Porphyrlava ragt oft flammenartig, zungen- oder wellenförmig in die Tuffmasse hinein oder umfliesst Porphyrstücke des Tuffes, indem sie sich in den zartesten Linien um diese herumwindet und in getreuester Nachbildung der Formen derselben an diese sich anschmiegt. In den Ecken, Falten, Windungen und Knickungen des Porphyrs findet sich daher Tuffmasse angehäuft, und das Ganze erinnert dann in Farbe und Aggregirung der Bruckstücke an vulkanische Asche. Häufig schliessen sich die oben beschriebenen Porphyr-Chalcedonbreccien direkt an diese Tuffablagerungen an und kleine mit Kieseläure theilweise ausgefüllte Hohlräume, zarte Risse, Sprünge und Adern gehen durch das Ganze hindurch oder ragen bis in die Tuffmasse hinein. Von einer Schichtung oder überhaupt einer regelmässigen Anordnung ist nichts zu erkennen.

Die Ausdehnung der Tuffeinlagerungen ist eine geringe, gewöhnlich 5—10 cm im Querschnitt nicht übersteigende.

Auch unter dem Mikroskop lässt sich Porphyr von derselben Beschaffenheit, wie der oben beschriebene, erkennen. In dem Tuff zeigt sich keine einheitliche Grundmasse, sondern eine Anhäufung (Gemenge) zerbrochener eckiger Stücke, wie bei der Asche. Zahlreiche Turmaline (Tafel IX, Fig. 3 u. 4), farblos oder von bläulicher, graublauer bis blassgrüner Farbe treten auf. Die Krystalle zeigen oft sehr schöne, regelmässige, sechsseitige Querschnitte, an einem Ende deutliche Pyramiden, sind jedoch immer an den beiden Enden verschieden ausgebildet. Schaliger Aufbau ist häufig zu beobachten. Die Länge der Krystalle wurde zu 34,2—57,6 μ, ihr Querschnitt zu 18,5 μ gemessen.

Ferner kommt in dem Tuff Glimmer vor. Er ist grünlich bis gelb, theilweise mit Eisenerz beschwert und durch dasselbe braun gefärbt, stark dichroitisch; oft ist er stark zersetzt. Seine Krystallchen sind strahlenförmig angeordnet und zeigen grünliche Umrandung und erinnern bisweilen an Cordierit. Darunter zeigen sich einige Parthien, die chloritisch aussehen. Auch Granat (Tafel IX, Fig. 3) tritt auf. Ein Krystall mit 6 seitigem Querschnitt zeigt strahlenförmige Risse, bismröthliche Farbe und dunkle Ränder. Polysynthetische Quarzkörner sind häufig und die Feldspäthe sind ebenfalls häufig von Quarz bedeckt. In der Porphyrgrundmasse zeigen sich Glaseinschlüsse, die allerdings schon stark entglast sind. Sphärolithbildungen konnten nicht beobachtet werden.

Es ist anzunehmen, dass nach der Porphyreruption eine zweite Dampfexhalation stattgefunden hat, bei der sich die Turmaline gebildet haben, wofür der Borsäuregehalt derselben spricht; jedenfalls hat sich dieses Material nicht durch direkte Ausscheidung gebildet (vergl. Rosenb. 1, S. 380).

Nach dem Gesagten und nach dem ganzen Gesteinshabitus wird man wohl nicht fehlgehen, wenn man annimmt, dass der hiesige Porphyr aus einer glasigen Grundmasse entstanden, bei der die Entglasung schon weit vorgeschritten ist. Dafür sprechen die Farbenerscheinungen bei gekreuzten Nicols. Auch Ludwig[1]) spricht schon die Vermuthung aus, dass der Porphyr ein krystallin gewordenen Glas sei: „Wir halten das Gestein für eine umgewandelte Feldspathlava, einen durch Stoffwechsel krystallin gewordenen Obsidian". Jedenfalls ist er in ähnlicher Weise aus einem pechsteinähnlichen Glase entstanden, wie der Pechsteinfelsit von Meissen und der Dobritzer Porphyr aus Pechstein von Meissen, was Sauer trefflich nachweist.[2]) Dort wird überall die Pechsteinmasse von sog. perlitischen Sprüngen durchsetzt, die in Folge von Kontraktionserscheinungen entstanden sind und die sich mit oder am Schlusse der Gesteinsverfestigung einstellen. Wie dort, so finden sich auch bei unseren Porphyren diese Sprünge sehr regelmässig um die porphyrischen Einsprenglinge, besonders um Quarz und Feldspath entwickelt. Die ersten Anfänge der Felsitirung, der gewöhnlich eine Trübung der Glassubstanz vorausgeht, zeigen sich immer an diesen Sprüngen oder den mit diesen kombinirten Querspältchen, von denen die felsitische Masse in traubig-nierigen und moospolsterähnlichen Aggregaten in die eigentliche Glasmasse hineinwächst und nach und nach den Zusammenhang dieser aufhebt.

2. Quarzporphyr mit deutlichen Einsprenglingen.

Hierher gehören alle Vorkommen, die südlich vom Knos gelegen sind, also diejenigen vom Hainrich bei Gross-Umstadt, vom Steinerwald, Raubwald und Heegbölzchen, von der Ohlig und der Hansenhöhe. Diese südlichen Porphyre bieten der genaueren mikroskopischen Untersuchung insofern etwas grössere Schwierigkeiten dar, als ihre Zersetzung meistens schon so weit vorgeschritten ist, dass nur von wenigen Stellen ein brauchbarer Schliff hergestellt werden kann. Gewöhnlich ist das Gestein zu weich und mürbe und sind die Feldspäthe schon in eine kaolin- oder bol-ähnliche Masse übergegangen. Nur auf dem Hainrich oder der Platte finden sich einige verhältnissmässig frische Stellen, die für die mikroskopische Untersuchung geeignet sind. Etwa 100 Schritte von der Stelle, an welcher der Knosporphyr durch einen Steinbruch aufgeschlossen ist, liegen eine Anzahl von Felsen, die weniger angegriffen sind und sich deshalb zur Untersuchung verwenden liessen. Sie können daher als Repräsentanten dieser südlichen, einsprenglingreichen Porphyre gelten.

[1]) Fr. Becker und R. Ludwig, Erläuterungen zur geologischen Karte des Grossherzogthums Hessen, Section Dieburg, S. 56, Darmstadt 1881.
[2]) A. Sauer, Erläuterungen zur geologischen Specialkarte des Königreichs Sachsen, Section Meissen, S. 81 ff. Leipzig 1889.

Die Farbe der Grundmasse ist blassfleischroth, roth, rothviolett, violett, grauviolett, aschgrau, bräunlichgrau bis braun, seltener grünlichweiss, schmutzigweiss bis weiss. Ihre Härte und Sprödigkeit ist eine so beträchtliche, dass sich auch von ihnen nur sehr schwer gute Handstücke schlagen lassen. Der Bruch ist uneben, grobsplitterig, körnig, matt, selten glänzend. Manchmal finden sich Stücke, die cavernös und porös sind. Von Fluidalstruktur ist hier nichts zu merken, obwohl dieselbe bei dem wenige Meter nördlich gelegenen Knorrvorkommen sehr schön zu beobachten ist, was sich nach unserer Auffassung dadurch erklärt, dass die letzteren der Oberfläche angehören, wo die Fluidalstruktur sehr vollkommen ausgebildet ist, während die ersteren, wenn auch nahe an der Grenze zwischen beiden Arten gelegen, doch tieferen Parthien zuzuzählen sind, bei denen die Fluidalstruktur fehlt.

Als Einsprenglinge treten fast nur Quarze und Feldspäthe auf. Die Quarze sind rauchgrau oder farblos; gewöhnlich erscheinen auch die farblosen dunkel, weil sie in Höhlen oder auf dunklem Hintergrund sitzen. Sie sind oft winzig klein und ohne Lupe nicht zu erkennen, am häufigsten jedoch von der Grösse eines Stecknadelkopfes oder bis zu der einer Erbse. Am Steinerwald und Rauhwald sind solche von 8 ja 10,5 mm Grösse nichts Auffallendes. Gewöhnlich sind sie gleichmässig durch die Grundmasse vertheilt und geben dem Gestein ein charakteristisches Aussehen. Manchmal findet eine Anhäufung derselben an gewissen Stellen statt, aber niemals überwiegen sie die Grundmasse. Der Quarz findet sich häufig in wohlausgebildeten Krystallen, bei denen sich die beiden Rhomboëder immer und gewöhnlich auch die Säule deutlich erkennen lassen. Am Steinerwald ist es nicht schwer, solche in gewünschter Menge aus dem stark zersetzten Gestein mit dem Messer auszulesen. Ich fand dieselben bis zur Erbsengrösse, sehr schön ausgebildet mit wohlerhaltenen scharfen Kanten. Die Säule fehlt daran fast nie, ja an einigen Krystallen herrscht dieselbe sogar vor. Der Querschnitt der Quarze ist entweder regelmässig sechsseitig oder rundlich; auch rhombische und dreiseitige Umgrenzungen sind nicht selten. An manchen Individuen lässt sich schon mit blossem Auge erkennen, dass sie aus verschiedenen, gewöhnlich drei Theilen zusammengesetzt sind, die in der Richtung der Hauptaxe mit einander (wie Zwillinge) verwachsen sind.

Unter dem Mikroskop zeigen die Quarze alle Eigenschaften der ächten Porphyrquarze. Idiomorphe Begrenzung der Krystalle mit zahlreichen Rissen und Spalten, die häufig die Ecken abschneiden, sind überall vorhanden. Einschlüsse, Einbuchtungen und Einstülpungen von Grundmasse (vergl. Tafel IX, Fig. 1) fehlen nirgends. Die Einstülpungen, die durch besondere Schnittlage als Einschlüsse erscheinen, sind von runder, eiförmiger u. s. w. Gestalt. Zuweilen sind diese Einschlüsse oder Einbuchtungen so bedeutend, dass sie sich schon mit blossem Auge erkennen lassen. In den Spalten und Rissen haben sich gewöhnlich Erze abgelagert, ausserdem findet häufig eine Umlagerung der Spalten durch Erze statt. Trichite, Glas- und Flüssigkeitseinschlüsse, sowie Spannungserscheinungen fehlen fast nirgends.

Ausser den idiomorphen Krystallen sind Bruchstücke von unregelmässiger Gestalt, aber mit scharfen Rändern häufig. Selten lässt sich jedoch die Zusammengehörigkeit solcher Bruchstücke erkennen. Endlich tritt Quarz in Form von polysynthetischen Körnern auf, deren einzelne Individuen in Zonen angeordnet sind. Entweder sind also die Quarze charakteristisch krystallographisch entwickelt, dann sind sie vollkommen rein mit gut erhaltenen Umrissen, oder sie sind durch die Grundmasse corrodirt; dann zeigen sie auch Anhäufungen von trüber Substanz an den veränderten Rändern, eine gekörnelte Randzone tritt auf.

Makroskopisch scheint Feldspath vorzuherrschen, allein im Dünnschliff zeigen sich doch so viele Krystalle und Bruchstücke von Quarzkrystallen, dass er dem Feldspath in der Menge mindestens gleichkommt.

An den Felsen auf der Platte lässt sich eine eigenthümliche Zersetzungserscheinung wahrnehmen. Wider Erwarten sind hier die Quarze soweit zersetzt, dass nur noch Lamellen derselben wie eine Art Gerippe zurückgeblieben sind. Während der Feldspath noch vollständig unverändert erscheint, ist der Quarz zu einem zelligen, zerhackten oder zerfressenen geworden. Dass die Quarze zu einer erdigen Substanz umgebildet worden wären, wie dies Klipstein angibt, konnte ich nicht beobachten; dagegen fand ich in den entstandenen Hohlräumen öfters Eisenglanzkryställchen angehäuft. Eine ganz ähnliche Erscheinung findet sich bei Sauer, Section Lichtenberg-Mulda S. 31, Leipzig 1886, erwähnt. Sauer bemerkt dazu: Es wäre möglich, dass mehrere hier aufsetzende, dicht an den Porphyr grenzende Baryt- und Gneiss-Chalcedonbrecciengänge in ursächlichem Zusammenhange mit jener sonderbaren Auslaugungserscheinung des Porphyres stehen. Auch hier (auf dem Knos) durchsetzt ganz in der Nähe dieser Felsen ein Barytgang den Porphyr, Chalcedonbreccien sind ebenfalls nicht selten in der Nähe.

Mit diesem Auslaugungsprozess im Zusammenhang steht das cavernöse Aussehen des Porphyrs, was so oft in der Beschreibung derselben erwähnt wird.

Die Feldspäthe sind nur in den Vorkommen vom Steinerwald und Raubwald, seltener in dem der Platte gut entwickelt und treten hie und da an Menge in den Vordergrund. Auch hier ist die Grösse der Krystalle eine sehr verschiedene. Gewöhnlich erreichen dieselben einen Längsdurchmesser von 2—5 mm, jedoch sind Krystalle von 23 cm Länge in dem Raubwaldporphyr nicht sehr selten. Der Querdurchmesser geht bis zu 5 mm. Ich fand auf dem Hainrich einen sehr vollkommen ausgebildeten Orthoklaskrystall von weisser Farbe, der eine Länge von 27 mm und eine Breite von 13 mm besass. In dem stark zersetzten Porphyr vom Steinerwald fand ich ebenfalls wohlausgebildete Feldspäthe von derselben Länge, oft aber von geringerer Breite, sodass die Individuen häufiger eine gestreckte Form zeigen. Dabei sind sie theilweise vollständig frisch, von weisser oder schmutzigweisser, gelber, selten von fleischrother Farbe, mit sehr schönem Glas- bis Perlmutterglanze; bei den gefärbten Varietäten ist der Glanz und die Spaltbarkeit gewöhnlich deutlich zu erkennen. Nicht selten findet man Krystalle, die rundum gut ausgebildet sind, und deren Flächen man bestimmen kann, oft erkennt man dieselben auch an den Hohlräumen, welche die Orthoklase bei ihrer Auslaugung zurückgelassen haben. Es zeigt sich dann gewöhnlich die Kombination $0P$, ∞P, $\infty P\infty$, $2P\infty$. Auch theilweise zersetzte Feldspäthe findet man, die dann zerfressen aussehen. Neben diesen vollständig frischen und halbzersetzten Individuen treten endlich auch vollständig zersetzte und in eine kaolin- oder bolartige Masse umgewandelte Feldspäthe, die stark an der Zunge kleben, auf. Dieselben sind weiss, schmutzigweiss, röthlich, röthlichgrau bis grau. Ich fand einen solchen zersetzten Feldspath bei nassem Wetter, der vollkommen umgewandelt und breiartig weich war, dabei aber seine äussere Form so gut erhalten hatte, dass man ihn deutlich als Karlsbader Zwilling erkennen konnte, mit Zwillingsnaht und dem einspringenden Winkel, den die verwachsenen Hälften miteinander bilden. Jetzt ist der Krystall wieder erhärtet und lässt sich gut erhalten. Es lassen sich deutlich die Flächen $0P$, ∞P, $\infty P\infty$ und $2P\infty$ bestimmen. Zwillinge nach dem Karlsbader Gesetz lassen sich an den frischen Feldspäthen besonders beim Spiegeln in der Sonne häufig mit unbewaffnetem Auge erkennen.

Gewöhnlich treten da, wo grosse und gut ausgebildete Quarze vorhanden sind, auch deutlich umgrenzte und grosse Feldspäthe auf. Immer ist aber der Feldspath deutlich krystallographisch charakterisirt; abgerundete Stücke werden selten beobachtet. Feldspäthe jedoch aus dem Gestein herauszulösen, gelingt fast nie; in fast allen Fällen zerbrechen sie.

Unter dem Mikroskop heben sich die Orthoklase als grosse Krystalle mit braungelben Erzeinlagerungen aus der Grundmasse hervor (Tafel IX, Fig. 1). Bei einem Zwilling wurde die Auslöschung beider Hälften zu 6° bestimmt, also ist es Kalifeldspath. Ferner zeigt sich in einem Schliff ein kettenartiges Band von Feldspath durch den Schliff hindurchgehend, der jedenfalls eine secundäre Ausfüllung eines Risses durch Feldspath, jedenfalls Albit darstellt. Es scheint, als setzten sich diese Ausfüllungsfeldspäthe, die mit Grundmasse bedeckt sind, nach beiden Seiten der Spalte und senkrecht zu dieser fort. Es ist dies jedoch nur eine Folge davon, dass sich die neuen Krystalle an die alten anschliessen.

Plagioklas wurde nirgends gefunden. Darin stimmen unsere Porphyre mit denjenigen der Heidelberger Gegend überein, wie Cohen[1] nachgewiesen hat: „... überhaupt alle Porphyre des Odenwaldes enthalten, wie hier im Voraus bemerkt werden mag, Quarz als makroskopischen Einsprengling und keines Plagioklas".

Glimmer ist sehr selten vorhanden. Makroskopisch findet man ihn nur in Form eines Umwandlungsproduktes. Unter dem Mikroskop konnte er entweder gar nicht oder sehr selten, gewöhnlich nur in Form von zersetzten Resten beobachtet werden, besonders da, wo jetzt Erzanhäufungen vorhanden sind.

Auf dem Hainrich findet sich ein stark zersetztes conglomeratähnliches Material, in dem ein Glimmer von ausserordentlicher Frische und Reinheit auftritt. Die sechsseitigen Blättchen, von silberweisser Farbe oder farblos, zeigen sehr schönen Glasglanz und scheinen makroskopisch primärer Muskovit zu sein; allein unter dem Mikroskop zeigen sie fast gar keine Farbe und sind so frisch und glatt, dass sie für eine secundäre Bildung, für ein Umwandlungsprodukt gehalten werden müssen. Ein ganz ähnliches Glimmervorkommen fand ich in einem Gneisseinschluss am Steinerwald, der in seinem Aussehen an Bimsstein erinnert.

Auch eine Finit-ähnliche schuppige Masse von chloritischem Aussehen kommt in dem conglomeratartigen Porphyr des Hainrichsberges vor, und zwar gewöhnlich von der Grösse eines Zwanzigpfennigstückes oder eines Markstückes. Sie ist graugrün, fettglänzend grossblätterig und findet sich besonders in dem vielfach als Mauerstein (bei Garten- und Weinbergsmauern) benutzten älteren, zersetzten conglomeratartigen Material, das am westlichen

[1] Brancke und Cohen. Geognostische Beschreibung der Umgegend von Heidelberg. Strassburg 1879. S. 189.

Abhang des Hainrichs, dem Neuberg, vielfach zerstreut umher liegt. Auch diese pinitähnliche Substanz müssen wir als ein sekundäres Produkt auffassen. Jedenfalls ist dies dasselbe Mineral, das Ludwig[1] unter den Bestandtheilen der Grundmasse dieses Porphyrs anführt: „Der Felsitporphyr hat eine splitterig bis muschelig brechende, wachs- bis porzellanartig schimmernde, durchscheinende bis undurchsichtige, farblose, gelbe, rothe, amethystfarbene, blaue, grüne, gestreifte, gebänderte, gewolkte, flockige, unabgesonderte oder dünngeblätterte Grundmasse, welche aus einem innigen Gemenge von Feldspath und Quarz, Eisenoxydhydrat (gelb), Eisenoxyd (roth bis braun), kieselsaurem Mangan und Titan (blau und violett), Aphrosiderit (grün) besteht." Kieselsaures Mangan und Titan (= Titanit) habe ich bis jetzt nicht nachweisen können.

An fremdartigen Einschlüssen sind unsere Porphyre arm. Es konnten bis jetzt nur solche von Gneiss beobachtet werden.

Sie finden sich in dem conglomeratartigen Porphyr des Hainrichsberges und in dem Steinerwaldporphyr. Auf dem Hainrich sind die Gneissfragmente etwa von der Grösse eines Markstückes oder etwas kleiner, scharfeckig und gehören, wie es scheint, einem feinkörnigen, dünnschieferigen, glimmerreichen, Biotitgneiss an, der schon etwas zersetzt war. Anders verhalten sich diese Einschlüsse im Steinerwald. Dort bildet ein grobkörniger Gneiss, derselbe, der bei Umstadt anfangend, die Chaussee nach Höchst begleitet unter einem Winkel von ca. 45° das Hangende einer stark zersetzten Porphyrbreccie (Reibungsbreccie), an der sich ähnliche Erscheinungen zeigen, wie an dem Porphyr im Raibacher Thal: Warzen- und Knollenbildung und Fluidalstruktur. Die nördliche Wand des grossen Steinerwaldbruches, an der diese Gebilde vorkommen, bildet die nördliche Grenze zwischen diesem Porphyrvorkommen und dem Gneiss. Bei Gelegenheit des Baues eines Unterkunftshäuschens für die Steinbrecher liess Herr Baldo diese Wand freilegen, sodass man in demselben jetzt ein gutes Profil vor Augen hat (Tafel X, Fig. 4). In der Porphyrbreccie sind eine Anzahl kopfgrosser, aber auch grössere Blöcke von Gneiss eingeschlossen. Einer derselben umfasst mehr als einen Kubikmeter. Alle diese Blöcke bis zu den Stücken von Nussgrösse sind nicht scharfkantig, sondern mehr oder weniger abgerundet. Sie machen den Eindruck, als wären sie von dem flüssigen Porphyr bewegt und transportirt und in Folge dessen an den Ecken abgerundet worden. Ausser diesem Gneiss finden sich Bruch-

[1] Fr. Becker und R. Ludwig. Erläuterungen zur geologischen Specialkarte etc. Section Dieburg. S. 54.

stücke aller Gesteine der Umgebung in der Breccie: Verschiedene Gneisse, Schiefer, Granit, Ganggranit, Turmalingranit und Porphyrstücke. Sie setzt sich nach Osten fort und findet sich wieder an dem von den Steinbrechern stehen gelassenen Vorsprung des Steinbruchs, wo sie als eine fast saiger stehende Scholle von 0,5 m Dicke, die stark mit Eisenoxyd erfüllt ist, deutlich zwischen ziemlich frischem, stark zerklüftetem Porphyr hervortritt (Tafel II, Fig. 1 u. 2). Auch eine kleinere Spaltausfüllung im Gneiss durch Porphyr lässt sich, seitlich von dem Hauptporphyrvorkommen ausgehend, als Apophyse (Fig. X, Fig. 4) erkennen und einige Meter weit verfolgen. Das Material derselben ist röthlichviolett, stark verwittert und klebt an der Zunge. Derselbe wiederholt sich einige Schritte östlich noch einigemal.

Unweit der Stelle, wo die Apophyse nach Osten zu endigt, durchbricht eine schmale, nur etwa 20 cm mächtige Parthie eines etwas frischeren Quarzporphyrs mit deutlichen Einsprenglingen den Gneiss gangförmig (Tafel X, Fig. 6). Auf der nördlichen Seite der gangförmigen Masse ist eine starke Gneisswand vorhanden, auf der südlichen nur eine dünne Schicht von Gneiss.

Ferner zeigt sich mitten im Bruch an einer jetzt freigelegten Stelle ein dunkler, fast schwarzer Einschluss in der Hauptporphyrmasse, der makroskopisch stark zersetzten, schaligen Feldspath, frischen, durch Umwandlung neu gebildeten Glimmer erkennen lässt. Derselbe zeigt ein brecienartiges, poröses Aussehen, so dass er an den helleren Stellen, wo Feldspath, Grundmasse und neu gebildeter Glimmer vorhanden sind, lebhaft an Bimsstein erinnert. Dieser Einschluss scheint die östliche Fortsetzung jener Reibungsbreccie zu sein.

Unter dem Mikroskop erweist sich diese schwarze Masse als ein Gneisseinschluss, der hier brecienartig mit Porphyrgrundmasse gemengt ist. Die vorhandenen Glimmerblättchen sind stark zersetzt und lagern nebst den deutlich vorhandenen Feldspäthen und den übrigen Bestandtheilen parallel. Die Anordnung in der Lage der Glimmerblättchen lässt den Einschluss als Gneiss erscheinen. Zwischen die einzelnen Bestandtheile tritt Porphyrgrundmasse. Verkittet werden die Gneissbrocken und die Porphyrgrundmasse durch eine graue stanbartige oder aschenartige Substanz und durch grössere Quarzkörner. Die Quarze sind theils idiomorph ausgebildet, theils sind es rundliche Körner, welche in Folge von Quetschung auffallend stark rissig, fast splitterig erscheinen und mit sehr zahlreichen Einschlüssen versehen sind. In der Porphyrgrundmasse sind sie charakteristisch krystallographisch ausgebildet, aber auch abgerundete, durch die Grundmasse stark corrodirte Quarze sind daneben vorhanden. Bei ersteren, deren Krystallform rundum noch scharf erhalten ist, zeigen sich keine bestimmten Grenz- oder Randzonen, d. h. Anhäufungen von trüben Substanzen gegen die Grundmasse hin, während die corrodirten gekörnelten Rand besitzen; dies ist besonders schön bei einem rhombischen Querschnitt eines Quarzes zu erkennen.

Auffallend und bemerkenswerth ist der Reichthum an Turmalinkrystallen in der ganzen Breccie. Alle Glieder derselben sind damit erfüllt. In der erwähnten staub- oder aschenartigen Masse, in der Porphyrgrundmasse, in der Nähe des Einschlusses und in Hohlräumen finden sie sich. Ja in jener aschenartigen Verkittungsmasse sind sie so häufig, dass diese entweder vollständig aus Turmalinen besteht oder damit ganz und gar erfüllt ist. Auch mitten in der Porphyrgrundmasse, die sich an der Zusammensetzung der Breccie betheiligt, treten dieselben auf. Ebensowenig fehlen sie in den eingeschlossenen, feinstruirten fluidalen Porphyrstücken und finden sich hier in den parallel verlaufenden fluidalen Zonen. Besonders häufig zeigen sich aber die Turmaline in der Nähe des Gneisseinschlusses und am Rande schwarz ausgekleideter Hohlräume, was charakteristisch ist, da hier die Dämpfe am meisten wirken konnten. Denn es ist doch wohl anzunehmen, dass die immer Borsäure-haltigen Turmaline durch nachträgliche Exhalationen der Fumarolenthätigkeit entstanden sind.

Die Farben der Turmaline sind blassblau bis dunkelblau, grünlichgrau, gelbgrau und grau; er bildet feine Nadeln oder Leisten, die gewöhnlich zu büschelförmigen und schön radialfaserigen Aggregaten angehäuft sind (Tafel IX, Fig. 6). In den leistenförmigen Längsschnitten zeigt er Dichroismus von blau bis gelblich. Auch deutliche regelmässige sechsseitige Querschnitte sind vorhanden und ein grösserer Turmalinkrystall. Alle gut zu beobachtenden Kryställchen zeigen deutliche hemimorphe Ausbildung und oft schaligen Aufbau. Manchmal erscheinen sie auch stark zerfressen; andere sind mit Einschlüssen versehen. Im Ganzen sind diese Turmaline denjenigen der Asche vom Ziegelwald sehr ähnlich.

Die Grundmasse, die sich an der Brecciesbildung betheiligt, ist charakteristisch feinkörnig, aber bei stärkerer Vergrösserung unter gekreuzten Nicols deutlich erkennbar, desgleichen die trüben, dunklen Fleckchen. Uebrigens wechselt die Grundmasse häufig in ihrem Korn; sie ist bald mehr, bald weniger dicht.

Das häufige Vorkommen der blassblauen Turmaline erinnert allerdings auch auffallend an Turmalinhornfels, was auf ein Kontaktphänomen zwischen Gneiss oder Schiefern und Graniten hindeuten würde, wie Rosenbusch[1]) solche vom Hochwald in den Vogesen u. v. a. O. beschreibt. Es würde dies auch hier nichts ungewöhnliches sein, allein nach ihrem ganzen Auftreten und Verhalten sind die Turmaline doch entschieden als dem Porphyr angehörig anzusehen.

Ein deutlicher Wechsel zwischen einer dichteren Porphyrmasse und einsprenglingreichen Varietät lässt sich öfters am Steinerwald beobachten. Gewöhnlich ist die Verschiedenheit auch schon in den Farben beider Modifikationen ausgeprägt. Das feinkörnige Material neigt mehr zu violetten oder grauen Nüancen hin. (Jedenfalls sprechen diese Arten der Einschlüsse für Wiederholungen in den Eruptionen, bei denen die feinstruirte Masse als jüngeres Eruptionsprodukt von der älteren, einsprenglingreichen eingeschlossen worden ist.)

Bei einem dieser Einschlüsse lässt sich allerdings in der Farbe kaum ein Unterschied wahrnehmen. Dem unbewaffneten Auge stellt er sich als eine schmutzigweisse, kreideähnliche Masse dar, bei der sich keine Individuen unterscheiden lassen. Nur nach der Grenze zu bemerkt man dunklere Schattirung, die in eine blaugraue Randzone übergeht.

Unter dem Mikroskop erkennt man deutlich Quarz, Glimmer, Turmalin, Zirkon und eine schwarze kohlenähnliche Substanz. Der Glimmer ist stark zersetzt; Quarz erscheint in grösseren Krystallen mit gut erhaltenen Umrissen und in stark angegriffenem Zustand, wie die vorher beschriebenen, ferner in Form von Aggregaten, deren Pyramidenspitzen nach innen ragen. Auch die Turmaline sind den vorher beschriebenen ähnlich und sind auch hier als Einzelkrystalle und in Form von Krystallaggregaten vorhanden. Die Zirkone sind nicht doppelbrechend wie gewöhnlich, zeigen aber die ihnen eigenthümliche Randerscheinung. Merkwürdig ist das Vorkommen der kohlenartigen Substanz, die als eigenthümliche zerstückelte Bröckchen in dem fremden Material eingeschlossen ist. Erklärlich ist diese Erscheinung vielleicht dadurch, dass der Porphyr bei seinem Ausbruch Schiefer oder Gneiss durchbrechen musste, die oft Kohle in Form von Graphit enthalten.

Hier wäre auch noch der Einschluss von einsprenglingsarmem, sehr schön fluidalstruirtem Porphyr in dem conglomeratartigen Porphyr auf dem Hainrich zu gedenken (vergl. Tafel X, Fig. 9). Mitten in diesem sind oft 5 cm lange Stücke des rothen, oder braungrauen einsprenglingsarmen Porphyrs, wie

---

[1]) H. Rosenbusch, Physiographie der Gesteine, Bd. I., S. 365.

er unweit davon auf dem Knos vorkommt, eingeschlossen. Ihre Ecken und Umrisse sind gut erhalten. Solche Vorkommen lassen sich in genügender Menge in dem schon oben erwähnten, zu Weinbergsmauern benutzten, theilweise zerfallenen Material beobachten. Gewöhnlich sind diese Einschlüsse noch ziemlich frisch und gut erhalten, während der sie einschliessende Porphyr schon mehr oder weniger stark von den Atmosphärilien angegriffen und verändert ist. Er hat hellere Farben angenommen und ist häufig bis zu einem Schmutzigweiss gebleicht, wesshalb sich die gewöhnlich dunkler gefärbten rothen Einschlüsse deutlich abheben. Jedenfalls gehören diese Einschlüsse einer, wenn auch nur wenig früheren Eruption an, während das schlackige poröse, conglomeratähnliche Material später entstanden ist.

Von organischen Einschlüssen konnte in den Porphyrtuffen nichts beobachtet werden. Ich möchte aber hier eine diesbezügliche Angabe R. Ludwigs[1] nicht unerwähnt lassen. In einer kurzen Notiz über den Steinerwald-Porphyr unterscheidet er zwei Varietäten, eine hellfarbige an der Nordseite des Steinbruchs und eine rothbraune mit zahlreichen hellfarbigen blasigen Einschlüssen an der nordwestlichen Steinbruchseite. „In einem von der Wand herabgerollten Bruchstück fanden sich Reste eines etwa 2 cm langen, 1 cm dicken, cylindrischen, versteinerten Holzstückes, welches Herr W. Harres zu Darmstadt aufbewahrt. Dieser Fund veranlasst mich, den braunrothen conglomeratigen Theil dieses Eruptivgesteins für Porphyrtuff anzusehen".

Was die Absonderung des grobkörnigen Porphyrs anbetrifft, so finden wir hier in mancher Beziehung ähnliche, aber deutlichere Erscheinungen, wie bei der ersten, an Einsprenglingen armen Varietät. Einen guten Aufschluss (Tafel I, Fig. 2), der uns die säulenförmige Absonderung sehr deutlich erkennen lässt, finden wir in einem neuen kleinen Bruch am Rauhwald neben der Chaussee, kurz vor der Abzweigung nach dem Bahnhof Wiebelsbach-Heubach. Der Porphyr dieses Bruches und derjenige des ganzen Rauhwaldes ist etwas frischer und besser erhalten, als derjenige des Steinerwaldes, dem er aber sonst am nächsten steht. Die Länge der fast senkrecht stehenden, nur wenig nach O geneigten fünfseitigen Säulen beträgt 1,15, 1,25, 2,20, 3,30 m, die Seitenbreiten der Flächen 17, 34, 39, 42 cm. Der Durchmesser der Säulen 25—50 cm. Eine schöne sechsseitige Säule, die jedenfalls auch aus dem Rauhwaldbruch stammt, ist an der Abzweigung der Höchster

---

[1] Ludwig, Mineralien und Versteinerungen aus der Umgegend von Hering, Wiebelsbach, Gross- und Klein-Umstadt, Notizblatt für den Verein für Erdkunde etc., III. Folge, XVI. Heft, Nr. 181—192, S. 162. Darmstadt 1877.

Chaussee nach Heubach als sog. „Abweisestein" aufgestellt. Ihre Länge beträgt etwa 1 m, ihr grösster 0,63 m, ihr kleinster Querdurchmesser 0,35 m. Wie die Basaltsäulen sind auch diese meistens fünfseitig und ziemlich regelmässig. Sonst konnte ich keine säulenförmige Absonderung wahrnehmen. Der Porphyr des Steinerwaldes zeigt ganz unregelmässige Absonderung. In sehr verschiedenen Richtungen gehen Risse und Spalten durch das Gestein, so dass quaderförmige, spitzkeilförmige und trapezoïdrische Blöcke entstehen. Daneben ist es auch an einigen Stellen in gewaltigen Bänken abgesondert, deren Durchmesser 0,5—1,5 m beträgt. Der Porphyr auf dem Hainrich zeigt ganz und gar unregelmässige Absonderung. Ein eigenthümliches Spaltensystem durchsetzt das Gestein netzförmig (Tafel X, Fig. 6, 7 u. 8), vertikal und horizontal, und spaltet es in säulig-plattige (Tafel X, Fig. 6), oder in unregelmässige, anfänglich scharfeckige, später wieder zerfallende, eckige und abgerundete Stücke und Körner von Kopf- bis zu Erbsengrösse. Dieses kokkolithartig (Tafel X, Fig. 8) zerfallende purpurrothe Material wird hier vielfach als eckiger kleinstückiger Schotterkies zum Bestreuen von Fusswegen und freien Plätzen benutzt.

Zur chemischen Analyse wurde ziemlich frisches Material von den Blöcken auf der „Platte" verwendet. Dieselbe hatte folgendes Resultat:

Kieselsäure	SiO_2	= 74,66
Thonerde	Al_2O_3	= 11,49
Eisenoxyd	Fe_2O_3	= 2,02
Manganoxydul	MnO	= 0,08
Kalk	CaO	= 0,44
Magnesia	MgO	= 0,10
Wasser	H_2O	= 0,74
Phosphorsäure	P_2O_5	= 0,07
Kali	K_2O	= 8,68
Natron	Na_2O	= 1,69
		99,97.

Das spezifische Gewicht von rothem, ziemlich frischen Porphyr vom Hainrich wurde mittelst Pyknometer = 2,598 (20,5°) gefunden. Mittelst Methylenjodid bestimmt, war dasjenige der grossen Blöcke am Eingang zum Mittelwald 2,555, mittelst Pyknometer bestimmt = 2,518. Bei dem stark verwitterten Porphyr des Steinerwaldes, der als Baustein vielfach Verwendung findet, sinkt das spez. Gew. bis 1,9 herab.

Die beiden Arten des hiesigen Porphyrs setzen der Verwitterung einen sehr verschiedenen Widerstand entgegen. Am leichtesten wird die grobkörnige Varietät mit den grossen Feldspatheinsprenglingen angegriffen. Deshalb sind die Porphyre des Hainrichs von einem verhältnissmässig dichten Netz von Spalten, Rissen und Sprüngen durchzogen, welches der weiteren Zersetzung die Wege bahnt. Oft ist die Zersetzung so weit vorgeschritten, dass neue Mineralien, Chlorit und (sehr wahrscheinlich) Glimmer, gebildet sind oder dass der Porphyr zu einem thonigen Kies, jene kokkolithartige Varietät, zerfallen ist (Thonsteinporphyr). An Stelle von ausgewitterten Feldspäthen hat sich dann sehr häufig in den zurückgebliebenen Hohlräumen Eisenoxyd in Form von Eisenglanz oder Rubinglimmer abgesetzt.

Die Porphyre des Steinerwaldes und Rauhwaldes sind noch stärker zersetzt. Die Feldspäthe verwittern ungleich rasch. Manche sind vollständig kaolinisirt und kleben stark an der Zunge, daneben liegen theilweise zersetzte, zerfressen aussehende und vollständig frische Krystalle. Der entstandene Thon wird oft vom Wasser zusammengelöst und findet sich daher in Fugen, Spalten und kleinen Mulden, bei Nässe als weisse plastische Masse oder im trocknen Zustand als fast reiner Kaolin. Oft sind Hohlräume von früheren Krystallen damit ausgefüllt. In Folge dieses Verwitterungsprozesses sieht das Gestein sehr schön weiss aus und liefert ein vorzügliches, in hiesiger Gegend sehr gesuchtes Baumaterial. Als Baustein ist er besonders deshalb geeignet, weil er in Folge der Auslaugung durch Verwitterung sehr porös und verhältnissmässig leicht wird. Das specifische Gewicht desselben geht bis 1,9 herunter. Dabei sind die Gebäude in Folge der Porosität der Steine sehr warm und nie feucht. Die schon ziemlich zerfallenen Stücke erhärten an der Luft durch Abgabe von Wasser. In dem sogenannten Cyklopenverband und mit rother Sandsteinverkleidung gibt er den Bauten ein sehr gefälliges Aussehen und kommt in der hiesigen Gegend immer mehr zur Verwendung.

Der Porphyr hilft auch einen vorzüglichen Ackerboden bilden, auf dem in Folge des hohen Kaligehaltes (8,68%) ein sehr guter Wein, sogar Hopfen und die weit bekannten Gross-Umstädter Dickwurzeln gedeihen, deren Samen besonders in die Hanauer und Frankfurter Gegend verkauft wird.

Diese zweite Varietät unserer Porphyre leistet der Verwitterung immerhin noch einen stärkeren Widerstand, als die ihn umgebenden Gesteine, Gneiss, Augit-Glimmerschiefer, weshalb seine Kuppen überall über diese um ein Beträchtliches emporragen.

Auch bei dieser an Einsprenglingen reichen Varietät des Porphyrs ist eine Berührungsstelle zwischen Gneiss und Porphyr aufgeschlossen, welche der Annahme der Ausfüllung einer von Norden nach Süden verlaufenden Verwerfungsspalte nicht zu widersprechen scheint. Im sog. Klingelgässchen am südwestlichen Abhang des Heinrichsberges findet sich an der Stelle, wo in Folge der stärkeren Denudation ein steilerer Abhang vorhanden ist, eine scharfe Grenze zwischen Porphyr und Gneiss. Der Porphyr ist dort ähnlich demjenigen des Steinerwaldes von weisser Farbe, sehr schön blasig, schlackig und hat sich jedenfalls noch in warmem Zustand auf den Gneiss aufgelagert. Die Feuchtigkeit, die vorhanden war, verdunstete und verursachte die Blasenbildung, die sehr an die Schlackenbildung neuerer Laven erinnert. Aehnliche blasig-schlackige Stücke finden sich auch auf der Halde des Druches am Steinerwald.

Wenn die südlichen Vorkommen unserer Porphyre (bis zum Knos) den weniger tief gesunkenen Theil der angenommenen Grabenausfüllung darstellen, bei dem die oberflächliche Decke der Denudation anheimfiel, die nördlichen (vom Knos an) den tiefer gesunkenen Theil derselben repräsentiren, bei dem die oberflächlichen Decken vor der Denudation geschützt waren, und erhalten blieben, so müsste sich überall der Zusammenhang der unterbrochenen Porphyrzone nachweisen lassen. In der That konnte dies an einer Stelle im Raibacher Thal geschehen, wo die Konturen der gegenüberliegenden Wände es zeigen, an anderen Stellen (Steinerwald und Rauhwald) wurde es angenommen. Stimmt aber auch der Verlauf der Höhenkurven mit dieser Annahme überein?

Die hypsometrischen Verhältnisse sprechen zwar scheinbar nicht für unsere Annahme, besonders nicht für diejenige von Porphyrdecken. Obwohl anzunehmen ist, dass zur Zeit des Ausbruchs des Porphyrs Unebenheiten, Rillen, Schluchten und Einsenkungen vorhanden waren, die nach ihrer Ausfüllung den regelmässigen Verlauf der Isohypsen gestört haben müssten, so sollte man doch bei deckenförmiger Ausbildung des Gesteins erwarten, dass die Höhenkurven den Grenzen desselben einigermassen entsprechend verlaufen würden. Aber das Gegentheil ist fast überall der Fall. Auf dem Ziegelwald gehen die Isohypsen mitten durch die Porphyrerhebung hindurch, ebenso auf dem Knos. Dasselbe Verhältniss finden wir am Steinerwald und zum Theil am Rauhwald. An ersterem schneidet er wieder die Kurvenlinien quer durch, an letzterem verlassen gerade die höchsten Kurven den Porphyr. In der Wächtersbach finden wir ein kleines Vorkommen am Abhang des Heinrichsberges, der Porphyr an der Hochstadt bei Rüchen liegt sogar in einer fast kesselartigen

Vertiefung. Aber gerade die Annahme der Zone und ihrer Zerreissung an verschiedenen Stellen bedingen eine Aenderung in der vertikalen Gliederung. Würde der Durchbruch des Raibacher Thales und des Pferdshachthales (am Weidig) nicht vorhanden sein, so müsste das topographische Bild ein ganz anderes werden und der Verlauf der Kurven nach unserer Schätzung sich den Hauptvorkommen unseres Porphyrs (besonders des Ziegelwaldes, des Knos und Hainrichs, des Steinerwaldes und Rauhwaldes) ziemlich gut anschmiegen.

Tafelerklärung.

Tafel I. Fig. 1. Blätterige Absonderung in dem fluidalen Porphyr vom Knos.
" " " 2. Säulenförmige Absonderung des Porphyrs vom Raubwald.
" II. " 1. Reibungsbreccie, von der Gneissgrenze im Steinerwald-Bruch, in den Porphyr hineinragend, mit senkrecht zur Scholle stehenden Porphyrsäulen.
" " " 2. Ein Stück der Reibungsbreccie von Fig. 1 vergrössert.
" III. " 1. Porphyrbreccie vom Ziegelwald.
" " " 2. Porphyr mit Fluidalstruktur, eingeschlossener tuffartiger Masse und mit Brecciebildung vom Ziegelwald.
" IV. " 1. Porphyr mit Fluidalstruktur, eingeschlossener tuffartiger Masse und mit Brecciebildung vom Ziegelwald.
" " " 2. Fluidalstruktur im Quarzporphyr vom Ziegelwald.
" V. " 1. Fluidalstruktur im Quarzporphyr vom Ziegelwald.
" " " 2. Warzige Oberfläche des fluidalen Porphyrs vom Raibacher Thal.
" " " 3. Eine ausgewitterte und abgelöste Warze derselben.
" VI. " 1. Wickel des fluidalen Porphyrs vom Knos.
" " " 2. Wickel des fluidalen Porphyrs von Schaafheim.
" VII. " 1. Oberfläche des Porphyrs mit Querrissen vom Knos.
" " " 2. Wellige Oberfläche, verbunden mit scherbenartiger Absonderung des Porphyrs vom Ziegelwald.
" VIII. Wellige Oberfläche des fluidalen Porphyrs vom Knos.
" IX. Dünnschliffe von Quarz-Porphyren, tuffartigen Einschlüssen im Porphyr und von Porphyrbreccie, aus der Umgegend von Gross-Umstadt.

Erklärung zu Tafel X.

Fig. 1. Profil am Eingang des Tunnels bei Frau-Nansen.
- Bu = Buntsandstein (unterer).
- Zd = Zechsteindolomit.
- Zcgl = Zechsteinconglomerat.
- Gn = Gneiss.

„ 2. Profil aus einer Sandkaute in dem Wächtersbacher Thal bei Gross-Umstadt.
- ll = Lösslehm.
- lo = Oberer Löss.
- la = Laimen.
- lu = Unterer Löss.
- dm = Rother und grauer Sand mit Schotter.

„ 3. Profil aus dem Raibacher Thal (der Lautz'schen Mühle gegenüber): Grenze zwischen Gneiss und Quarzporphyr.

„ 4. Porphyr-Breccie mit Porphyr-Apophyse im Gneiss, aus dem Steinbruch am Steinerwald, 2,5 km südlich Gross-Umstadt.
- gn = Gneiss-Stücke in der Porphyr-Breccie eingeschlossen.

„ 5. Quarz-Porphyr, gangförmig den Gneiss durchsetzend, an der nördlichen Wand des Porphyr-Bruches am Steinerwald, 2,5 km südlich von Gross-Umstadt.

„ 6. Säulig-plattige Absonderung des Quarz-Porphyrs aus einem Steinbruch am Hainrich östlich von Gross-Umstadt.

„ 7. Netzförmig abgesonderter und zerklüfteter Quarz-Porphyr aus demselben Bruch wie Fig. 6.

„ 8. Coccolith-artig abgesonderter und zerklüfteter Quarz-Porphyr ebendaher.

„ 9. Conglomerat-artiger Porphyr mit Einschlüssen von Einsprenglingarmen, fluidalen Porphyr-Stücken vom Hainrich östlich von Gross-Umstadt.

Die vorliegende Arbeit entstand auf besondere Anregung des Grossh. Landesgeologen, Herrn Dr. Chelius, gelegentlich der geologischen Aufnahmen des Blattes Gross-Umstadt, an denen ich mich betheiligte. Unter seiner Anleitung wurden die mikroskopischen Untersuchungen theils auf der geologischen Landes-Anstalt in Darmstadt, theils in dem mineralogischen Kabinet der hiesigen Realschule ausgeführt. Ich spreche Herrn Dr. Chelius an dieser Stelle noch einmal meinen herzlichsten Dank aus. Desgleichen bin ich Herrn Prof. Dr. Lepsius in Darmstadt, der bereitwilligst genehmigte, dass die Arbeit in den Abhandlungen der Grossh. geologischen Landes-Anstalt gedruckt wurde, der meine Arbeit stets mit regem Interesse verfolgte und mir mit Rath zur Seite stand, sehr zu Dank verpflichtet. Endlich darf ich auch nicht unterlassen, Herrn Realschuldirektor Dr. Dersch dafür zu danken, dass er bei Aufstellung des Stundenplanes an unserer Schule, sowie bei Anschaffungen meine Wünsche stets gerne berücksichtigte und damit meine Arbeiten wesentlich förderte.

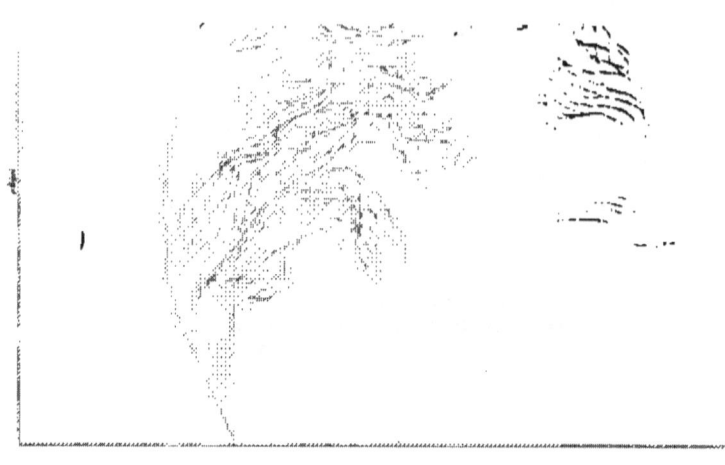

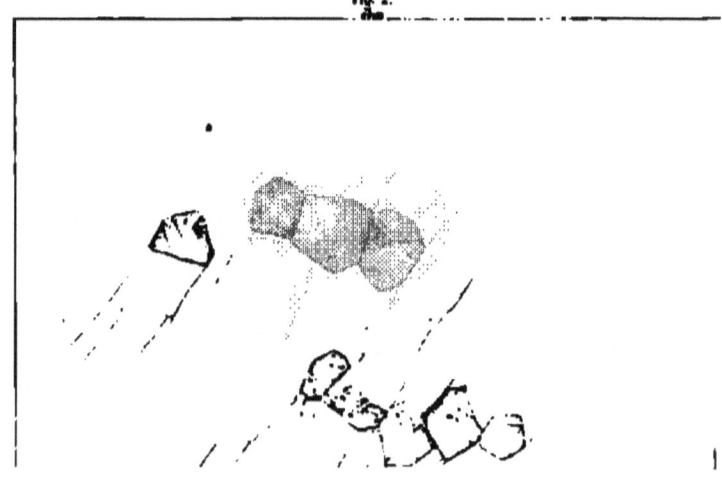

Fig. 2.

Abhandl. d. geolog. Landesanstalt zu Darmstadt. Band II. Heft 1. 1894.

Tafel I.

Fig. 1.

Fig. 2.

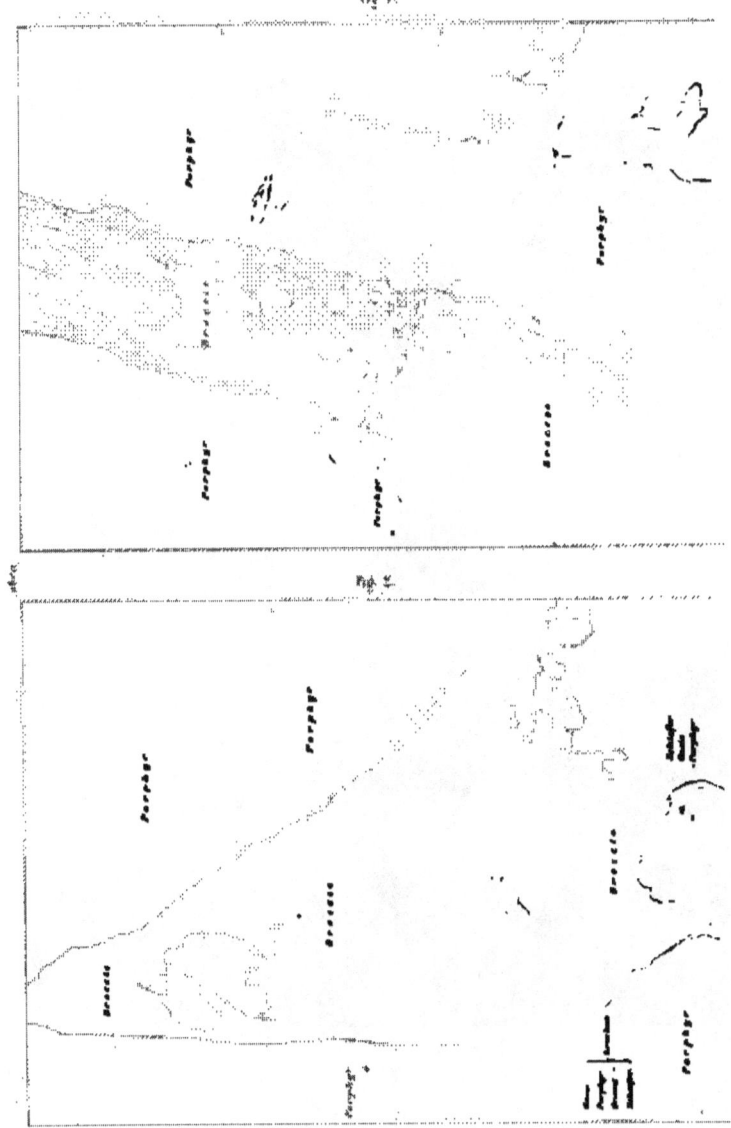

Abhandl. d. geolog. Landesanstalt zu Darmstadt. Band II. Heft 1. 1894.

Fig. 1.

Fig. 2.

Tafel III.

geolog. Landesanstalt zu Darmstadt. Band II. Heft 1. 1891.

Fig. 1.

Fig. 2.

geolog. Landesanstalt zu Darmstadt. Band II. Heft 1. 1891. Tafel IV.

Fig. 1.

Fig. 2.

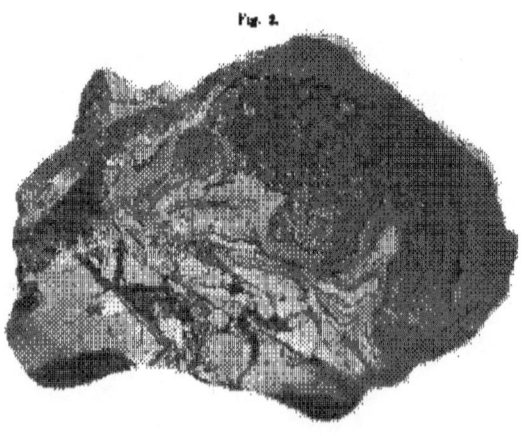

Tafel V.

Abhandl. d. geolog. Landesanstalt zu Darmstadt. Band II. Heft 1. 1891.

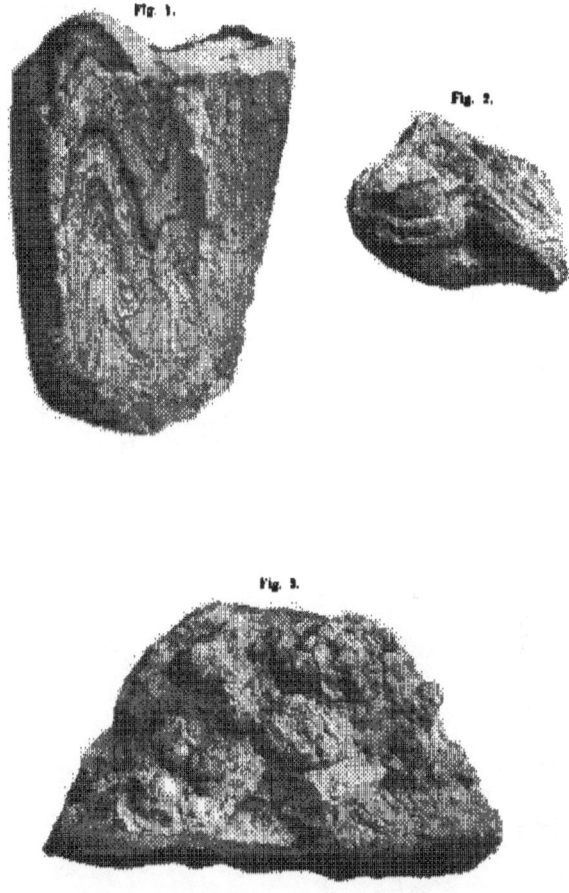

Fig. 1.

Fig. 2.

Fig. 3.

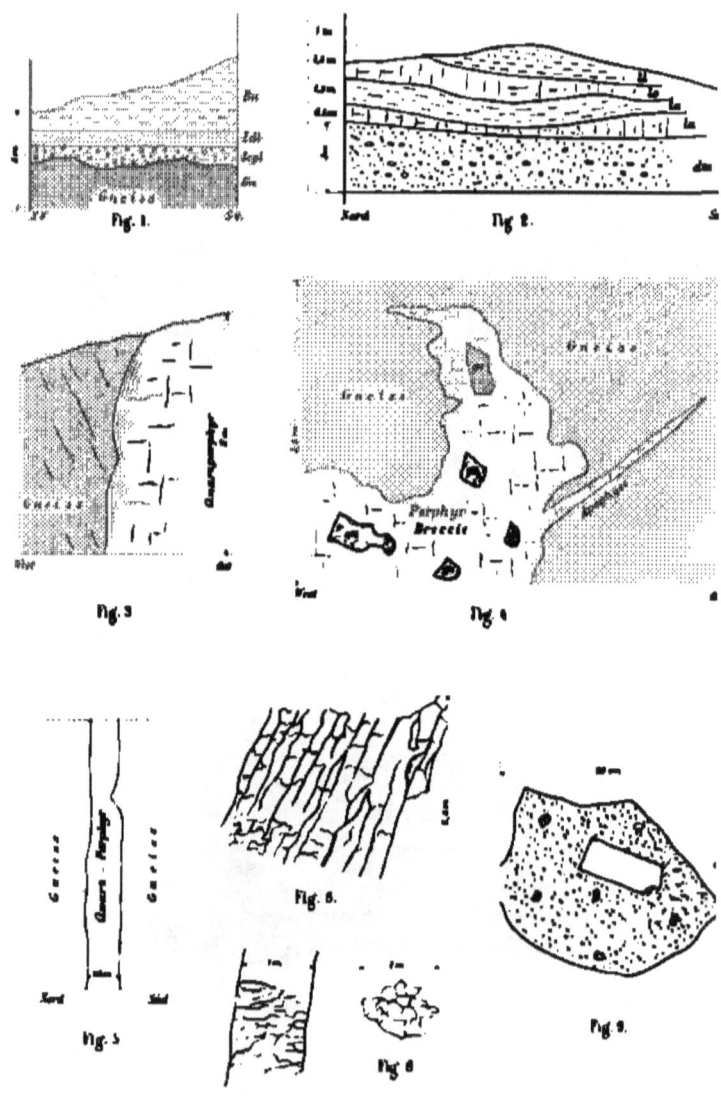

ABHANDLUNGEN

DER

GROSSHERZOGLICH HESSISCHEN

GEOLOGISCHEN LANDESANSTALT

ZU DARMSTADT.

Band II. Heft 2.

DARMSTADT.
IN COMMISSION BEI A. BERGSTRÄSSER.
1892.

DIE
ALTEN NECKARBETTEN
IN DER
RHEINEBENE.

VON

A. MANGOLD.

MIT EINER UEBERSICHTSKARTE UND ZWEI PROFILTAFELN.

DARMSTADT.
IN COMMISSION BEI A. BERGSTRÄSSER.
1892.

Inhalt.

                                                                      Seite

Einleitung. Seitherige Ansichten 63

Vergleichende Betrachtung der Sinuationsformen. Vergleich mit den verlandeten Rheinarmen. Krümmungshalbmesser der Schleifen. Schleifenlänge, Gebietsbreiten. Flussbettbreiten. 65

Erforschung der Flussbetten durch Bohrungen. Veranlassung, Zweck und Ausdehnung der Untersuchungen. Resultate der Bohrungen. Querprofil, Längenprofil. Vergleich mit dem Rhein 73

Der Schuttkegel des Neckars. Form und Grenze. Aufschlüsse, Kiesgruben. Kennzeichen des Neckargeschiebes. Die Tiefbohrungen für das Mannheimer und Weinheimer Wasserwerk. Der Schuttkegel von Dossenheim und Schriesheim. Der Weschnitzschuttkegel. Schichten des Neckarschuttkegels . 78

Die verschiedenen Laufrichtungen des Neckars auf dem Schuttkegel. Der südliche Lauf, der südwestliche, der westliche, der nordwestliche ältere, der nordwestliche heutige, der nördliche, das Delta Neckenheim-Altrip-Mannheim, der Bergstrasenlauf. Querprofile. Ueberläufe. Die Käferthaler Ueberlaufrinne. Schichten und Ausfüllung der Betten. Vergleich der Geländeverhältnisse. Relatives Alter 83

Entstehung und Verlandung des Bergstrassenlaufs. Richtung des Laufs. Die Seitenzuflüsse aus dem Odenwald. Relatives Alter der verschiedenen Schleifen. Hochwasserrinnen und Mulden. Verlandung der älteren Betten. Verbindung des jüngsten Bettes. Ausfüllung und Ueberdeckung durch die Seitenbäche. Torf- und Moorbildungen. Analogieen 104

Geologische Altersverhältnisse. Mittleres Diluvium. Sandflächen des jüngeren Diluviums. Alluviale Entstehung der Betten und Ausfüllung derselben . 95

Praktische Gesichtspunkte. Die Neckarbetten als Baugrund für Gebäude, Strassen und Eisenbahnen. Die Entwässerung des alten Neckargebiets. Weschnitzsystem. Winkelbachsystem. Land- und Fanggrabensystem. Schwarzbach beim Hospital Hofheim. Landgrabensystem. Vorliegende Projekte für die Verbesserung der Entwässerung. Kosten der Ausführung. Lohnabrechnungen. Kosten und Rentabilität derselben 117

Benützte Werke.

Centralbureau für Meteorologie und Hydrographie im Grossherzogthum Baden. Der Rheinstrom und seine wichtigsten Nebenflüsse. Berlin 1889.
— — Jahresberichte 1884 u. ff.
Chelius, Dr. C. Erläuterungen zur Geologischen Karte des Grossherzogthums Hessen. I. Lieferung. Blatt Roßdorf und Messel. II. Lieferung. Blätter Darmstadt und Mörfelden. Darmstadt 1886 und 1891.
Honsell, M. Der natürliche Strombau des deutschen Oberrheins. Berlin 1887.
Koch, Dr. K. Erläuterungen zur geologischen Spezialkarte von Preussen. Blatt Schwanheim. Berlin 1882.
Lepsius, Dr. R. Geologische Beschreibung des Mainzer Beckens. Darmstadt 1883.
— — Die oberrheinische Tiefebene und ihre Randgebirge. Stuttgart 1885.
— — Geologie von Deutschland und den angrenzenden Gebieten. I. Band: Das westliche und südliche Deutschland. Stuttgart 1887—1892.

Einleitung.

Die Frage eines ehemaligen Laufes des Neckars entlang der Bergstrasse hat schon im vorigen Jahrhundert die Gelehrten, die sie zumeist vom historischen Standpunkt aus zu lösen versuchten, beschäftigt. Die älteste dem Verfasser vorliegende Abhandlung ist von Konrad Dahl verfasst und stammt aus dem Anfang unseres Jahrhunderts. Sie ist betitelt: „Der Lauf des Neckars durch die Bergstrasse und das Fürstenthum Starkenburg zu den Zeiten der Römer und alten Deutschen aber nicht mehr zu Karls des Grossen Zeiten. Historisch-diplomatisch bearbeitet von Konrad Dahl. Darmstadt 1807." Obgleich Dahl die Frage nur vom historischen Standpunkt bearbeitet, sieht er doch richtig ein, dass die Karte ausschlaggebend ist, wenn er in der Vorrede sagt: „Der gelehrte Historiker und da er noch lebte, Landgräflich-Hessen-Darmstädtischer Konsistorialrath Wenk, hat in einer besonderen Abhandlung: Von dem ehemaligen Lauf des Neckars durch die Bergstrasse und die Obergrafschaft Katzenelnbogen, Darmstadt, 1799 — eben das ausführlich zu beweisen gesucht, was er vormals in seiner hessischen Landesgeschichte, I. Bd. § 7. S. 55 u. f. geradezu verwarf, dass nämlich der Neckar ehemals einen anderen Lauf gehabt, und sich bei Trebur in den Rhein ergossen habe. Der Beweis über die Hauptsache, nämlich eine gewisse Ueberzeugung von diesem alten Neckarlaufe ist ihm auch vollkommen gelungen und es ist dieses Problem, seitdem die vortrefflichen Situationskarten des Herrn Artillerie-Majors Haas erschienen sind, nunmehr zur Gewissheit geworden."

Die damals erschienenen Situationskarten des Artillerie-Majors Haas sind im Maßstab von ungefähr 1 : 30 000 gezeichnet und wohl die ältesten Karten, in welchen die Bezeichnung „altes Neckarbett" vorkommt. Diese Bezeichnung wurde auch in die älteren Generalstabskarten aufgenommen, in den neueren jedoch, wahrscheinlich weil die Richtigkeit unterdessen vielfach bestritten wurde, wieder gelöscht.

R. Ludwig, der Leiter der früheren geologischen Aufnahmen des Grossherzogthums Hessen, hält das Flussbett für ein solches der Weschnitz[1]). Auffallend ist, dass Ludwig, der so viel kombinirte und sehr richtig das Gefälle des Flussbetts mit dem des Rheins verglich, es unterliess, auch die Breite in Betracht zu ziehen und nicht bedachte, dass die Weschnitz doch niemals ein 200 Meter breites Bett haben konnte.

K. Koch[2]) ist schon eher geneigt einen Lauf des Neckars längs der Bergstrasse anzunehmen, ist aber insofern im Irrthum, als er die Möglichkeit einer Erstreckung seines Laufs durch Blatt Schwanheim und Mündung des Neckars in den Main bei Okriftel und Flörsheim annimmt.

Noch in neuester Zeit hat M. Honsell[3]), eine Autorität auf dem Gebiet der Hydrographie, in seinen lichtvollen Darstellungen einen Lauf des Neckars entlang der Bergstrasse, wenn auch nicht bestritten, doch als unerwiesen bezeichnet.

Dem Verfasser gaben ausführliche Untersuchungen des Untergrunds, welche er in den Jahren 1882—86 zum Zwecke der Projektirung und Ausführung von Meliorations- namentlich Entwässerungsanlagen vornahm, Gelegenheit, ein sehr umfangreiches und so unzweideutiges Beweismaterial zu sammeln und zusammenzustellen, dass er unter Vorlage der Karten und Profilpläne in einem im naturwissenschaftlichen Verein zu Darmstadt am 23. März 1886 gehaltenen Vortrag die Frage als entschieden bezeichnen konnte.

[1]) R. Ludwig, Erläuterungen zur geolog. Karte des Grossherzogthums Hessen. Section Worms. Darmstadt 1872. S. 2 u. 3.
[2]) K. Koch, Erläuterungen zur geolog. Specialkarte von Preussen. Blatt Schwanheim. Berlin 1882. S. 13 u. 14.
[3]) M. Honsell, Beiträge zur Hydrographie des Grossherzogthums Baden. Karlsruhe 1880.
Derselbe. Der natürliche Strombau des Oberrheins. Berlin 1887.
Derselbe. Der Rheinstrom und seine wichtigsten Nebenflüsse. Berlin 1889, S. 62.

Vergleichende Betrachtung der Situationsformen.

Jeder natürliche Wasserlauf, mag er Strom, Fluss oder Bach heissen, hat seine besonderen Eigenschaften. Unter vielen anderen, wie Wassermenge, Wassergeschwindigkeit, Geschiebeführung, Längenprofil, Querprofil, ist namentlich das Situationsbild und darin wieder die Häufigkeit und Form der Flusskrümmungen oder Schleifen charakteristisch.

Es ist kein Zufall, dass die Stockstädter Rheinschleife — in den 30er Jahren mit einem Durchstich abgeschnitten und seitdem zum „Altrhein" geworden — von gleicher Form und Grösse ist, wie das nördlich von ihr gelegene, den Bensheimer Hof, Lorsheim, den Riedhäuser Hof und Gernsheim berührende längst verlandete Rheinbett. Ebenso ist die Schleife bei Lampertheim — durch einen im Anfang unseres Jahrhunderts von selbst erfolgten Durchbruch des Stromes zum Altrhein geworden — dem Rosheimer Altrhein in Form und Grösse ähnlich und es gleichen sich die verlandeten Rheinschleifen südlich Lampertheim, bei Maudach, Hockenheim und Waghäusel, diejenigen von Biebesheim, Klein-Rohrheim, Gross-Rohrheim, Bürstadt, Bobenheim, Waldsee, Otterstadt, Speyer, Brühl, Ketsch und andere mehr.

Von den Rheinschleifen wesentlich in Form und Grösse unterschieden, aber wieder unter sich ähnlich, ist die Reihe von Flussbettschleifen, welche sich von Trebur bis in die Gegend von Heidelberg und Schwetzingen verfolgen lassen. Sie heben sich im nördlichen Theil, dort nur wenig tiefer als das übrige Gelände gelegen, durch ihre Kulturart als Wiese in der Karte meist scharf ab, im südlichen Theile sind sie in der Regel tief in das Gelände eingeschnitten, und in der Generalstabskarte, wenn auch vielfach mangelhaft, eingezeichnet. In Form und Grösse ähnlich sind die Schleifen bei Nerkach, südlich Dornheim, bei Weiler Hof, Crumstadt, Eschollbrücken, südl. Pfungstadt, bei Rodau, östl. Lorsch, diejenigen östl. Trebur, bei Heddesheim und südl. Brühl. Letztere ähneln wieder den Schleifen des gegenwärtigen Neckarlaufs bei Ilvesheim, südl. Wohlgelegen und östl. Mannheim. Endlich ist eine gewisse Aehnlichkeit des Neckarlaufs in der Ebene mit der Gebirgsstrecke zwischen Heidelberg und Eberbach unverkennbar.

Die Aehnlichkeiten und Unterschiede lassen sich auch nach Maß und Zahl feststellen. So ist der Halbmesser des das concave Ufer einer Schleife berührenden und der Schleife eingeschriebenen grössten Kreises, der sog.

Vergleichsweise sei noch erwähnt, dass das (künstliche) Weschnitzbett bei Lorsch 6 m Sohlenbreite und 17 m Breite zwischen den Dammkronen hat, während die Normalbreite der Neckarregulirung 60, diejenige der Rheinregulirung 300 m beträgt.

Erforschung der Flussbetten durch Bohrungen.

Die von dem Verfasser in den Jahren 1882—84 ausgeführten Vorarbeiten für die Entwässerung der Rheinniederung zwischen Trebur und Erfelden und die 1884—86 zum Zweck der Aufstellung eines Projects über die Entwässerung des sog. Landgrabengebiets d. i. der versumpften Flächen zwischen Trebur, Gross-Gerau, Griesheim, Eschollbrücken bis zur Modau angestellten Untersuchungen gaben Gelegenheit, sowohl die verlandeten Rheinschleifen zwischen Trebur und Erfelden, als auch die alten Neckarbetten durch eine grosse Anzahl von Bohrungen zu erforschen.

Der Zweck der Bohrungen war ein praktischer. Es ergab sich die Nothwendigkeit die vorhandenen Entwässerungsgräben zu vertiefen und neue anzulegen, namentlich auch die günstigste Richtung für die neu herzustellenden Hauptentwässerungskanäle zu ermitteln. Dabei war das Einschneiden der Gräben in Sand nach Möglichkeit zu vermeiden, weil derselbe vielfach von äusserst feinkörniger Beschaffenheit ist und durch Absenkung des natürlichen Grundwasserspiegels, z. B. vermittelst Gräben, welche Abfluss haben, in Bewegung gesetzt wird. Er treibt, wird flüssig und schleicht, und wird deshalb Trieb-, Fliess- oder Schleichsand genannt. Abgesehen von dieser unangenehmen Eigenschaft, welche der Herstellung und Erhaltung von Entwässerungsgräben bedeutende Hindernisse entgegensetzt, würde man durch Anschneiden der Sandschichten das Wasser aus den tieferen Untergrundschichten in nutzloser Weise herbeiziehen. Noch sorgfältiger, weil noch mehr Wasser beiführend, mussten auch etwa vorhandene Kiesschichten vermieden werden. Ueberhaupt mussten für die Hauptkanäle die standfesten und schwer durchlassenden Schichten aufgesucht werden. Die festgelagerten Thone, die auf weite Erstreckungen in der Rheinebene zu finden sind, sind fast absolut wasserdicht, erreichen aber selten eine grössere Mächtigkeit als 1,00 oder 1,50 m. Dagegen besitzen die Ausfüllungen der Flussbetten eine Mächtigkeit von 3 und 4 m; diese bestehen aus meist lose gelagertem, weichem bis breiigem Thon (Flusschlick), der wenn auch nicht zu den wasserdichten, doch zu den schwer durchlassenden Bodenarten zu rechnen ist, aus humosen Lehmen von ähnlicher Beschaffenheit und aus Moor und Torfboden, der obgleich lose an sich vermöge seiner Strukturverhältnisse dem Durchfluss des Wassers einen erheblichen Widerstand entgegensetzt. Bei der Tiefe, welche den Hauptentwässerungskanälen gegeben werden muss, hätten dieselben an fast allen Stellen ausser den alten Flussbetten in den Triebsand eingeschnitten werden müssen. Aus diesen Gründen mussten die alten Flussbetten aufgesucht und die Tieflage der Sand- und Kiesschichten in der Sohle derselben bestimmt werden. Wegen Verwendung der Grabenaushubmassen zum etwaigen Uebererden der Wiesen, zu Bodenmischungen etc. war auch die Natur der Schichten zu untersuchen.

Die Bohrungen[1]) wurden mit dem Graef'schen Handbohrer gewöhnlich bis zum Sand und noch 30—40 cm in diesen hinein vorgenommen. Weiter im Sand vorzudringen war bei Gegenwart von Wasser nicht möglich, da der Sand zusammenfloss. Es war auch mit Rücksicht auf den Zweck nicht erforderlich. Ebenso wurde das Eindringen in Kies unterlassen, da hierbei jedesmal eine übermässige Inanspruchnahme der Schneiden des Bohrers und Bruch des Apparats zu riscieren gewesen wäre. Die Resultate dieser Bohrungen[2]) — es sind ca. 3000 an der Zahl — sind sämmtlich in Situationsplänen und in Form von Profilen für die Bedürfnisse der Praxis in grösserem Maßstab aufgezeichnet worden und hier in kleinerem Maßstab auf Tafel II[3]) auszugsweise mitgetheilt.

Später wurden in einem Theil dieses Gebiets zum Zweck der Aufnahme des Blattes Darmstadt von der geologischen Landesanstalt 37 Bohrungen[4]) ausgeführt, darunter 14 am oder im alten Neckarbett ausgeführt. Mit einem Bohrer-Durchmesser von 80—100 mm wurde hier, unter Anwendung von Futterröhren, in grössere Tiefen eingedrungen und namentlich auch Kies und Geschiebe aus der Sohle des alten Neckarbetts und aus benachbarten Schichten gezogen.

Endlich wurden auf Veranlassung der geolog. Landesanstalt noch eigens für die gegenwärtige Bearbeitung eine Reihe von Bohrungen im vergangenen

---

[1]) Die ersten orientirenden Bohrungen wurden von dem Verfasser persönlich, die grosse Masse der Bohrungen in der Folge von 2 hierzu instruirten Kulturtechnikern Schmidt und Bauer ausgeführt.

[2]) Sand-, Thon- und Torfschichten von so geringer Mächtigkeit, dass sie praktisch ohne Bedeutung erscheinen, konnten, wenn überhaupt beim Bohren beobachtet und notirt, in der Zeichnung nicht zur Darstellung gebracht werden.

[3]) Tafel II ist bereits den Erläuterungen zur geologischen Karte des Grossh. Hessen, Blatt Darmstadt, C. Chelius, Darmstadt 1891, beigefügt worden.

[4]) Erläuterungen zur geolog. Karte des Grossh. Hessen, Blatt Darmstadt, S. 74.

Jahre in der Gegend zwischen Heppenheim und dem Neckar bei Ladenburg — also grösstentheils auf hadischem Gebiet — auf Vorschlag des Verfassers mit der stärkeren Nummer des Graef'schen Handbohrapparats ausgeführt. Die aus diesen Bohrungen stammenden Erdproben sind auf der geologischen Landesanstalt aufbewahrt. Die Resultate sind auf Tafel III aufgezeichnet.

Unter anderem ermöglichten die Bohrungen die Feststellung einer grossen Anzahl vollständiger Querprofile und eines wenn auch lückenhaften doch streckenweise ausführlichen Längenprofils. Die Querprofile zeigen zunächst alle charakteristischen Eigenschaften ächter Flussquerprofile. Breite, Tiefe und Flächeninhalt schwanken innerhalb nicht allzuweiter Grenzen. Der geringeren Breite entspricht in der Regel die grössere Tiefe. Die grössten Tiefen finden sich in den stärksten Krümmungen. In Krümmungen ist regelmässig das concave Ufer steil bis senkrecht, das convexe sanft ansteigend bis flach. Das Bett besitzt einen ausgesprochenen Thalweg, der innerhalb des serpentinirenden Betts selbst serpentinirt d. h. sich abwechselnd an die eine oder andere Seite, in stärkeren Krümmungen immer an das concave Ufer anlehnt. Im Vergleich zum Rhein zeigt das Querprofil bedeutend geringere Abmessungen. Dagegen ist es um ein vielfaches grösser, als das Profil irgend eines Odenwaldbachs.

Wie die Querprofile zeigt auch das Längenprofil, dass wir es mit dem ächten Bett eines Flusses zu thun haben. Die Sohle hat eine wellenförmige Gestalt und zeigt im Thalweg eine wellige — im verzerrten Profilbild zackige — Form, wie jeder andere Wasserlauf. Die Differenzen zwischen den Thälern und Höhen des Thalwegs betragen zwei und ganz ausnahmsweise auch bis zu vier und fünf Meter, sind also kleiner als die des Rheins, der beispielsweise auf der hessischen Strecke drei bis vier, ausnahmsweise auch bis zu 7 Meter aufweist, und bedeutend grösser als es irgend einem Odenwaldbach hätte zukommen können.

Der Schuttkegel des Neckars.

Wo ein Bach oder Fluss aus engem Seitenthal mit starkem Gefälle in ein Hauptthal mit schwächerem Gefälle oder in eine Ebene tritt oder in einen See mündet, findet man in der Regel seinen Schutt in Form eines Kegels, des sogenannten Schuttkegels, abgelagert und seinen Lauf im allgemeinen nach einem bestimmten Strahl dieses Kegels gerichtet vor. Die Bildung des Kegels erfolgt dadurch, dass der Fluss successive in verschiedenen Richtungen bezw. allen Richtungen des Kegels fliesst. Zum Fliessen mit gleichzeitigem Geschiebetransport bedarf er einer Rinne, eines Betts, denn die Geschiebe, welche in geschlossenem Bett herbeigewandert sind, können von einem etwa sich flach ausbreitenden Wasser nicht mehr weitergeschoben werden. Durch lokale Verstopfung einer Rinne wird die Ausbildung einer neuen eingeleitet und die erstere trocken gelegt. In Folge dessen finden wir in der Regel auf den Schuttkegeln die Spuren früherer verschieden gerichteter Wasserläufe.

Wo die Schuttablagerung in einem See unter Wasser stattfindet, wird die Vertheilung der Geschiebe auf der Oberfläche des Kegels durch die verstärkte Strömung bewirkt und es kann hier ein Bett weniger scharf markirt sein oder ganz fehlen. Wird später ein solcher in einem See abgelagerter Schuttkegel durch Senkung des Seewasserspiegels trocken gelegt oder hebt er sich durch eigene Aufschüttung über den Seewasserspiegel, so wird der Bach oder Fluss wieder Rinnen, Betten und zwar nach allen möglichen Richtungen eingraben.

Die Bedingungen für die Bildung eines Schuttkegels sind beim Neckar, der mit starkem, etwa eins auf Tausend betragendem Gefälle in die Rheinebene tritt, um sich mit dem Rheinstrom zu vereinigen, der dort nur das schwache Gefälle von einem Zehntel auf Tausend besitzt, gegeben, und es ist die Kegelform, die wegen ihrer Flachheit nach dem Augenschein nur schwer zu erkennen ist, schon aus der Generalstabskarte mit Bestimmtheit herauszulesen. Heidelberg liegt ca. 112 m über dem Meer, Bruchhausen, Oftersheim, Plankstadt, Grenzhof, Edingen, Rosshof bei Schriesheim, sämmtlich auf einem Umkreis von 5—7 Kilometer um Heidelberg gelegen auf 104 bis 106. Wir haben also eine Steigung dieses Theils des Kegels von rund eins auf Tausend. Weiter abwärts vermindert sich das Oberflächengefälle. Genauere Untersuchungen der Form sind zur Zeit unthunlich, da Horizontalcurven noch nicht aufgenommen sind. Die tiefsten Ränder mögen auf 98—100 m über dem Meer liegen. Die Ausdehnung ist in der Generalstabskarte gut markirt. Während die Betten längs der Bergstrasse fast ausschliesslich natürliche Sümpfe sind, die durch Entwässerung zu Wiesen umgewandelt wurden und nur hier und da durch die Ueberschüttungen der Bäche so weit erhöht sind, dass Ackerkultur ermöglicht wird, sind die Betten südlich der Linie Grosssachsen-Viernheim fast ausschliesslich trocken und stehen in Ackerkultur. Diese trockenen Betten sind charakteristisch für den Schuttkegel. Mit Heidelberg als Spitze zieht sich seine Basis, im Süden am Gebirg zwischen Rohrbach und Leimen beginnend über Bruchhausen, Oftersheim, Schwetzingen, Brühl und Neckarau bis in die Gegend von Mannheim, von da über Wohlgelegen und Viernheim nach Gross-Sachsen, wo sie wieder ans Gebirg anschliesst. Ausserhalb dieser Linie setzt sich der Schuttkegel, bedeckt von anderen Schichten, in die Tiefe fort und mag sich im Süden vielleicht bis Hockenheim erstrecken. Er ist an einer grossen Anzahl von Stellen durch Kiesgruben aufgeschlossen und besteht zum weitaus überwiegenden Theil seiner Masse aus grobem Geschiebe, das wiederum zum überwiegenden Theil dem Muschelkalk und Buntsandstein angehört. Von dem Rheingeschiebe unterscheidet es sich seiner Zusammensetzung nach dadurch, dass Quarzgeschiebe, die dort so häufig sind und ihm durch ihre lebhaften Färbungen das bunte Aussehen geben, beim Neckar fast ganz fehlen. Den verschiedenen Gefällen und Transportweiten des Rheins und Neckars entsprechend ist auch der Unterschied in der Grösse ein sehr bedeutender. Während das Rheingeschiebe bei Mannheim weniger als Haselnussgrösse besitzt, ist die Masse des Neckarschuttkegelgeschieben noch taubeneigross und es kommen sogar hühnereigrosse, gut gerundete Geschiebe in ziemlicher Menge vor. Die Färbung des Neckargeschiebes ist im Gegensatz zu der Buntheit des Rheingeschiebes ein eintöniges Grau. Färbung und Grösse genügen in der Regel zur sofortigen Unterscheidung.

Das Neckargeschiebe ist vielfach zur Deckung von Strassen und Wegen, sowie der Bahnkörper, z. B. auf der Main-Neckar-Bahn, verwendet worden. Es ist ein weiches, nur wenig widerstandsfähiges Material, wird deshalb neuerdings immer weniger verwendet und selbst auf Strassen untergeordneter Bedeutung durch die härteren krystallinen Gesteine des Odenwalds ersetzt. Auch die Main-Neckar-Bahn verwendet neuerdings für die Beschotterung des Bahnkörpers Kleingeschläg aus Granit und Syenit.

An den Rändern des Neckarschuttkegels trifft man das typische Neckargeschiebe sowohl wechsellagernd mit Rheingeschiebe als auch vermischt mit demselben, so z. B. in der Kiesgrube ein Kilometer nordwestlich von Schwetzingen am linken Ufer des dortigen Neckarbetts, wo typisches Neckargeschiebe von unbekannter Tiefe oberflächlich von Rheinschotter überlagert ist[1]).

Aehnliches findet man an dem Hochgestade, das sich von der Station Seckenheim der Eisenbahn Heidelberg-Mannheim in südwestlicher Richtung nach Altrip zieht. Dort findet sich an einer Stelle unter Flugsand eine 15 cm mächtige Schicht Rheingeschiebe auf Neckargeschiebe. An einer anderen Stelle fand ich sogar unter Flugsand Rheingeschiebe, darunter Neckargeschiebe, darunter wieder Rheingeschiebe, also eine förmliche Wechsellagerung von

---

[1]) Auf dieses Vorkommen bin ich durch die Güte des badischen Landesgeologen Herrn Dr. Sauer in Heidelberg aufmerksam gemacht worden.

Rhein- und Neckardiluvium. Letzterer Aufschluss war jedoch nicht sehr deutlich und ist die Möglichkeit einer Verschleppung der Geschiebe durch die Ausbeutung nicht ausgeschlossen.

Unter den Sanddünen des „Atzelbuckels" bei Feudenheim finden sich ähnliche Verhältnisse.

Zwischen den Geschiebeschichten, aus welchen im Wesentlichen die Masse des Schuttkegels besteht, finden sich zahlreiche geschiebefreie Schichten vom gröbsten bis zum feinsten Sand und vereinzelt auch Schlickschichten. Es ist dies durch die Aufschlüsse und für grössere Tiefen durch Bohrungen nachgewiesen, welche zum Zweck der Wassergewinnung von den Städten Mannheim und Weinheim allerdings nicht im Kern, sondern nur am Rande des Schuttkegels ausgeführt worden sind.

Mannheimer Wasserwerk bei Käferthal.
Brunnen Nr. 4.

Tiefe unter Terrain	Meereshöhe	Beschreibung der Schichten.
0	98,00	Feiner Sand mit einzelnen eckigen Gesteinstrümmern von nicht über ½ g.
2,50	95,50	desgl. etwas feiner.
3,40	94,60	typisches Neckargeschiebe mit wohlgerundeten Muschelkalken und flach geschliffenen Jurakalken von 0,5—30 g.
4,50	93,50	Sand mit vielen wohlgerundeten und flach geschliffenen Muschel- und Jurakalken mit Granitgrus und eckigen Gesteinstrümmern.
10,40	87,60	desgl. Sand an Masse zurücktretend.
11,60	86,40	feiner Sand mit vereinzelten ganz kleinen Kalkgeschieben und grösseren wohlgerundeten Quarzgeschieben.
13,40	84,60	typisches Neckargeschiebe mit Muschelkalkgeschieben bis 30 g, dabei 1 wohlgerundeter Quarz von 7 g und vereinzelte Rheingeschiebe von 1 bis 3 g.
15,00	83,00	typisches Neckargeschiebe mit viel granitischem Grus.
16,00	82,00	typisches Neckargeschiebe mit Stücken bis zu 30 g.
19,00	79,00	

Tiefe unter Terrain	Meereshöhe	Beschreibung der Schichten.
14,70		Sandiger Thon.
14,90	83,70	typischen Neckargeschiebe mit einheimischen Geröllen.
23,00		Flugsand.
25,00		grober Sand.
25,50		grauer sandiger Thon.
25,90		schwarzer humoser Thon (Flussschlick).
26,30		grauer Thon (Flussschlick).
30,00		sandiger Thon.
32,00		grober Sand und Flugsand.
34,00		grober Sand mit Neckargeschieben.
35,00		grober Sand mit gemischtem Geschiebe.
37,00	61,60	typisches Neckargeschiebe.
40,00	58,60	gelber zäher Thon.

Brunnen des Weinheimer Wasserwerks.

Tiefe unter Terrain	Meereshöhe	Beschreibung der Schichten.
0	104,00	Humus.
0,50		humoser thoniger Sand.
1,00		sandiger Thon.
3,20	100,80	typischer Weschnitzkies.
4,70	99,30	schwarzbrauner Thon.
5,70		lössartiger Lehm.
7,60		grauer Thon mit gröberem Sand.
8,80	95,20	typisches Weschnitzgeschiebe.
11,5	92,50	feiner Sand.
12,00	92,00	

Tiefe unter Terrain.	Meereshöhe.	Beschreibung der Schichten.
12,00	92,00	grober Sand mit Neckargeschieben.
13,5	90,50	Sand mit typischem Neckargeschiebe.
15,6	88,40	gelber Thon.
15,8		grober Sand mit Geschieben.
17,00	93,60	grauer feiner Sand mit typischem Neckargeschiebe.
18,00		grober thoniger Sand mit Geschieben.
18,30		Sand mit kleinen Geschieben.
19,00		typisches Neckargeschiebe.
20,00		Sand mit kleinen Geschieben.
21,00		typisches Neckargeschiebe.
24,00	80,00	gelber fester Thon.

Wie der Neckar haben auch die aus dem Odenwald in die Rheinebene tretenden Bäche mehr oder weniger mächtige Geschiebekegel aufgeschüttet und zwar im Bereich des Neckarschuttkegels auf diesen selbst. Der südlichste ist derjenige bei Dossenheim. Er erscheint nach der Generalstabskarte 10—15 m hoch. Aufschlüsse sind meines Wissens nicht vorhanden. Ihm folgt weniger hoch (10 m) aber weiter (bis an den Rosenhof) ausgedehnt, der Schriesheimer Kegel. Er ist an seinem Rande (800 m ostsüdöstlich vom Rosenhof) durch eine Kiesgrube aufgeschlossen. Hier bedeckt in ca. 2,5 m Mächtigkeit das einheimische unvermischte Geschiebe das rein typische Neckargeschiebe. Da die Geländeoberfläche auf 105 m über N. N. liegt, so hat die Oberfläche des Neckarschutts 102,5, was genau dem Gefälle des oberen Theils des Neckarschuttkegels von einem auf Tausend entspricht. Den bei weitem ausgedehntesten Bachschuttkegel hat die Weschnitz mit Weinheim als Mittelpunkt auf einen Umkreis von 3 Kilometer Radius abgelagert. Oberflächlich dem Neckarschuttkegel nebengelagert, ist er ihm in Wirklichkeit wie die vorher genannten aufgelagert. Das zeigen die beiden oben beschriebenen Tiefbohrungen für das Weinheimer Wasserwerk, bei welchem die Oberfläche des Neckargeschiebes auf 92,00 bis 92,60 über N. N. nachgewiesen wurde, was bei einer Entfernung von Heidelberg von 15—16 Kilometer wiederum dem Gefälle von rund eins (genau eins und ein Zehntel) auf Tausend entspricht. Damit ist der Nachweis erbracht, dass sich der Neckarschuttkegel unter anderen Schuttkegeln bezw. Ueberdeckungen noch mindestens bis Weinheim erstreckt. Wahrscheinlich geht diese Erstreckung noch weiter.

Dass der Neckarschutt unter den Sanddünen durchstreicht, dass dieselben nur aufgelagert sind, sieht man im grossen Maßstab bei Friedrichsfeld, wo die Eisenbahn nach Mannheim in die Sanddünen eingeschnitten ist und letztere durch die Kiesgruben der Thonwaarenfabrik Friedrichsfeld bis in den Neckarschutt aufgeschlossen sind. Auch sieht man es an dem bereits oben erwähnten Aufschluss südwestlich der Station Seckenheim der Mannheim-Heidelberger Bahn, wo unter Flugsand eine schwache Schicht Rheingeschiebe auf mächtigem Neckarschutt lagert.

Die Gliederung der über dem Neckarschutt liegenden Schichten ist eine einfache. Abgesehen von den vereinzelten, an den Rändern vorkommenden Ueberlagerungen durch Rheingeschiebe, ist es der Flugsand, welcher ihn in sehr ausgedehnter Weise und in erheblicher Mächtigkeit (bis 15 m) überdeckt. Zwischen Schwetzingen und Seckenheim dehnt sich eine einzige 8 Kilometer lange und bis 2½ Kilometer breite Flugsandablagerung aus, die wahrscheinlich mit der noch grösseren von Feudenheim über Käferthal und Viernheim sich weiter nach Norden erstreckenden Flugsandablagerung ehemals zusammenhing. Ausserdem kommt der Flugsand noch auf dem Schuttkegel in Form von vereinzelten Dünen und in flacher Ausbreitung vor. Bei Heidelberg ist der Neckarschutt von umgelagertem, gelösstem Löss bis zu 2 m Mächtigkeit überlagert. Es ist leicht einzusehen, dass bei Ueberfüllung der Betten und Rinnen Sand, Schlamm und Schlick nach allen Richtungen des Kegels transportirt wurde und zur Ablagerung kam. Wo Sand und Schlick, aber kein Gerölle mehr vom Wasser transportirt wurde, fand gelegentlich durch Eis noch eine Geröllablagerung statt. Wir finden deshalb häufig in feinerdigen Schichten schmale, manchmal nur eine Geschiebedicke mächtige Streifen von grobem Gerölle horizontal eingebettet, die nur von Eisblöcken, in deren Unterfläche eingefroren, hierher getragen worden sein können. Bei stärkeren, ein Vielfaches der Geschiebedicke mächtigen Geschiebeschichten werden sich solche Eisablagerungen öfters wiederholt haben, es mag aber auch stellenweise ein Ueberflössen durch Wasser stattgefunden haben, während die feinerdige Schicht festgefroren war und deshalb vom schnell vorübergehenden Hochwasser nicht angegriffen werden konnte. Ausser dem umgelagerten Löss trifft man noch Lehm und Thon als wenig (0,25 bis 2,00 Meter) mächtige Deckschicht an.

Die verschiedenen Laufrichtungen des Neckars auf seinem Schuttkegel.

Dass die Hauptmasse des Neckarschuttkegels zu der Zeit abgelagert wurde, als die Rheinebene noch ein See war, ist wahrscheinlich. Sicher ist, dass der Fluss nach der Absenkung des Seewasserspiegels noch Gelegenheit hatte, allenthalben mindestens auf die obersten Schichten des Schuttkegels um- und weiterbildend einzuwirken. Er floss, wie dies bereits oben ganz allgemein für den Schuttkegel geschildert ist, zu verschiedenen Zeiten nach den verschiedensten Richtungen. Da das Gefälle von der Spitze des Kegels nach den verschiedenen Seiten gleich war, war es reiner Zufall, welche Richtung von dem Fluss zuerst eingeschlagen, welches Bett zuerst in die Schuttmassen eingeschnitten wurde. Von irgend einem besonderen natürlichen Vorkommniss hing es wieder ab, dass dieses Bett etwa durch Eisversetzung oder durch die eigenen Geschiebemassen an irgend einer Stelle verstopft, unter Ausbildung eines anderen Laufes ausser Thätigkeit gesetzt, trocken und mit Sand, Lehm oder Schlick zugeflösst wurde oder auch wenig bis gar keine Abzüsse mehr zugeführt erhielt. So entstanden eine Reihe von Betten, welche sich als Rinnen und Mulden bis heute mehr oder weniger deutlich erhalten haben. Da alles Gelände in Ackerkultur steht, sind die Ufer und auch stellenweise die Betten selbst durch die Pflugarbeit verwischt und verschleift, so dass deutliche und scharfe Uferkanten, wie im Unterlauf, wo das Gelände geackert wird, die Betten aber als Wiesen liegen, hier nicht vorkommen. Bis vor kurzem hat die Gewann- und Parzelleneintheilung vielfach die Terraingestaltung markirt. Seit Einführung der Feldbereinigung verwischen sich die Spuren früherer natürlicher Zustände mehr und mehr.

Die verschiedenen Läufe sind:

1) Der südliche. Er ist von Heidelberg ab südlich nach Kirchheim gerichtet, hat eine Seitenschleife nach Rohrbach zu und zieht sich von da in südwestlicher Richtung bis westlich von Bruchhausen. Dort wird die Rinne allmählich schmäler und flacher und verschwindet schliesslich in der Geländeoberfläche.

2) Der südwestliche Lauf. Er zieht sich von Heidelberg über Eppelheim in verschiedenen Schlingen am Hof Hegenich vorbei nach Oftersheim. Hier verschwindet er wie der südliche im Gelände.

3) Der westliche Lauf, von Heidelberg bis Eppelheim im gleichen Bett ziehend wie der südwestliche, nimmt er bei Eppelheim, in nordwestlicher

Richtung umbiegend, seinen Lauf über Plankstadt und Schwetzingen nach Brühl, um westlich von diesem Ort in den Rhein zu münden. Die Mündung ist heute nicht mehr festzustellen, weil später der Rhein seinen Lauf darüber hinweg genommen hat. Die ursprünglich zusammenhängenden beiden Schleifen, nördlich und südlich Brühl, hat er mit flacherem Bogen glatt durchschnitten und in 2 Hälften getrennt. Obgleich das Neckarbett vorhanden war, konnte es der Rhein als er in die Nähe kam und es anschnitt, doch nicht in seiner Richtung für sich benutzen, weil es seiner Eigenthümlichkeit nicht conform war.

4) Der nordwestliche ältere Lauf ging über Wieblingen südlich an Edingen vorbei, in verschiedenen Schlingen nach Seckenheim sich windend.

5) Der nordwestliche neuere Lauf ist der heutige. In der anliegenden Karte ist die Doppelschleife zwischen Feudenheim und Mannheim, die Ende des vorigen Jahrhunderts durch Geradlegung des Flusses ausser Betrieb gesetzt wurde, zum heutigen, weil uncorrigirten Lauf gerechnet. Die Neckarmündung ist nach dem Stand vom Anfang unseres Jahrhunderts eingezeichnet. Ueberhaupt sind alle künstlichen Veränderungen möglichst weggelassen.

6) Der nördliche Lauf bewegt sich von Heidelberg ab in nördlicher Richtung, verläuft aber dann wie die beiden vorhergenannten in nordwestlicher Richtung.

4a), 5a) oder 6a). Die Läufe des Delta Seckenheim-Altrip-Mannheim liegen schon im Ueberschwemmungsgebiet des Rheins. Sie sind bei Seckenheim so gemengt, dass es nicht zu sagen ist, zu welchen Läufen 4, 5 oder 6 die einzelnen Betten gehören.

4b), 5b) oder 6b.) Der Bergstrassenlauf. Von der zwischen Seckenheim, Ladenburg und Ilvesheim stark gemengten Lage des nordwestlichen, des heutigen und des nördlichen Laufs, zweigt als ein Theil eines dieser Läufe ein scharf gewundertes Bett bei Wallstadt in westlicher Richtung ab, wendet sich zunächst nördlich, dann nordöstlich und östlich über Strassenheim und Heddesheim nach Großsachsen.

Während der südliche und südwestliche Lauf wahrscheinlich, der westliche Lauf jedenfalls in der Höhe von Schwetzingen, also ca. 12 Kilometer südlich Mannheim, d. i. im Stromlauf gemessen ca. 18 Kilometer oberhalb der heutigen Mündung sich in den Rhein ergossen haben, mündete dieser Lauf 47 Kilometer nördlich Mannheim bei Trebur in eine alte Rheinschleife.

Die Querprofile der Schuttkegelbetten sind wohl verschieden, wechseln aber in Form und Grösse innerhalb nicht allzu weiter Grenzen. Auch in ihnen zeigt sich die Aehnlichkeit und Gleichwerthigkeit der früheren Läufe mit dem heutigen Flussbett ganz auffallend. Das Profil des alten Laufs bei Wallstadt (103,7 Kilometer von Trebur im Stromlauf gemessen) und das Profil oberhalb Wieblingen (23 Kilometer von der heutigen Mündung), auf Tafel III unter einander gezeichnet, sind in der Bettform frappant ähnlich. Auch das Profil E bei Plankstadt ist ähnlich und von so bedeutenden Dimensionen, dass die Annahme, dass es vom ganzen ungetheilten Fluss geformt wurde, durchaus begründet erscheint. Die beiden anderen, auf Tafel III dargestellten Profile D und F zeigen geringere, aber immer noch so grosse Breiten, dass auch hier zeitweise der ungetheilte Fluss durchgegangen sein kann.

Im Gegensatz zu diesen ächten Betten finden sich noch eine Anzahl schmaler Rinnen und breiter Mulden, welche offenbar nur vom Hochwasser gebildet und durchströmt worden sind und bei Niederwasser trocken lagen. Entweder hat der Austritt des Hochwassers auf eine grössere Uferlänge stattgefunden und dann ist der breite Ueberlauf entstanden, der sich erst in einiger Entfernung vom ächten Bett als flache Mulde auszeichnet und im weiteren Verlauf so tief eingeschnitten sein kann wie ein ächtes Bett, oder der Ueberlauf hat in geringer Breite stattgefunden und ist dann in der Regel am Ufer tief eingeschnitten und weiter abwärts flach ausgebreitet.

Ein breiter Ueberlauf hat z. B. anscheinend auf dem rechten Ufer des alten Betts nördlich Plankstadt stattgefunden und die dort erst in erheblicher Entfernung vom Ufer beginnenden weiter abwärts stärker eingeschnittenen Mulden erzeugt. Auch die Bodensenken südlich Friedrichsfeld sind möglicherweise keine ächten Betten, sondern nur Ueberlaufmulden. Ein sehr deutlich ausgeprägtes Beispiel für einen breiten Ueberlauf, der über das linke Ufer des Bergstrassenlaufs stattfand, bietet der Käferthaler Ueberlauf. Dort findet man erst in beinahe ein Kilometer Entfernung vom Bett die ersten Spuren des stattgefundenen Ueberlaufs in Gestalt verschiedener sehr flacher Mulden, die sich bald innerhalb Käferthal vereinigen und in eine stark geschlängelte Rinne übergehen, die bei Waldhof in den Rhein mündete. Der breite Ueberlauf führte hier zur Bildung der schmalen Rinne. Ein schmaler Ueberlauf hat anscheinend aus der abgeschnürten Schleife südlich Heddesheim stattgefunden und die Rinne ausgebildet, welche das Dorf Heddesheim in südnördlicher Richtung durchschneidet. Die geschlängelten schmalen Rinnen westlich Leutershausen und Gross-Sachsen scheinen einem breiten Ueberlauf, der aus der grossen Ladenburger Schleife stattgefunden hat, ihren Ursprung zu verdanken.

Ausser Ueberläufen scheinen auch Flußspaltungen an der Aus- und Umbildung der Betten Antheil genommen zu haben, wie dies vielleicht bei Neckarau der Fall gewesen ist. Der Name deutet sogar darauf hin, dass es der Neckar noch in historischer Zeit umflossen hat.

Da jede Hochwasserrinne oder Mulde den Keim der Ausbildung eines neuen Betts in sich trägt, gewissermassen nur das erste Stadium für diesen Vorgang bildet, so können auch alle Zwischenstadien zwischen reinem Ueberlauf und ächtem Bett vorkommen.

Die Betten und Rinnen sind sämmtlich in das Geschiebe eingeschnitten und demnächst wieder ausgefüllt, aber dem starken Gefälle entsprechend in sehr verschiedenem Maße. Während in einzelnen Strecken nur schwache Ablagerungen stattgefunden haben, sind andere bis nahezu auf Uferhöhe ausgefüllt, so dass das früher tiefe Bett oberflächlich nur noch als flache Mulde zu erkennen ist. Das Ausfüllmaterial ist Thon (Schlick), Lehm, umgelagerter Löss, Sand, Kies und an den Stellen, wo neuere Betten von älteren abzweigen, in letzteren auch grobes Flussgeschiebe, wie man z. B. südöstlich Plankstadt ca. 200 m oberhalb des Profils D in der Kiesgrube sehen kann. In kleineren Mengen sind nach Abschnürung der Betten die Geschiebe noch mit dem Eis, auf der Unterfläche von Schollen eingebacken, transportirt worden, wie es oben für die Schuttkegeloberfläche näher beschrieben ist. Man sieht dies beispielsweise in der Lehmgrube nördlich Plankstadt. Dort ist das Ausschmelzprodukt in Form dünner Geschiebestreifen zwischen die Lehm- und Thonschichten eingelagert.

Im unteren Theil des Schuttkegels und an der Grenze desselben finden sich im Bergstrasseulauf Torfbildungen.

Der Vergleich der verschiedenen Laufrichtungen in Bezug auf die Gefällsverhältnisse ergibt folgendes:

Die Luftlinie von Heidelberg bis zur heutigen Mündung ist 20 Kilometer lang, die Hochwasserspiegel bei Heidelberg und Mannheim liegen auf 109 und 94 m Meereshöhe, woraus ein mittleres Thalgefälle von 0,75 auf Tausend resultirt, während die Luftlinie von Heidelberg bis Trebur rund ca. 60 Kilometer Länge und der dortige Hochwasserspiegel 87 m Meereshöhe hat, wonach sich nur 0,37 Gefälle auf Tausend berechnet. Trotzdem ist der heutige Lauf keineswegs der in Bezug auf Gefällverhältnisse günstigste, sondern wird noch übertroffen von der Richtung Heidelberg - Seckenheim - Altrip und vom früheren Lauf über Schwetzingen. Das mittlere Thalgefälle des ersteren Laufs beträgt 0,82 auf Tausend, dasjenige des Laufs über Schwetzingen — bei ca. 14 Kilometer Länge der Luftlinie Heidelberg-Rhein auf der Höhe von Schwetzingen und 96,30 Hochwasserhöhe daselbst — 0,91 aufs Tausend.

Im Gegensatz zum Thalgefälle — dem Maximum an relativem Gefäll, welches dem Wasserlauf zur Verfügung steht, aber nie voll von ihm ausgenutzt wird — beträgt das Flussgefälle — wegen der durch die Krümmungen vergrösserten Länge immer geringer als das Thalgefälle — für den heutigen Lauf im Gesammten:

$$\frac{109-94}{26\,000} = 0{,}57\,^0/_{00},$$

(im Einzelnen 1,5— 0,5 — 0,7 – 0,3 und 0,1 $^0/_{00}$)

für denselben vor der Correction bei Mannheim:

$$\frac{109-94}{28\,500} = 0{,}52\,^0/_{00},$$

für den Lauf Heidelberg-Seckenheim-Altrip

ungefähr $\frac{109-95{,}8}{24\,000} = 0{,}55\,^0/_{00},$

für den Schwetzinger Lauf:

$$\frac{109-96{,}3}{22\,500} = 0{,}56\,^0/_{00},$$

für den Bergstrassenlauf im Gesammten:

$$\frac{109-87}{126\,000} = 0{,}17\,^0/_{00}.$$

Im Einzelnen beträgt das Gefälle des letzteren von Heidelberg bis Ladenburg

(nach mittleren Sohlenhöhen bestimmt)

mindestens $\frac{100{,}5-95{,}00}{10\,000} = 0{,}55\,^0/_{00},$

von Ladenburg bis Trebur:

$$\frac{95-82}{116\,000} = 0{,}11\,^0/_{00}.$$

Es darf wohl angenommen werden, dass die Sohle bei Heidelberg, die heute rund 10 m unter der Geländeoberfläche liegt, zur Zeit des Bergstrassenlaufs höher gelegen hat, dass auch die Rheinsohle sich tiefer eingeschnitten hat, wenn auch nicht in dem gleichen Maße, und dass dementsprechend die mittleren Gefälle thatsächlich noch etwas (vielleicht um $^1/_{10}$ bis $^2/_{10}\,^0/_{00}$) stärker gewesen sein können, als oben angegeben. Mangels Untersuchungen lässt sich vorläufig bestimmtes hierüber nicht angeben.

Wären für die Schuttkegelbetten namentlich an den Abzweigstellen die Situationsformen und Höhenlagen der Betten durch zahlreiche Aufschlüsse oder Bohrungen ermittelt, so würde sich das relative Alter der einzelnen Läufe wohl ebenso sicher bestimmen lassen, wie dies in der unteren Partie des Bergstrassenlaufs dank der detaillirten Aufnahme möglich war. So lange genauere Untersuchungen fehlen, lassen sich wenig mehr als Vermuthungen aufstellen. So erscheint der südwestliche Lauf älter als der westliche, weil ersterer südwestlich Eppelheim vollständig verlandet ist, während letzterer bis Oftersheim noch offen ist. Der nordwestliche und der nördliche Lauf sind bei Ladenburg-Neckarhausen so gemengt, wahrscheinlich auch durchkreuzt und noch so wenig im Detail erforscht, dass auch hier vorläufig kein sicheres Urtheil über das relative Alter zu fällen ist. Wahrscheinlich hat eine beständige Eintiefung des Neckars stattgefunden und es würden — die Kenntniss der Höhenlagen der Sohlen vorausgesetzt — die höher liegenden als die älteren, die tiefsten als die jüngsten Betten anzusprechen und nachzuweisen sein. Der Unterschied in der Höhenlage der älteren und neueren Betten scheint nach dem, was bei Wallstadt constatirt, 3 bis 4 m zu betragen, wäre also gross genug, um scharfe Sonderung der Betten auch in gemengter Lage vornehmen zu können.

Entstehung und Verlandung des Bergstrassenlaufs.

Nachdem es nachgewiesen ist, dass der Lauf des Neckars auf seinem Schuttkegel die verschiedensten Richtungen nehmen konnte und thatsächlich auch genommen hat, erscheint der Lauf längs der Bergstrasse als einfache Fortsetzung eines nördlichen oder nordwestlichen Laufs. Dass letzterer auf dem Schuttkegel nicht mehr in die westliche Richtung umbiegen konnte, findet seine Erklärung in dem Vorhandensein der Dünen. Besonders einfach gestaltet sich diese Erklärung, wenn man annimmt, dass die Seckenheimer und Feudenheimer Dünen ursprünglich und noch zur Zeit des Bergstrassenlaufs zusammenhingen, so dass von Schwetzingen über Seckenheim, Feudenheim, Käferthal, Viernheim, Lorsch u. s. w. ein ununterbrochener Dünenwall vorhanden war, den der Neckar nicht überschreiten konnte. Nimmt man dagegen an, dass zwischen Feudenheim und Seckenheim eine Lücke in der Flugsandablagerung von Anfang an vorhanden war oder dass sich der Fluss dort schon an einer niedrigen Stelle überfliessend eine Lücke geschaffen hatte, so bedurfte es nur einer Bettverstopfung zwischen Ilvesheim-Seckenheim und Ladenburg mit Ausbruch des Flusses nach Norden, um den Lauf nach der Bergstrasse einzuleiten.

Die Stelle, wo dieser Ausbruch stattfand oder, wenn die erstere Annahme richtig ist, wo der Fluss einfach seinen Lauf nach Norden nahm, liegt ungefähr einen Kilometer südöstlich des Dorfes Wallstadt an der Kreuzung der Strassen Wallstadt-Ladenburg und Feudenheim-Heddesheim. Von hier seinen Weg in weiten Schlingen in westlicher, nördlicher und schliesslich östlicher Richtung nehmend, berührte der Fluss die Stellen, wo heute die Dörfer Wallstadt und Heddesheim, theilweise im Flussbett erbaut, stehen, und trat bei Lützelsachsen, hier die Zuflüsse von Gross-Sachsen, Hohensachsen und Lützelsachsen aufnehmend, an den Gebirgsfuss heran. Durch den Weinheim im Hahkreis vorgelagerten Weschnitzschuttkegel wieder vom Gebirg abgelenkt, umfloss er diesen, die Weschnitz aufnehmend, und trat bei Sulzbach, Hemsbach und Laudenbach wieder an das Gebirg heran, nur in schwachen Biegungen an den Stellen abgelenkt, wo er die Bächlein von Sulzbach, Hemsbach und Laudenbach, die aus dem Gebirge tretend ihren Schutt abgelagert haben, aufnimmt. Ausser den genannten Bächen wurden hier noch aus kleinen Gebirgsthälern der Eschbach, der Rothe-, der Ebrei-, der Herrnwiesen-, der Bensen-, der Werren- und der Gruben-Klingel aufgenommen. Unterhalb Laudenbach trat der Fluss, der bis dahin im wesentlichen im Gebiet des heutigen Grossherzogthums Baden verlief und hessisches Gebiet nur berührte, ganz in hessisches Gebiet ein und nahm zunächst gleich unterhalb der Landesgrenze den Zufluss aus dem dortigen Gebirgsthälchen, den oberen Klingen, und bei Heppenheim den Erbach, den Kirschhäuser Bach (Stadtbach) und den Hambach auf. Die 3 letzteren Bäche brachten erhebliche Schuttmassen und bewirkten die Ablenkung bei Heppenheim. Unterhalb Heppenheim trat der Fluss wieder hart an das Gebirge heran, dort den unteren Klingen aufnehmend, bog alsdann in mächtiger Schleife die Dünen bei Lorsch berührend nach links ab, um bei Bensheim sich wieder an den Gebirgsfuss anzulegen. Oberhalb Bensheim wurde der Bach des Zeller Thals (Meerbach), bei Bensheim der Bach des Schönberger Thals (Reichenbach) aufgenommen. Unterhalb Bensheim berührte der Fluss in verschiedenen Schleifen einerseits bei Zwingenberg das Gebirge, andrerseits bei Schwanheim-Fehlheim und Langwaden die Sanddünen, die er bei Bickenbach-Hartenau durchbrach bezw. durchfloss. An Zuflüssen wurden aufgenommen der Auerbach (Hochstädter

Thal) und der Hickenbach (aus dem Jugenheimer und Balkhäuser Thal). Zwischen Hartenau und Hahn nahm der Neckar die Modau auf, bei Eschollbrücken und nordwestlich davon den Sandbach, eine Abzweigung der Modau. Von Hahn floss er in grossen Schleifen Eich, Eschollbrücken, Crumstadt, Goddelau und Wolfskehlen berührend, ohne oberflächliche Wasserzuflüsse aufzunehmen, bis zum Weilerhof, wo der Darm mündete, der aber wahrscheinlich nur bei Hochwasser einen direkten Zufluss lieferte, weil zu gewöhnlichen Zeiten[1]) sein Wasser in den mächtigen Sandablagerungen zwischen Darmstadt und Griesheim versank. Von hier abwärts wurden vom Neckar die Stellen berührt, wo heute die Dörfer Dornheim, Büttelborn, Dornberg, Herkach und Wallerstädten stehen. An Zuflüssen wurden aufgenommen bei Büttelborn ein Bach, der von Arbeilgen über Weiterstadt floss (heutiger Name in Büttelborn Frohngartengraben), endlich bei Nauheim der Heegbach und der Schwarzbach. Die Mündung des alten Neckars erfolgte bei Trebur.

Bemerkenswerth ist, dass sich der Neckar, nachdem er bei Rickenbach die Dünen durchschritten hatte, nicht in die Stockstadt-Erfeldener Rheinschleife, der er sich bei Crumstadt auf 2 Kilometer näherte, dem stärkeren Gefälle entsprechend ergoss, sondern sich ca. weitere 14 Kilometer parallel dem Rhein bewegte.

Ob Modaubetten mit Mündung in den Stockstädter Altrhein wie z. B. vielleicht in dem Schwarzbach bei Hospital Hofheim vorhanden waren und vom Neckar unbenutzt zugelöst wurden oder ob, was wahrscheinlicher ist, die Modau unter flacher Ausbreitung ihrer Gewässer ebenfalls ihren Lauf nach Norden nahm, lässt sich ohne weitere Untersuchungen nicht sagen. Ebenso ist es nicht sicher, sondern nur wahrscheinlich, dass die Weschnitz vor Eintritt des Bergstrassenlaufs des Neckars ihren jetzigen Lauf durch die Sanddünen bei Hausen noch nicht inne hatte und ebenfalls weiter nördlich, vielleicht vereinigt mit der Modau in den Rhein floss. War dies der Fall, so arbeiteten Weschnitz und Modau dem Neckar gewissermassen vor.

Die Zeit, in welcher der Neckar den Bergstrassenlauf einnahm und beibehielt, muss keine allzu kurze gewesen sein, denn er hat während dieser Zeit streckenweise seinen Lauf vollständig verlegt und in den verlassenen Betten Schlick in solchen Mengen abgelagert, dass wir für deren Entstehung

---

[1]) Noch vor 10 Jahren lag das Darmbett an seiner Mündung in den ehemaligen Neckar fast im ganzen Jahr trocken. Seit Vergrösserung des Darmstädter Wasserwerks und Vermehrung der Wasserkiosmete findet in den letzten Jahren ein beständiger Wasserfluss statt.

als Niederschlag aus dem Hochwasser mindestens den Zeitraum eines Jahrhunderts in Anspruch nehmen müssen. Für die Ausbildung des ersten Laufs und 3—4 malige Bettverlegung je 100 Jahre gerechnet, ergibt ein Minimum von 4—5 Jahrhunderten.

Während auf manchen Strecken eine oder mehrere Bettverlegungen stattgefunden haben, ist auf anderen Strecken der Fluss während der ganzen Zeit an derselben Stelle geblieben, es ist dort sein jüngstes Bett zugleich auch das älteste. Eine solche Strecke haben wir nachgewiesenermassen in dem Lauf von Wallstadt bis Heddesheim vor uns. Unterhalb Heddesheim finden sich bei Neuzenhof und Muckensturm ältere verlandete Schleifen, die bestimmt als solche erkannt sind, und neben welchen der jüngste Lauf ohne Unterbrechung von Wallstadt bis zur Nebenbahn Weinheim-Mannheim nachgewiesen ist. Nördlich dieser Nebenbahn ist noch eine kurze Strecke bis zur Strasse Viernheim-Weinheim als Bett zu erkennen. Weiter abwärts sind die Spuren des Laufs weder in der Karte noch im Terrain zu entdecken. Systematische Bohrungen sind nicht gemacht worden. Der Lauf geht wahrscheinlich auf der Grenze des Schuttkegels her. Erst nördlich der neuen Weschnitz ist wieder das Bett durch eine einzelne Bohrung constatirt. Zwischen Sulzbach und Hemsbach ist es im Gelände erkennbar, es zeigt sich als ein Streifen, der sich durch starke Verunkrautung der Aecker hervorhebt. Bei Hemsbach ist es wieder durch die Kultur als Wiese ausgezeichnet. Zwischen Hemsbach und Laudenbach (Rohr- und Herrnwiesen) zeichnet sich das Bett als vollständiger Sumpf unverkennbar aus. Ebenso ist es bis zur Landesgrenze aus der Kulturart ohne Weiteres zu erkennen. Von der Landesgrenze bis oberhalb Bensheim ist es durch die Bachschuttkegel verschiedentlich ganz zugedeckt, aber durch die Bohrungen überall in unzweideutigster Weise constatirt. Auf der ganzen Strecke von Weinheim bis hierher ist der Lauf ein gestreckter und hat sich anscheinend während der ganzen Zeit nicht verlegt, höchstens bei Heppenheim durch die Bachschuttmassen etwas nach Westen verschoben. Im Gelände sind Rinnen erkennbar, die sich aber nach den Bohrungen in den 3 Profilen 75,15 — 75,73 und 76,4 (Tafel III) nicht als ächte Betten, sondern nur als Hochwasser-Ueberlaufrinnen erwiesen haben. Ueberhaupt scheint die grosse, ebene Fläche zwischen Sulzbach, Hemsbach, Laudenbach und Heppenheim einerseits und Viernheim, Hüttenfeld, Lorsch andrerseits von einer grösseren Anzahl von Hochwasserrinnen durchzogen zu sein. Als Weschnittabetten können diese Rinnen nicht wohl gedeutet werden, weil sie hierfür sowohl zu breit als auch zu tief eingeschnitten erscheinen. Wie aus Profil 76,4 Tafel III ersichtlich, ist die heutige Weschnitz trotz gerader und künstlicher Anlage zwischen hohen Dämmen dort nur wenig in das Gelände eingeschnitten, und es ist sehr wahrscheinlich, dass sie in natürlichem Zustand noch weniger eingeschnitten war, während jene Rinnen, die als Neckar-Hochwasserrinnen gedeutet werden, zum Theil mit dem Neckarbett gleiche Sohlenhöhe aufweisen. Von der Gegend von Lorsch-Bensheim an ändern sich die Verhältnisse insofern, als von da abwärts zweifellos wiederholte Bettverlegungen vorgekommen sind. So finden wir bei Lorsch und zwischen Klein-Hausen und Bensheim zwei Bruchstücke von Schleifen, welche anscheinend älteren Datums sind. Die grosse Schleife zwischen Lorsch und Bensheim ist unter Vorbehalt — aufklärende Bohrungen sind hier nicht gemacht — bei der Kilometereintheilung behufs Aufzeichnung des Längenprofils als letztes Bett betrachtet worden. Selbstverständlich ist es ebensowohl möglich, dass es eine abgeschnürte ältere Schleife ist und das letzte Bett zwischen unterer Klingenmündung und Bensheim gestreckt verlief. Bei Zwingenberg finden sich wieder ältere Betten am Gebirgsrande. Hier geht es aus der Configuration der Betten hervor, dass das zwischen Fehlheim und Schwanheim ziehende, Langwaden und Hähnlein berührende und den Hof Hartenau auf der Süd- und Westseite umschliessende Bett das jüngste ist. Die westlich davon liegenden Schleifen am „wilde Hirsch-Hof", südwestlich vom Johannishof und bei Johannishof-Neuhof charakterisiren sich als älteren Läufen angehörig. Die grosse Schleife südlich Pfungstadt ist durch Torfgruben sehr schön aufgeschlossen und ohne Zweifel ein ächtes Bett. Zur Zeit, als sie noch vom Flusse durchströmt wurde, bog derselbe auf der nördlichen Seite des Hofs Hartenau nach Osten um. Ob später die Pfungstädter Torfgrubenschleife unter Durchbruch eines Laufs in der Richtung Hartenau-Hahn abgeschnürt wurde, ist nicht zu sagen, da die Modau hier die Betten vielfach mit Sand und Lehm zugeflösst und überdeckt hat und Bohrungen noch fehlen. Behufs Aufzeichnung des Längenprofils ist unter allem Vorbehalt angenommen, dass ein gestreckter Lauf von Hof Hartenau bis Hahn existirt hat, und die Schleife eine abgeschnürte ältere ist.

Von Hahn bis zur Mündung ist der jüngste Lauf so genau untersucht worden, dass er überall mit Sicherheit constatirt ist. Auch einzelne ältere Schleifen und namentlich verschiedene Ueberlauf-Rinnen und Mulden sind praktischer Zwecke halber so weit untersucht, dass kein Zweifel über ihre Natur mehr bestehen kann. Der jüngste Lauf ist aus der beiliegenden Uebersichtskarte deutlich genug zu ersehen; eine nähere Beschreibung erscheint daher unnöthig. Als ältere Betten sind nachgewiesen: die Schleife, welche Wasserbiblos umfasst, die Eschollbrücken berührt, die zwischen Wolfskehlen und Griesheim liegt und die den Weilerhof umfasst. Die Schleife westlich Dornheim ist nicht untersucht, ist aber, da sie ausser Zusammenhang mit dem jüngsten Bett steht, ohne Zweifel älteren Datums. In typischer Weise abgeschnürt ist die ältere Schleife bei Nauheim. Nicht untersucht ist die Schleife bei Wallerstädten; vermuthlich ist dieselbe ein älteres Bett; sehr unwahrscheinlich aber nicht ganz ausgeschlossen ist es, dass sie sich bei näherer Untersuchung durch Bohrungen als Hochwasserrinne erweisen könnte.

Die Ueberläufe, welche als Mulden und schmale Rinnen durch gestreckte Bewegung des Hochwassers entstanden, sind in der unteren Partie des Bergstrassenlaufs zum Theil mit grosser Ausführlichkeit durch die Bohrungen nachgewiesen und in der Uebersichtskarte eingezeichnet.

Die älteren Schleifen kamen schon zur Verlandung, während der Fluss noch den Bergstrassenlauf inne hatte. Da alle Neckarhochwasser in sie eintreten mussten, so haben sich rasch bedeutende Flussschlickmassen in ihnen abgesetzt. Naturgemäss stammt die Hauptmasse des Schlicks vom Neckar selbst, der kleinere Theil von den Seitenbächen. Die Mächtigkeit der Ablagerungen nimmt mit der Entfernung vom jüngsten Bett rasch ab, wie dies z. B. sehr deutlich an den Längenprofilen älterer Schleifen auf Tafel II zu ersehen ist.

Wo Seitengewässer in ältere Schleifen mündeten, wurden die Betten vorzugsweise mit Geschiebe, Sand, Lehm oder Schlick (Thon) dieser Seitengewässer angefüllt. Nachdem die älteren Schleifen einigermassen zugelegt waren und die Masse des eintretenden Hochwassers wegen Verlandung der Verbindungsstellen immer geringer wurde, begann die Torfbildung in ihnen, lokal und zeitweise unterbrochen durch erneute Schlickablagerungen. Wir finden alle Stufen vom humushaltigen Thon durch thonigen Moor- und Torfboden bis zum reinen Torf. Die Schlickablagerungen nehmen flussabwärts in der Masse ab, die Torfbildungen zu. Die Höhe der Torfbildungen war durch den Grundwasserstand bedingt. Wir finden desshalb den Torf an den östlichsten Punkten der Schleifen dem Gefälle des Grundwasserstroms von Osten nach Westen entsprechend am höchsten aufgewachsen. Der Höhenunterschied der Torfoberfläche zwischen den östlichen und westlichen Punkten einer Schleife beträgt bis zu 1 Meter.

In die Zeit der Verlandung der älteren Schleifen fällt auch die Bildung der seitlichen Schlickablagerungen, welche von dem sich über die Niederungen ausbreitenden Neckarhochwasser abgesetzt wurden; auch entstand ein Theil der Schlickablagerungen, welche wir in alten Hochwasserrinnen und Mulden finden. Die seitlichen Schlickablagerungen haben ihre grösste Ausdehnung bei Heppenheim, Griesheim und Büttelborn.

Die Verlandungen des jüngsten Betts gingen unter wesentlich anderen Verhältnissen vor sich. Eine Bettverstopfung bei Wallstadt war entweder die Veranlassung oder die Folge der Ausbildung eines neuen Laufs und es traten alsbald nur noch die grösseren Hochwasser in das vom Fluss verlassene Bergstrassenbett ein. Die Weschnitz ergoss sich zunächst noch in dasselbe, es konnten aber ihre Geschiebe ohne die Wassermassen des Neckars in dem breiten Flussbett nicht mehr transportirt werden und mussten es bald vollständig durchdämmen, so dass die Weiterbewegung der bei Wallstadt in das Bett eingetretenen Hochwasser mehr und mehr beschränkt wurde, auch die dadurch angestauten Gewässer ihren Schlick zwischen Wallstadt und Weinheim fallen liessen, und, wenn sie überhaupt noch weiter nördlich als Weinheim gelangten, jedenfalls bedeutend entschlickt dort ankamen.

Wie die Weschnitz, so breitete jeder andere Seitenzufluss aus dem Odenwald seinen Schuttkegel in und über das verlassene Neckarbett aus. Es entstand eine Reihe von Tümpeln, in welchen je nach der Entfernung von der Einmündungsstelle des Seitenbaches und je nach Natur und Wassermenge desselben, Gerölle, Sand, Lehm oder Schlick, oder auch gar kein Mineralboden zur Ablagerung, sondern Humusboden zur Bildung gelangte. Während dort, wo das Flussbett am Gebirgsfuss liegt und viele Seitenzuflüsse einmünden, die Ablagerung von mineralischem Boden überwog, wurden im nördlichen Theil, wo das Bett weit ab vom Gebirge liegt, und Schlick durch Seitengewässer in nur verschwindendem Maße herbeigeführt wurde, die jüngsten und älteren Betten, letztere, soweit sie noch nicht ganz zugefüllt waren, meistens durch Humusböden ausgefüllt. Für die Höhe, bis zu welcher diese Böden aufwuchsen, war allein der Grundwasserstand massgebend; es ist daher die Oberfläche der Moore der Grundwasseroberfläche parallel.

Wie in den verlassenen Flussbetten, so trat das Grundwasser auch in den seitlichen Niederungen an die Oberfläche und gab zu den gleichen Bildungen, zu sog. Niederungs- oder Grünlandsmooren, hier nur von geringerer Mächtigkeit, Anlass. Hier gewannen die Flächen gleichzeitig mit dem Aufwachsen des Moores an Ausdehnung, indem die Bewegung des Grundwassers verzögert und dadurch weiteres Ansteigen und Ausbreiten derselben bedingt wurde. An den Rändern gehen die Moore in moorhaltigen Sand über.

Die Griesheimer und Büttelborner Moorflächen haben ein Quergefälle von 0,5 bis 1‰.

Die Gruben, aus denen der Torf gewonnen wird, wachsen rasch wieder zu; man nimmt an, dass in 60—70 Jahren eine vollständige Neubildung stattfindet.

Der Flächeninhalt der Niederung des Bergstrassenlaufs beträgt rund 210 ☐ km oder 21 000 ha.

Der Flächeninhalt des jüngsten Bettes des Bergstrassenlaufs betrug ca. 2500 ha, derjenige der älteren Schleifen ca. 1250, während das heutige Flussbett zwischen Heidelberg und Mannheim ca. 400 ha gross ist.

Es bedarf kaum der Erwähnung, dass, da keine Niveauveränderungen stattgefunden haben, der Neckar jederzeit wieder in sein altes Bett zurückgeleitet werden könnte.

Analog dem früheren Neckarlauf erscheint der heutige Lauf der Ill.[1]) Weitere Analogieen scheinen insofern vorzuliegen, als auch am Fuss des Schwarzwaldes in altalluvialer Zeit dem Rhein parallel ziehende Wasserläufe existirt zu haben scheinen. Als nächstliegend erwähne ich einen Fluss, dessen Unterlauf noch in das Bereich der beiliegenden Uebersichtskarte und in die Richtung Kronau—Roth—St. Leon—Reilingen—Hockenheim fällt.

Geologische Altersverhältnisse.

Die Frage des geologischen Alters der verschiedenen Betten, der durchschnittenen Schichten und der Ausfüllung der Betten ist in den vorderen Kapiteln mehrfach im Einzelnen berührt. Im Allgemeinen ist darüber folgendes festzustellen.

Das älteste Glied in der Reihe der hier in Betracht kommenden Schichten sind die mächtigen, die ganze Rheinthalspalte erfüllenden Ablagerungen des Rheins und seiner Nebenflüsse. Letztere wie auch der Neckar lagerten ihr Geschiebe in der Regel den Thalmündungen in Kegelform vor, während gleichzeitig der Rhein an den jeweiligen Kegelrändern sein Geschiebe in horizontalen Schichten wechsellagernd mit den Geschieben der Seitenflüsse absetzte, wie dies für den Neckar bei Schwetzingen, Seckenheim und Feudenheim durch Kiesgruben, bei Käferthal durch Bohrungen nachgewiesen ist.

---

[1]) Vergl. R. Lepsius, Geologie von Deutschland und den angrenzenden Gebieten. Band I. S. 679.

In diesen ältesten Ablagerungen sind, ohne an bestimmte Horizonte gebunden zu sein, alle Arten von Sedimenten vom feinsten Schlick bis zum gröbsten Geschiebe vertreten. Ihre Entstehung fällt in die Diluvialzeit und ist nach R. Lepsius[1]) die bei weitem grösste Masse der Sande und Geschiebe der mittleren Diluvialzeit zuzurechnen. Bemerkenswerth ist, dass scharf markirte Flussbetten oder Rinnen aus dieser Zeit fehlen. Erklärlich ist dies durch die Annahme, dass die Ablagerung in einem See statt fand.

Nach Ablauf des Sees mussten die Sande, wahrscheinlich begünstigt durch ein trockenes Klima, ein Spiel der Winde werden. Sie wurden auf weite Strecken flach ausgebreitet oder zu hohen 10—15 m mächtigen Dünen aufgeweht und sind dem oberen Diluvium[2]) zuzuzählen. Welchen Lauf zu dieser Zeit der Neckar inne hatte, ist noch nicht ermittelt oder gefunden.

Der Bergstrassenlauf des Neckars fällt in eine spätere Zeit, was daraus zu schliessen ist, dass trotz relativer Vollständigkeit der Untersuchung die Zufüllung eines Betts oder einer älteren Schleife durch Flugsand nirgends gefunden ist.

Nach Ablauf der jüngsten Diluvialzeit trat eine energische Thätigkeit der Bäche und Flüsse ins Leben. Sie begannen die tieferen Lagen der Erdoberfläche mit ihren Betten zu durchfurchen und mit den Alluvionen ihrer Hochwasser zu bedecken. Wo der Flugsand geringere Mächtigkeit hatte oder ganz fehlte, reichten die Betteinschnitte bis in die obersten Schichten der mitteldiluvialen Sand- und Geröllablagerungen.

Dabei blieben die höheren Lagen des jüngsten Diluviums, die Dünen, wasserfrei und massgebend für die Configuration der Wasserläufe. Sie bildeten Schranken, welche nur an ihren relativ tiefsten Punkten von Wasserläufen überschritten werden konnten und alsdann wegen ihrer Leichtbeweglichkeit alsbald durchgespült werden mussten.

Beim Neckar war der nördlich gerichtete Hauptdünenzug die Schranke, welche den Bergstrassenlauf einleitete und lenkte, wobei ihre Ränder vom Fluss vielfach an- und ausgeschnitten wurden, wie z. B. sehr schön an der grossen Pfungstädter Schleife, wo die Dünen steilrandig und halbkreisförmig vom Fluss ausgeschnitten sind, zu sehen ist.

An die mineralischen Alluvionen der Flüsse und Bäche, welche, wenn auch heute durch die vielfachen Regulirungen an Menge verringert, bis in die Gegenwart reichen, schliesst sich die ebenfalls heute noch fortdauernde Bildung der Humusböden. Wie in den Profiltafeln dargestellt, heben sich

[1]) R. Lepsius, Geologie von Deutschland. Band I. S. 618.
[2]) Desgl. S. 653.

die Einschnitte und Alluvionen der Bäche und Flüsse und die Humusbäsen von den älteren Schichten allenthalben scharf und deutlich ab und sind im Gegensatz zu diesen der Alluvialzeit zuzurechnen.

Selbstverständlich könnten auch die sämmtlichen hier besprochenen Schichten, statt dass sie in ein „Diluvium" und „Alluvium" getrennt werden, in einer einzigen geologischen Stufe als „quartär" oder „pleistocaen" zusammengefasst werden. Wesentlich bleibt dabei jedoch der scharfe Erosionseinschnitt der jüngeren hier als „alluvial" bezeichneten Flussbetten in die „diluvialen" älteren Ablagerungen.

Bemerkenswerth ist die Thatsache, dass während der alluvialen Zeit stärkere Niveauveränderungen in dem behandelten Gebiet des Neckars nicht vorgekommen sind, dass sich vielmehr überall eine ungestörte normale Lagerung der Schichten vorfindet. Dagegen scheinen geringere Niveauveränderungen, auf grössere Strecken hin vertheilt, nicht ausgeschlossen zu sein.

Praktische Gesichtspunkte.

Neben den rein wissenschaftlichen Ergebnissen haben die vorliegenden Untersuchungen auch ein praktisches Resultat gehabt, indem durch sie eine Reihe praktischer Fragen geklärt und ihrer Lösung entgegengeführt worden sind.

Zunächst sind die Neckarbetten als Baugrund für Häuser, Strassen und Eisenbahnen von Bedeutung. Wie schon oben erwähnt sind die ausfüllenden Thone meistens weich und bei Druck oder Belastung nachgiebig, sie comprimiren sich und geben desshalb einen schlechten Baugrund ab. Gebäude und Kunstbauten für Strassen- und Eisenbahnen erfordern kostspielige Fundamentirungen. Aufgeschüttete Dämme setzen sich sehr stark bei der Ausführung und senken sich auch noch während des Betriebs. Bei Eisenbahndämmen gräbt man desshalb häufig den schlechten Baugrund auf seine ganze oder einen Theil seiner Tiefe aus und füllt Sand dafür ein. Bei Ausführung der Bauten, mehr noch aber beim Projektiren, namentlich von Strassen und Eisenbahnen, wobei man nicht immer spezielle Bodenuntersuchungen vorausgehen lassen kann, ist es von grossem Werth, ganz allgemein und von vornherein zu wissen, wo man mit Sicherheit auf guten Baugrund rechnen darf und wo schlechter zu vermuthen ist. Mit Strassen und Eisenbahnen wird man die Neckarbetten möglichst rechtwinkelig durchschneiden.

Von der grössten Bedeutung ist die Klarstellung der geologischen und hydrographischen Verhältnisse für die landwirthschaftliche Benutzung, Entwässerung und Verbesserung der Ländereien.

Von Natur Sumpf sind die Neckarbetten und die tiefliegenden Flächen ihres Gebiets mit fortschreitender Kultur mehr und mehr durch künstliche Grabenanlagen entwässert worden.

Das System der Entwässerung im Laufe von Jahrhunderten entstanden, verändert und vervollständigt, war vielfach bedingt durch die politische Zerstückelung des Landes. Die letzte grössere Herstellung war die Anlage des Landgrabens unter dem Landgrafen Georg I. von Hessen (1567—1596). Dieser hochbegabte Fürst verstand es, ohne dass seine Unterthanen durch Abgaben gedrückt wurden, durch wirthschaftliche Anlagen grossen Stils seine und seines Landes Einkünfte derartig zu vermehren, dass es ihm möglich wurde in Darmstadt ein Schloss und eine Kirche zu erbauen und einen Hausschatz von einer halben Million Gulden zu hinterlassen.[1]

Die Entwässerung des Theils des alten Neckargebiets, welcher später zum Weschnitzgebiet wurde, war im folgenden 17. Jahrhundert Gegenstand weitläufiger Verhandlungen zwischen den damaligen Landesherrschaften Kurpfalz und Kurmainz, die indessen resultatlos verliefen.

Wann der Winkelbach angelegt wurde, ist mir nicht bekannt geworden. Er wurde im laufenden Jahrhundert (1833—36) regulirt und bedeutend erweitert und vertieft, nachdem das Gefälle von zwei in Gernsheim betriebenen Mühlen angekauft worden war. Die Kosten der Arbeiten betragen im Gesammten ca. 90000 fl. und wurden unter kräftiger Beihülfe des Staats, von den Gemeinden Bensheim, Zwingenberg, Auerbach, Rodau, Fehlheim, Schwanheim und Langwaden getragen.

Der Schwarzbach beim Hospital Hofheim, wie der untere Theil des Sandbachs — einer Abzweigung der Modau — heisst, führt das Abwasser der Crumstadt umschliessenden Neckarbettschleife nach dem Rhein. Er verdankt seine Entstehung vielleicht einem natürlichen Ueberlauf der Bach-Gewässer, welche während der Verlandung des Bergstrassenlaufs des Neckars in dessen Bett mündeten. Nicht unmöglich ist es auch, dass der Neckar selbst hier einen Ueberlauf nach dem Rhein zu hatte.[2]

Nicht zu verwechseln mit diesem Schwarzbach beim Hospital Hofheim ist der Schwarzbach bei Trebur, welcher die Vereinigung der Bäche Heeg- und Apfelbach bildet und zwischen Nauheim und Trebur im alten Neckarbett, zwischen Trebur und Ginsheim, wo er in den Rhein mündet, in alten Rhein-

---

[1] Vergl. Müller, Geschichte von Hessen. Giessen 1810.
[2] Eine dritte Möglichkeit ist oben auf S. 90 erwähnt.

betten verläuft. Lezterer Schwarzbach bildet die untere Fortsetzung des Landgrabens, den er bei Trebur aufnimmt.

An wichtigeren Verbesserungen aus dem laufenden Jahrhundert ist die Theilung des Landgrabens, der ursprünglich bei Zwingenberg seinen Anfang hatte, zu erwähnen. Durch Kassirung der Unterführung unter der Modau wurde der südlich diesem Flusse gelegene Theil durch den Fanggraben in die Modau geführt.

Endlich wurde noch für den zwischen Modau und Sandbach gelegenen Theil des Landgrabensystems eine Ableitung durch den Storrgraben nach dem Schwarzbach beim Hospital Hofheim hergestellt, leider nur fakultativ. Bei Hochwasser, wo die Ableitung am nothwendigsten wäre, wird vertragsmässig der Abfluss durch eine Schleuse aufgehoben.

In den Betten des Neckarschuttkegels tritt hin und wieder ein Bedürfniss nach Entwässerung auf und wird dort durch Gräben befriedigt, welche die atmosphärischen Niederschläge aus den Thonschichten nach Kiesgraben leiten, wo sie, da der Grundwasserstand meist tief liegt, versinken.

Wir unterscheiden je nach der Mündung in den Rhein heute folgende Entwässerungssysteme der Neckarniederung:

1) Das Weschnitzsystem mit Mündung in den Rhein durch die Weschnitz 3 km nordwestlich von Wattenheim.
2) Das Winkelbachsystem mit Mündung in den Rhein durch den Winkelbach bei Gernsheim.
3) Das Land- und Fanggrabensystem mit Mündung durch die Modau in den Altrhein bei Stockstadt.
4) Das System des Schwarzbachs beim Hospital Hofheim mit Mündung in den Altrhein zwischen Stockstadt und Erfelden.
5) Das Landgrabensystem mit Mündung durch den Schwarzbach in den sog. kleinen Rhein (Rheinarm) bei Ginsheim.

Bei Flüssen und Bächen mit stärkerem Gefälle kann man das tief liegende Gelände dadurch entwässern, dass man einen Parallelkanal mit schwächerem Gefälle anlegt und unterhalb der zu entwässernden Stelle in den Fluss oder Bach einmünden lässt. So kann man z. B. an der Weschnitz, die unterhalb des Schuttkegels 0,5°/₀₀ Gefälle hat, einen tiefliegenden Punkt dadurch entwässern, dass man einen Parallelkanal mit 0,3–0,2°/₀₀ Gefälle anlegt. Man gewinnt auf diese Weise gegenüber einer direkten Einmündung in den Bach pro Kilometer Länge des Parallelkanals 0,2 bis 0,3 m an Entwässerungstiefe.

Beim Rhein, der selbst nur 0,1 ‰ Gefälle hat, unter welches man bei Entwässerungsgräben nur im äussersten Notfall gehen wird, ist durch Parallelkanäle nichts zu gewinnen und es wird hier die grösste Entwässerungstiefe nur durch das Gegentheil der Parallelkanäle, durch senkrecht auf ihn gerichtete Abflusskanäle erzielt. Fast durchgängig liegen die Verhältnisse in der Neckarbettniederung so günstig, dass man die Ausnützung der ganzen Entwässerungsmöglichkeit nicht nöthig hat und die Zahl der vorhandenen Abflüsse, deren Herstellung durch die Ausgrabungen und hochwasserfreien Bedämmungen im Laufe der Zeit ganz bedeutende Anlagekapitalien an Hand- und Gespannsarbeit erfordert hat, schon mit Rücksicht auf die Kosten nicht vermehren wird. Man wird aber auch keinen derselben ausser Verwendung setzen und deshalb trotz lokaler Veränderungen die genannten Systeme beibehalten.

In den folgenden Darlegungen sollen wesentlich mit Rücksicht auf die einheimischen Interessen etwas eingehender die Entwässerungsfragen besprochen werden.

Das **Weschnitzsystem** umfasst die Entwässerungsanstalten der Gemarkungen Heddesheim, Neuzenhof, Mackensturm, Viernheim, Grosssachsen, Hohensachsen, Lützelsachsen, Weinheim, Hüttenfeld, Rennhof, Seehof, Lorsch, Sulzbach, Hemsbach, Laudenbach, Heppenheim und eines Theils der Gemarkung Bensheim.

Da die beiden Weschnitzbetten (die Weschnitz hat von Weinheim bis Lorsch zwei künstlich hergestellte gerade Betten) von Weinheim bis zur badisch-hessischen Landesgrenze höher als das Terrain liegen, so können sie nur zur Be- nicht zur Entwässerung dienen. Die vom Odenwald kommenden Bächlein des badischen Gebiets Sulzbach, Hemsbach, Laudenbach münden erst ein Kilometer unterhalb der badischen Grenze, nachdem sie verschiedene Entwässerungsgräben aus der Niederung aufgenommen haben, auf hessischem Gebiet in die Weschnitz ein. Die Entwässerung der Niederung ist dabei seither eine sehr unvollkommene gewesen, wie durch die Thatsache illustrirt wird, dass man am tiefsten Punkt des Grossherzogthums Baden, in der Gemarkung Laudenbach, eine Entwässerungsmaschine aufgestellt und zeitweise in Betrieb gesetzt hat, um — man höre und staune — ein Gelände zu entwässern, das volle acht Meter höher als das Mittelwasser und vier Meter höher als das höchste Hochwasser des Rheins, endlich an einem Bache liegt, der auf eine Wegstunde 2½ m Gefälle besitzt.

Es war denn auch wieder in neuester Zeit die Entwässerung des Weschnitzgebiets Gegenstand der Verhandlung zwischen den betheiligten Staaten Hessen und Baden.

Ursprünglich hatte man die Absicht, auf die Einführung von Gewässern in die Weschnitz ganz zu verzichten und die badischen Gemarkungen sammt den hessischen nach dem Winkelbach zu entwässern. Dieses Projekt wurde indessen wieder aufgegeben, weil man den Widerspruch der nach dem Winkelbach entwässernden Gemeinden voraus- und einsah, dass die Einführung in den Winkelbach für den grösseren Theil der Gewässer geradezu unzweckmässig und nur für einen ganz kleinen Theil wohl wünschenswerth, aber nicht unbedingt nöthig ist. Nach einem badischerseits in den interessirten Gemeinden vertheilten gedruckten Uebersichtsplan hat man erkannt, dass man für Baden ausreichende Entwässerung erhält, wenn man einen Parallelkanal längs der Weschnitz bis zur Mündung des Heppenheimer Stadtbachs führt und diesen Kanal nur für die tiefliegenden Flächen benutzt. Die Hochwasser der Bäche sollen an dem seither für die Entwässerung benützten Einmündungspunkt in die Weschnitz geführt werden. Man beabsichtigt dabei eine Zweitheilung des Systems, indem man die Niederungsgewässer überall unter den Bach-Hochwasserkanälen durchführt.

Bezüglich der Entwässerung des zwischen den beiden Weschnitzbetten gelegenen Geländes und der links der westlichen Weschnitz gelegenen Niederungen beabsichtigt man badischerseits keine nennenswerthen Systemänderungen, sondern nur Erweiterungen und Vertiefungen der bestehenden Gräben, namentlich des Landgrabens, der das Entwässerungswasser der badischen Gemarkungen Heddesheim, Neuzenhof, Muckensturm, Grossachsen, Hohensachsen, Lützelsachsen, Rennhof und eines Theils von Weinheim, sowie der hessischen Gemarkungen Viernheim, Hüttenfeld, Seehof und Lorsch, ausserdem aber noch sämmtliches Wiesenbewässerungswasser aus der Weschnitz bei Lorsch in die letztere einführt.

Die badischen Projekte sind, wie man hört, generell fertig bearbeitet und verabschlagt und sollen sich der Zustimmung der Interessenten erfreuen.

In Hessen ist noch kein Projekt aufgestellt bezw. veröffentlicht. Dagegen ist man bereits mit einer theilweisen Gemarkungsentwässerung in Heppenheim vorgegangen. Bei der Entwässerung der tiefsten Theile der Gemarkung Heppenheim, des sogenannten Rückenbruchs, welche gegenwärtig in Ausführung begriffen ist, hat man sich von der Erwägung leiten lassen, dass eine Abführung des Wassers durch die unterhalb liegenden Gemarkungen

Bensheim und Lorsch mit Flussmündung in die Weschnitz am tiefsten Punkte der Gemarkung Bensheim (an der Wattenheimer Brücke) oder gar ein Abfluss nach dem Winkelbach wohl das vollkommenste sei, aber wegen der bedeutenden Kosten kaum die Zustimmung der Betheiligten und wegen Durchschneidung fremder Gemarkungen kaum die Zustimmung der betr. Gemarkungsinhaber erfahren hätte. Man entschloss sich deshalb die am tiefsten Punkt in zwei Kilometer Entfernung von der Weschnitz auf 94,00 m Meereshöhe gelegene Niederung mit Unterführung unter dem Hambach in die Weschnitz gegenüber Lorsch zu entwässern, an einer Stelle, wo das gewöhnliche Niederwasser auf 92,80, das Sommermittelwasser auf 93,00 und das gewöhnliche Hochwasser auf 94,50 liegt. Wasserstände von über 93,50 sind in den Sommermonaten noch nicht beobachtet worden, sie kommen bis zu 94,50 nur im Winter vor, wo eine Ueberschwemmung für die Wiesen nicht schädlich ist. Es werden daher selbst die tiefsten Theile in den Vegetationsmonaten in der Regel gerade noch wasserfrei gehalten werden können und die bestandene Versumpfung beseitigt werden. Für die übrigen Theile der Gemarkung Heppenheim, die sämmtlich höher liegen (das alte Neckarbett liegt an der Strasse Heppenheim—Lorsch auf 94,50 m, oberhalb des Erbach, dort „grosses Bruch" genannt, auf 95,00 m Meereshöhe), genügt der neue Abfluss unter allen Umständen. Die Hauptentwässerungskanäle sind noch anzulegen und unter den Bächen Erbach und Stadtbach durchzuführen. Mit diesen Kanälen wird man, um das Einschneiden in Sand und kostspielige Befestigungen zu vermeiden, den Hochwasserrinnen des Neckars möglichst zu folgen haben. Bezüglich der Bewässerung liegt Heppenheim sehr günstig, indem die Wiesen aus dem Erbach, dem Stadtbach, dem Hambach, endlich zum Theil auch aus der Weschnitz bewässert werden können.

Die letzte Gemarkung, aus welcher tiefliegende Flächen von rechts in die Weschnitz entwässert werden, ist Bensheim mit dem südlich der Strasse Bensheim—Schwanheim gelegenen Gemarkungstheil. Der nördliche kleinere entwässert nach dem Winkelbach. Wie für Heppenheim würde auch für Bensheim die stärkste Entwässerung und vollkommene Unabhängigkeit von jedem Bach- oder Flusshochwasser durch Kanirung der Abflüsse nach der Weschnitz und Angliederung der Entwässerungsanstalten an das Winkelbachsystem erreicht. Es ist dies aber wie bei Heppenheim bei dem jetzigen Kulturzustand als Wiesen, denen eine schnell vorübergehende Ueberstauung im Winter und Frühjahr nicht schadet, unnöthig. Die bestehende Versumpfung würde man schon beseitigen können, wenn man das vorhandene Gefälle voll ausnutzen würde. Die grosse Neckarschleife (Erlenlache und Kühruhlache) wird 300 m unterhalb der Strasse Bensheim—Lorsch in die Weschnitz an einer Stelle entwässert, wo das Niederwasser auf ca. 92,00, das Sommermittelwasser auf 92,35 und das gewöhnliche Hochwasser auf 93,80 liegt, während die tiefsten Stellen der Erlenlache auf 93,00 liegen. Es könnte demnach selbst bei der jetzigen Einmündung die tiefsten Punkte bei Sommermittelwasser 0,50 m wasserfrei gehalten werden, wodurch die bestehende Versumpfung nahezu beseitigt würde. Zwischen der jetzigen Einmündung und der sog. Wattenheimer Brücke liegen 0,35 m Gefäll in der Weschnitz, von welchen etwa 0,20 dadurch für die Erlenlache nutzbar gemacht werden könnten, dass man den jetzigen Einfluss in die Weschnitz kassiren und Abfluss durch die Kreuzlache und Wolfslache nach der Wattenheimer Brücke schaffen würde. Es können also selbst die tiefsten Stellen des nach der Weschnitz entwässernden Theils der Gemarkung Bensheim bei Sommermittelwasserständen 0,50 bis 0,70 m wasserfrei gehalten werden, was für eine gute Grasvegetation selbst dann noch genügt, wenn nach der vermehrten Entwässerung eine kleinere Senkung des aus Torfmoor bestehenden Bodens eintritt. Sollten sich in Zukunft die landwirthschaftlichen Verhältnisse derart entwickeln, dass auch auf diesen tiefen Flächen alle Früchte gebaut werden und Ueberfluthungen durch Hochwasser auch im Winter ausgeschlossen sein müssten, so muss deren Entwässerung an das Winkelbachsystem angegliedert werden.

Das Winkelbachsystem stellt eine unglückliche Verquickung von Gebirgswasser-Hochfluthkanal und Neckarbettniederungs-Entwässerungskanal dar. Der Winkelbach führt die Gebirgsgewässer des Schönberger und Auerbacher Thals durch die Neckarniederung bei Gernsheim in den Rhein und hat zugleich die Aufgabe, die Neckarniederung der Gemarkungen Bensheim, Schwanheim, Fehlheim, Rodau, Langwaden und Gernsheim zu entwässern. Er hat von Langwaden, wo er die Niederungszuflüsse aufnimmt, bis Gernsheim das reichliche Gefälle von 0,5°/₀₀. Es kann ohne Zweifel durch Verminderung dieses Gefälles auf 0,2°/₀₀ per Kilometer Länge 0,3 m also auf 3½ Kilometer schon 1,0 Meter weitere Entwässerungstiefe für die ganz versumpften Neckarbettflächen bei Langwaden gewonnen werden. Ob nicht statt dieser Herstellung und Unterhaltung einer Vertiefung des Winkelbachs eine Angliederung der tiefsten Flächen des Winkelbachsystems an das Land- und Fanggrabensystem zweckmässiger wäre, bleibt noch zu untersuchen und würde nur vom Kostenpunkt abhängen.

Das Land- und Fanggrabengebiet ist mit Ausnahme der Gemarkung Pfungstadt nivellitisch noch nicht untersucht. Wahrscheinlich wird sich bei näherer Untersuchung herausstellen, dass der Landgraben, der von Zwingenberg bis zur Modau ziemlich geradlinig, ohne jede Rücksicht auf die Untergrundsverhältnisse und ohne genügende Rücksicht auf die Höhenverhältnisse angelegt ist, als Hauptentwässerungsgraben unzweckmässig ist und besser streckenweise oder ganz zum Entwässerungsgraben zweiter Ordnung gemacht wird, indem man einen neuen Hauptentwässerungskanal herstellt, welcher sich mehr dem Verlauf der alten Neckarbetten anpasst.

Der Fanggraben als Abfluss nach dem Rhein wird sich vornehmlich für das ganze Land- und Fanggrabengebiet als genügend herausstellen. Für die nördlichste und wohl auch tiefliegendste Gemarkung Pfungstadt ist dies nachgewiesen. Dort war man in der Bevölkerung bis vor Kurzem der Ansicht, dass der versumpfte Zustand, in dem sich ein grosser Theil der Gemarkung — seiner Natur als Neckar-Niederungsmoor entsprechend — trotz vorhandener Entwässerungsgräben befindet, ein unabänderlicher sei, dass sich eine weitere Senkung des schädlichen Grundwassers wegen mangelnden Gefälles nicht ausführen lasse, und doch hat man dort ein — wenigstens für Rheinebenenverhältnisse — reichlich zu nennendes Gefälle, welches man nur auszunutzen braucht, um die tiefliegendsten unersten Wiesenflächen — entsprechende Deckung mit Mineralboden, Düngung und Pflege vorausgesetzt — in Wiesen erster Klasse umzuwandeln. Nachdem die vorgeschriebenen Nachweise auf Grund deren eine Wassergenossenschaft nach dem Grossh. Hessischen Gesetz vom 30. Juli 1887 mit Majorisirung der widerstrebenden Minorität gebildet werden kann, beigebracht sind, steht zu hoffen, dass es gelingen wird, Wandel zu schaffen.

Die Verhältnisse sind kurz folgende:

Der höchste Wasserstand des Altrheins bei Stockstadt betrug (1882/83) 4,90 m am Pegel d. i. 88,65 m über dem Wasserspiegel der Ostsee, während der tiefste Punkt der Gemarkung Pfungstadt (Gemeindewiese in Fl. XVI „der grosse Stotzen") auf 89,75 liegt. Der Wasserspiegel des Land- und Fanggrabens liegt nahe beim tiefsten Punkt der Gemarkung Pfungstadt an der Mündung des Rothgrabens bei mittleren Wassermengen auf 89,45, so dass die Hochwasser des Rheins keine Verzögerung des Abflusses des Wassers aus der Gemarkung Pfungstadt bewirken können und bei mittlerem Wasserstand von 85,00 der Abfluss mit einem absoluten Gefälle von 4,45 m oder, da die Entfernung vom Altrhein ca. 8000 m beträgt, mit einem mittleren relativen Gefälle von 0,55 ‰ statt findet. Bei höchstem Rheinstand von 88,65 beträgt das mittlere Gefälle immer noch mindestens $\frac{0,80}{8000} = 0,1 \degree/_{\infty}$.

Die mittlere Geländehöhe der Niederungen liegen am westlichen Ende der Gemarkung auf 90,00, in der Mitte (Fl. XX „im alten Kauf") auf 91,00 und im Osten (Fl. XXVIII zweites Gewann „auf die Neurottäcker") auf 91,00 so dass von Osten nach Westen ein mittleres relatives Gefälle der tiefsten Gemarkungstheile von 0,5 bis 1 $\degree/_{\infty}$ vorhanden ist.

Wie die Geländeoberfläche hat auch die Wasserspiegelfläche der Gräben ein starkes Gefälle. Den 5 km langen Gemarkungstheil durchzieht der Rothgraben mit Wasserspiegeln von 93,00 am Ursprung in den Torfgruben, 91,75 an der Unterführung unter dem Hintergraben (an der sog. Wasserkunst) und 89,45 an seiner Mündung mit 3,55 absoluten und $\frac{3,55}{5200} = 0,68 \degree/_{\infty}$ relativem Gefälle, während schon der dritte Theil dieses Gefälles vollkommen ausreichend wäre, um die Wasserabführung zu bewirken. Es kann demnach keinem Zweifel unterliegen, dass eine Absenkung des Wasserspiegels möglich ist und so weit bewirkt werden kann, dass eine vollkommen ausreichende Entwässerung herbeigeführt wird.

Der Schwarzbach beim Hospital Hofheim, ein nur 2 km langer Abflusskanal aus dem Neckarbettgebiet nach dem Rhein, führt ausser einem Theil des Modauhochwassers, das ihm durch den Sandbach, eine Abzweigung der Modau, zugeführt wird, das Grund- und Regenwasser der Crumstadt umschliessenden Neckarbettschleife nach dem Rhein, während die Entwässerung der benachbarten älteren Neckarschleife von Eschollbrücken und des jüngsten Betts von der Modau bis Eich mit künstlicher Unterschreitung des Sandbachs erst 20 km unterhalb bei Ginsheim in den Rhein statt findet. Es unterliegt keinem Zweifel, dass die zweckmässigste Entwässerung des ganzen zwischen Sandbach und Modau gelegenen Gebiets nur durch diesen Schwarzbach zu erfolgen hat. Dabei müsste letzterer vom Hospital Hofheim bis zum Rhein vertieft werden. Die Ueberschwemmungen der tiefsten Flächen der Gemarkungen Goddelau und Crumstadt, welche 87,60 m über N. N. oder auf 3,90 m des Erfeldener Pegels liegen, durch den Rhein kommen sehr selten vor und beträgt der betreffende Ernteausfall nur Bruchtheile eines Procents. Die gegenwärtig vorkommenden Ueberschwemmungen sind durch hohe Wasserstände des — nach dem Projekt zu vertiefenden — Sandbachs, nicht des Rheins bedingt. Die Durchführung der Abwässer von Hahn, Eich und Eschollbrücken würde nicht den geringsten ungünstigen Einfluss ausüben.

Wie allenthalben war es auch im **Landgrabengebiet** (von der Modau bis Trebur) das alte Neckarbett, in welchem sich naturgemäss die Bach- und Grundwasser sammelten und seinem Gefälle entsprechend zum Abfluss gelangten. Nichts war einfacher als diesen natürlichen Abfluss unter Durchschneidung der höheren Stellen mittelst Gräben künstlich zu befördern. So entstand als ältestes Entwässerungsorgan der Scheidgraben, der zum grössten Theil in den Neckarbetten verläuft. Das Bedürfniss nach ausreichender Entwässerung wurde jedoch durch den Scheidgraben als Hauptentwässerungskanal nicht befriedigt. Ob die Unwirksamkeit damals mehr in einer mangelhaften Ausbildung, mangelnder Profilbreite und Tiefe, hochliegenden Brückenrosten oder nur mangelhafter Unterhaltung ihren Grund hatte, lässt sich nicht feststellen. Die Schuld schob man offenbar nur seine durch die schlangenartigen Windungen bedingte grosse Länge und sein darum geringes relatives Gefälle und kalkulirte, von der unmathematischen Wahrheit ausgehend, dass die gerade Linie zwischen zwei gegebenen Punkten das grösstmögliche Gefälle besitzt, dass ein das Gebiet geradlinig durchschneidender Graben die beste und ausgiebigste Entwässerung bewirken müsse. Auch hoffte man, das vom Gebirg herabkommende Grundwasser, ehe es in die Niederung gelangte, höher abfassen und um die Niederung herumleiten zu können, indem man einen geradlinigen Entwässerungsgraben östlich vom Neckarbett zog. So kam man zur Anlage des Landgrabens. Der Hauptfehler war das Bestreben, das Maximum an Gefälle zu erzielen, ohne gleichzeitig die Untergrundsverhältnisse zu berücksichtigen. Dadurch kam die Sohle vielfach in hochliegenden Triebsand zu liegen, der die Anlage und Erhaltung einer genügenden Tiefe erschwerte und vereitelte.

Ein weiterer Fehler — die Nichtbenutzung der Abflussgelegenheit nach der Stockstädter Rheinschleife — ist seitdem durch Kassirung der Modauunterkreuzung und Ableitung des oberen Theils des Landgrabens durch den Fanggraben und die Modau in den Rhein zum Theil ausgeglichen worden. Für das zwischen Modau und Sandbach gelegene Gebiet besteht er noch fort, indem die Entwässerung der Gemarkungen Hahn, Eich und Eschollbrücken durch den Storngraben und den Schwarzbach in den Rhein nur eine fakultative ist.

Trotz aller Mängel war die Anlage des Landgrabens eine bedeutende Verbesserung der Zustände und in technischer und wirthschaftlicher Hinsicht eine That, der man alle Anerkennung zollen muss.[1]) Mit der fortschreitenden

---

[1]) Die Herstellung sämmtlicher Entwässerungsgräben incl. Brückenbauten des Landgrabengebiets würde nach heutigen Arbeits- und Materialpreisen ca. 330000 Mark gekostet haben.

Kultur, mit der Ausdehnung des Ackerbaus und der Verbesserung der Wiesen erwiesen sich die vorhandenen Entwässerungsanstalten mehr und mehr als ungenügend. Die Nothwendigkeit einer verstärkten Entwässerung des vom Land- und Scheidgraben und dem unteren Theil des Schwarzbachs durchzogenen 2000 ha Wiesen- und 850 ha tiefliegendes Ackergelände umfassenden Gebiets ist auch seit lange und allseitig anerkannt. Bis vor Kurzem fehlte es jedoch an eingehenden nivellitischen und sonstigen Untersuchungen des Gebiets und an einem für die Ausführung geeigneten Projekt. Nachdem Dank reichlicher hierzu vom Staate bewilligter Mittel die Verhältnisse einer gründlichen Untersuchung unterzogen werden konnten, wurde durch den Verfasser ein Projekt aufgestellt, das sowohl die Genehmigung der Staatsbehörde erhalten hat, als auch die Zustimmung eines Theils der interessirten Gemeinden unter Bereitstellung der von letzteren aufzubringenden Mittel. Das Projekt besteht im Wesentlichen in einer Regulirung des Land- und Scheidgrabens, welche in der Weise ausgeführt werden soll, dass der im alten Neckarbett liegende Scheidgraben zum Hauptentwässerungskanal, der Landgraben streckenweise zum Seitenentwässerungsgraben gemacht wird. Es zerfällt in drei Abtheilungen: 1) die Regulirung des Landgrabens zwischen Sandbach und Modau mit Abführung des Wassers durch den Schwarzbach beim Hospital Hofheim in den Altrhein bei Stockstadt-Erfelden; 2) die Regulirung des Land- und Scheidgrabens bis zur Mündung des letzteren bei Dornberg-Berkach; 3) die Regulirung des Landgrabens von der Scheidgrabenmündung bis Trebur und die Regulirung des Schwarzbachs von Trebur bis zum Einfluss in den Rhein bei Ginsheim. Die Kosten sind im Ganzen zu 305 000 Mark veranschlagt. Der nach Art. 122 des Grossh. Hess. Gesetzes v. 30. Juli 1887 vom Staat zu leistende Beitrag ist auf ein Viertheil festgesetzt.[1])

Der hier in Betracht kommende Theil des Neckargebiets, der frühere Unterlauf, ist noch dadurch interessant, dass er bei Hochwasser dem natürlichen Rücklass und der Ueberschwemmung durch den Rhein unterliegt. Seit zwei Jahrzehnten wird der Eintritt des Rheins durch eine Dammanlage und ein Schleusenthor (vorausgesetzt, dass die Dämme weder wie 1882/83 geschehen brechen noch überfluthet werden) zwar aufgehoben, es steigt aber durch die Ansammlung des Heeg- und Apfelbachwassers der Wasserstand nahezu ebenso hoch (0,5—0,6 m weniger) wie es ohne den Abschluss geschehen wäre. Immerhin ist selbst diese geringe Differenz von erheblichem Nutzen.

[1]) Vergl. auch Beil. Nr. 337 zu den Verhandlungen der Kammer (XXVI. Landtag 1890—91).

Bei den höchsten Rheinwasserständen von 6 m am Ginsheimer Pegel = 87,24 m (Null = 81,24 über Ostseepegel) erstreckt sich der Rückstau im alten Neckarbett bis Goddelau. Dabei bleibt die ältere Schleife bei Wolfskehlen wasserfrei. Noch an einem anderen Punkt ist das tiefliegende Wiesengelände des Neckarbetts dem Rückstau aus dem Rhein unterworfen, nämlich bei Crumstadt. Dort liegt ein kleiner Theil der Crumstadt umschliessenden Schleife tiefer als 88,65, was dem höchsten Stand am Erfelener Pegel von 4,90 m, der im Jahre 1882/83 vorkam, entspricht. Der tiefste Terrainpunkt liegt in der Nähe des Hospitals Hofheim auf ca. 87,60 m über Meer.

Ausser diesen Strecken liegt die Geländeoberfläche des alten Neckargebiets überall erheblich höher und ist in keiner Weise von Rheinwasserständen beeinflusst.

Auf den unter Rheinhochwasser liegenden Flächen des Neckargebiets ist der Schaden an der Graserate in den höheren Lagen verschwindend und nur in den tiefsten von Erheblichkeit. Es gehen nach dem Durchschnitt der letzten 70 Jahre an Ernten verloren bei Geländehöhen von

83,75 m Meereshöhe oder 2,50 m des Ginsheimer Pegels	42 %
84,00 „	„ 2,75 „	„	31 „
84,25 „	„ 3,00 „	„	21 „
84,50 „	„ 3,25 „	„	11 „
84,75 „	„ 3,50 „	„	4 „
85,00 „	„ 3,75 „	„	2 „
85,25 „	„ 4,00 „	„	1 „
85,50 „	„ 4,25 „	„	0,5 „
85,75 „	„ 4,50 „	„	0,3 „
86,00 „	„ 4,75 „	„	0,1 „
86,25 „	„ 5,00 „	„	0,1 „

Es ist darnach der Verlust an Graserate durch Rheinhochwasser bei Trebur noch ein recht bedeutender und beträgt 42 %. Eine Wegstunde oberhalb bei Gross-Gerau, wo das tiefere Wiesengelände auf 3,75 m Ginsheimer Pegel oder 85,00 m über Meer liegt, ist er unerheblich und beträgt nur noch 2 %. Durch Aufstellung eines Pumpwerks könnte die Niederung auch bei Rheinwasser frei gehalten werden; dies ist aber nicht projektirt, weil die in Betracht kommende (zwischen den beiden sog. Schwarzbachdämmen gelegene) Fläche verhältnissmässig klein — 800 ha — und der Zufluss des Bachwassers verhältnissmässig gross ist (11 cbm pro sec.). So lange die grossen bei Rheinhochwasser dem Quellwasser unterworfenen Ländereien, von welchen pro ha und sec. nur 1 bis 2 Liter abzupumpen sind, noch ohne Pumpwerke sind, kann es nicht angezeigt erscheinen, die bei Rheinhochwasser im Lande verbleibenden Bachhochwässer abzupumpen.

Von den gewöhnlichen Regulirungen, bei welchen geschlängelte Bäche und krumme Gräben gerade gelegt werden und wobei die Länge des Wasserlaufs abgekürzt wird, unterscheidet sich das Unternehmen dadurch, dass die gerade Linie vielfach verlassen und die Lauflänge des Wassers vergrössert wird. Es kann deshalb das Bedenken, welches allgemein gegen Geradlegungen der Wasserläufe geltend gemacht wird, dass nämlich durch Abkürzung der Lauflänge die Abflusszeit der Hochwasser vermindert und die in der Zeiteinheit zum Abfluss gelangende Wassermenge und damit die Höhe des Wasserstands vergrössert würde, hier nicht Platz greifen.

Was die in der Zeiteinheit zum Abfluss gelangenden Wassermengen betrifft, so wird voraussichtlich durch das tiefere Einschneiden der Gräben in die wasserführenden Schichten des Untergrunds eine Vermehrung eintreten, aber nur bei Niederwasser, wo dies nicht schädlich ist. In wasserreichen Zeiten, bei Hochwasser, treten dagegen Faktoren auf, welche eine Verminderung des zum Abfluss gelangenden Wassers bewirken. Jetzt, wo die Entwässerung mangelhaft ist oder ganz fehlt, gleichen die Torf- und Moorböden vielfach nassen Schwämmen, welche nicht im Stande sind Wasser aufzusaugen, sondern jeden auf sie fallenden Tropfen zum Abfluss gelangen lassen. Nach der Entwässerung werden sie Schwämmen gleichen, welche nur feucht sind und die stärksten Niederschläge in sich aufnehmen, um sie nur sehr langsam wieder abzugeben.

Wie im Vorstehenden näher erörtert, kann im ganzen Gebiet der alten Neckarniederung durch Vertiefung und Erweiterung der bestehenden Hauptgräben und durch Aus- und Umbildung der bestehenden Entwässerungssysteme die Vorfluth für die tiefliegenden, jetzt noch vielfach versumpften und der Ueberschwemmung ausgesetzten Ländereien derartig verbessert werden, dass eine vollkommen ausreichende Entwässerung ermöglicht wird.

Für das Landgrabengebiet mit rund 3000 ha entwässerungsbedürftigem Gelände betragen die Kosten hierfür nach generellen Voranschlägen rund 300 000 Mark also 25 Mark pro 1 ha und bei Verzinsung und Tilgung in 41 Jahren 1 Mark 25 Pf. pro Jahr.

Erfahrungsgemäß betragen die Kosten für die gemeinschaftlichen Entwässerungs-Anlagen je nach den lokalen Verhältnissen zwischen 10 und 40 Mk. pro ½ ha, werden auch Bewässerungsanlagen damit verbunden 20 bis 50 Mk. mehr.

Die hessische Neckarniederung, im Ganzen rund 16000 ha umfassend, mag 5—7000 ha entwässerungsbedürftiges Gelände enthalten und mögen die mit Rücksicht auf den gegenwärtigen Stand der Landwirthschaft nothwendig erscheinenden Verbesserungen der Entwässerung für 600000 bis 1000000 Mk. auszuführen sein.

Die Kosten fallen, abgesehen von Staatszuschüssen[1]), in der Regel den Gemeinden zur Last, in welchem Falle sie je nach Beschluss der Gemeindevertretung auf die Gemeindekasse übernommen, also von den Steuerzahlern getragen oder auf die Grundbesitzer[2]) ausgeschlagen werden können. Sie können aber auch von nach Mehrheitsbeschluss zu bildenden Genossenschaften sog. „Wassergenossenschaften"[3]) übernommen und auf deren Mitglieder im Verhältnis des Vortheils ausgeschlagen werden.

Mit diesen Arbeiten, deren Träger die Allgemeinheit, der Staat, die Gemeinde oder die Genossenschaft ist, sind aber die Maaßregeln, welche den Boden zu höchsten Erträgen befähigen, häufig noch nicht zu Ende geführt. Es muss vielmehr fast überall die Lokalmelioration folgen. Die Lokalmelioration hat, nachdem das allgemeine Entwässerungsgrabennetz ausgeführt ist, in den verschiedensten Maßnahmen zu bestehen. Eine Reihe von Böden werden je nach ihrer physikalischen Beschaffenheit oder Lage dadurch, dass irgendwo in der Nähe oder an der Grundstücksgrenze ein Graben hergestellt wird, noch nicht genügend trocken gelegt. Es müssen dort zur vollständigen Entfernung des schädlichen Wassers innerhalb der Grundstücke noch Entwässerungsgräben ausgehoben oder ein unterirdisches Röhrennetz — die Drainage — gelegt werden. Beide Maaßregeln kosten zwischen 50 und 100 Mark pro ½ ha. Ob man das eine oder das andere Mittel wählt, ist von der Kulturart (die Drainage ist namentlich beim Ackerbau weil den Verkehr nicht hindernd angenehmer) und von der Verwerthbarkeit oder dem etwa nothwendigen Bedarf der Aushubmassen abhängig.

Auf den Sand-, Lehm- und Thonböden hat nach durchgeführter vollständiger Entwässerung die Lokalmelioration gewöhnlich nur in rationeller

---

[1]) Vergl. Art. 122 u. 131 d. Grossh. Hess. Gesetzes vom 30. Juli 1887.
[2]) Vergl. Art. 5 d. Grossh. Hess. Gesetzes vom 22. November 1872, die Gemeindeausgaben betr.
[3]) Vergl. Art. 32 d. Grossh. Hess. Gesetzes vom 30. Juli 1887.

Düngung zu bestehen. Bei Wiesenkultur sind in der Regel Kali und Phosphorsäure direkt zuzuführen und das Auffangen des Stickstoffs aus der Luft den einzusäenden oder nach der Düngung von selbst erscheinenden Papilionaceen zu überlassen. Bei Ackerkultur muss der Stickstoff entweder durch Düngung zugeführt oder vermittelst Anbau von Papilionaceen durch Gründüngung aus der Luft beschafft werden.[1])

Die Humus- oder Moorböden, welche im Gebiet des alten Neckarlaufs in den verschiedensten Modifikationen und mit den verschiedensten Kombinationen des Untergrunds vorkommen, sind alle sehr reich an Stickstoff, diesem theuersten Pflanzennährstoff, arm dagegen an Kali und Phosphorsäure.

Es enthielten[2]) ein 0,40 m mächtiger Moorboden der Gemarkung Griesheim Gewann Mönchbruch in 100 Theilen Trockenmasse

Verbrennliche Stoffe	79,61
Stickstoff	3,41
Mineralstoffe	20,39
Unlösliches	9,67
Kalk	4,58
Phosphorsäure	0,23.

Der unmittelbar unter dem Moor lagernde Letten hatte 0,60 m Mächtigkeit und war kalkfrei. Darunter lag ein feinkörniger Sand mit 4% Kalkgehalt.

Ein 0,50 m mächtiger Moorboden der Gemarkung Wolfskehlen, ältere Schleife des alten Neckarbetts, Gewann „im lieben Roth" enthielt[2]) in 100 Theilen Trockenmasse

Verbrennliche Stoffe	59,46
Stickstoff	2,57
Mineralstoffe	40,54
Unlösliches	19,58
Kalk	5,70
Phosphorsäure	0,33.

Der unter dem Moor in grösserer Mächtigkeit liegende eisenschüssige Thon enthielt 24,5% kohlensauren Kalk.

Es sind bei diesem grossen Reichthum an Stickstoff nur Kali und Phosphorsäure in genügender Menge aufzubringen, um den Boden zu einem an allen Pflanzennährstoffen reichen zu machen. Der Erzielung von höchsten

---

[1] Vergl. Dr. G. Dehlinger. Gutsbesitzer auf Weilerhof bei Darmstadt. Erfahrungen und Beobachtungen in der Gründungwirthschaft. Mittheilungen der Deutschen Landwirthschafts-Gesellschaft. 1899. Stück 18 u. 17.
[2] Nach der Analyse der Moor-Versuchs-Station in Bremen.

Erträgen stehen aber noch physikalische Fehler des Bodens entgegen, seine grosse Lockerheit, welche das Auffrieren und ein Zerreißen der Pflanzenwurzeln verursacht und seine dunkle Farbe, welche ein starke nächtliche Wärmeausstrahlung und dadurch ein häufiges Erfrieren der oberirdischen Pflanzentheile bedingt. Vollständig beseitigt werden diese Fehler nach vorausgegangener Entwässerung durch das Aufbringen einer 6—12 Centimeter starken Schicht mineralischen Bodens, welcher entweder aus dem Untergrund aus Gräben entnommen oder von dem benachbarten Höhengelände beigefahren wird, ein Verfahren, das planmäßig und in grösserem Maße zuerst von Rimpau[1]) auf dem Rittergut Kunrau, Reg.-Bez. Magdeburg, in den 60er Jahren zur Anwendung gelangte und die Rimpau'sche Moordammkultur genannt wird. Rimpau zeigte, wie man auf dem seither so gering geschätzten Moorboden eine hoch rentabele Ackerkultur treiben kann. Nicht minder eignet sich sein Verfahren zur Anlage von Wiesen.

Das Besahren der Moorbodenwiesen mit Sand ist im Gebiet des alten Neckarlaufs sehr verbreitet. Es vermindert das Auffrieren des Moorbodens und bietet den Pflanzenwurzeln besseren Halt. Wenn der Sand kalkhaltig ist, wirkt er ausserdem noch abstumpfend auf die Säuren. Ist er gar mit Jauche getränkt, so wirkt er vorzüglich düngend, es wird aber dabei der Stickstoff, weil überflüssig, verschwendet. Der Sand wird in der Regel in geringer Menge aufgebracht, sodass die Stärke der Schicht bei gleichmäßiger Ausbreitung nur Bruchtheile eines Centimeters beträgt. Die dünnen Sandschichten versinken natur- und erfahrungsgemäß rasch in den Hohlräumen des Moorbodens, werden vom Regen bald in die Tiefe gewaschen und dadurch für die Vegetation werthlos. Das Auffahren muss bald wiederholt werden. Dies geschieht denn auch von Seiten der Besitzer häufig und führt auf Moorböden von geringer Mächtigkeit mit der Zeit dazu, dass die Zwischenräume ausgefüllt werden, das Versinken des Sandes aufhört und eine bleibende Mischung von Sand und Moor entsteht. Auf den mächtigen Mooren bewirken dagegen geringe Sandaufbringungen nur eine vorübergehende Bodenmischung. Hier würden sie deshalb besser unterlassen und die Rimpau'sche Dammkultur eingeführt werden. Es bleibt nämlich, während schwache Schichten versinken, die stärkere Schicht der Rimpau'schen Decke liegen, was sich dadurch erklärt, dass der Moorboden durch eine nur geringe Belastung seine sperrige Eigen-

---

[1]) T. H. Rimpau. Die Bewirthschaftung des Rittergutes Kunrau, insbesondere des Niederungsmoores durch Moordammkultur und Kultur des leichten Sandbodens. Berlin. 1887.

schaft nicht verliert und die Sandkörner in den Zwischenräumen versinken lässt, während ihn eine stärkere Belastung an seiner Oberfläche soweit comprimirt, dass sich die Zwischenräume mehr schliessen. Trockenlegung befördert durch eine weitere Zersetzung des Moorbodens die Verdichtung seiner Oberfläche, während Nässe das Versinken sowohl dünner wie dicker Sandlagen begünstigt. Es ist demnach durchaus nicht einerlei, ob man in Zwischenräumen 10 mal eine 1 Centimeter mächtige Sandschicht oder einmal eine 10 Centimeter mächtige Schicht aufbringt und ob eine Entwässerung vorausgegangen ist oder nicht. Stärkere Decken als 15 cm von Mineralboden empfehlen sich auf tiefgründigem Moor in den seltensten Fällen, weil die Kosten höher werden als der Kaufpreis sonstigen guten Geländes und weil durch zu starke Belastung der Moorbodens sich in seiner ganzen Mächtigkeit comprimirt, so dass stärkere Senkungen eintreten. Es kommt dadurch vor, dass Grundstücke, welche ½ m u. mehr aufgefüllt werden, nach wenigen Jahren schon wieder ebenso hoch oder noch tiefer liegen als vorher. Auf flachem Moorstand wirken natürlich alle Auffüllungen auch erhöhend. Die für die Bevölkerung auffallende Thatsache, dass an einer Stelle Auffüllungen erhöhend gewirkt haben, an einer anderen nicht, findet ihre Erklärung in der verschiedenen Natur und Mächtigkeit des alluvialen Untergrundes.

Die Kosten der lokalen Melioration des Moorbodens zu Wiesenkultur belaufen sich pro ½ ha:

bei Entwässerung durch Lokal-Gräben oder Drainage unter
Belassung der alten Narbe auf . . . . Mark 50
bei Entwässerung durch Lokalgräben, 7 cm starker Bedeckung
mit dem Humusboden des Grabenaushubes incl. Ansaat
der Gräser 75
bei Entwässerung durch Lokalgräben, 7 cm starker Bedeckung
mit dem Grabenaushub und 6 cm starker Decke von mineralischem Boden (Rimpau'sche Dammkultur) je nach der
Entfernung der Gewinnungsstellen incl. Ansaat der Gräser 100—200

Bei einer auf Neckarbettmoor im Jahre 1884/5 ausgeführten Wiesenanlage[1]) brachte die billigste Melioration, die Entwässerung und Deckung mit Moorboden, die höchste Verzinsung mit 32% des Anlagekapitals, dabei aber den geringsten reinen Gewinn aus der Verbesserung (nach Abzug der

---

[1]) A. Mangold. Zur Verbesserung der Moorböden. Zeitschrift für die landwirthschaftlichen Vereine des Grossherzogthums Hessen. 1885 Nr. 46 u. 1889 Nr. 6 u. 7.

Verzinsung und Tilgung des Anlagekapitals) von 20 Mark pro ¼ ha. Den höchsten reinen Gewinn von 35 Mark pro ¼ ha brachte die theuerste Melioration, die Rimpau'sche Anlage, bei 25 prozentiger Verzinsung des Anlagekapitals. Dabei hat sich dasselbe von 1865—90 im Mittel zu 27 Procent verzinst. Es ist also durch den Mehrertrag längst zurückbezahlt.

Was für den grössten Theil der Neckarniederung noch zu schaffen ist, eine genügende Vorfluth, war dort in Folge der besonderen lokalen Verhältnisse — östlichster Punkt einer Neckarschleife und natürlich hoher Moorstand — schon vorhanden.

Wenn auch überall so hohe Verzinsungen der Verbesserungskapitalien im Voraus nicht in Aussicht gestellt werden können, so ist doch mit Sicherheit anzunehmen, dass sich die aufzuwendenden Summen mit 10 bis 20 Prozent verzinsen werden, demnach einen erheblichen reinen jährlichen Mehrertrag abwerfen werden, der mit 40 Mark pro ha nicht zu hoch geschätzt ist und für die ganze (badische und hessische) Neckarniederung mit rund 10000 ha entwässerungsbedürftigem Gelände rund 400000 Mark betragen würde.

Tafel I.

Laufs.

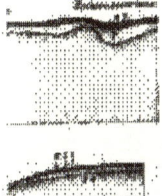

ABHANDLUNGEN

DER

GROSSHERZOGLICH HESSISCHEN

GEOLOGISCHEN LANDESANSTALT

ZU DARMSTADT.

Band II. Heft 3.

DARMSTADT.
IN COMMISSION BEI A. BERGSTRÄSSER.
1894.

DIE
MARMORLAGER
VON
AUERBACH
AN DER BERGSTRASSE
IN
GEOLOGISCHER, MINERALOGISCHER UND TECHNISCHER BEZIEHUNG.

VON

L. HOFFMANN,
BERGREFERENDAR.

MIT EINER LITHOGRAPHIRTEN TAFEL.

DARMSTADT.
IN COMMISSION BEI A. BERGSTRÄSSER.
1894.

Die Marmorlager von Auerbach an der Bergstrasse
in geologischer, mineralogischer und technischer Beziehung.[1]
Von L. **Hoffmann**, Bergreferendar.
(Mit 1 lithographirten Tafel.)

Der Marmor von Auerbach an der Bergstrasse findet sich wegen seines Reichtums an Mineralien, sowie wegen seiner eigentümlichen Lagerungsverhältnisse vielfach erwähnt und beschrieben.

Grössere und eingehendere Arbeiten über diesen Gegenstand sind die Dissertationen von C. W. C. Fuchs (Der körnige Kalk von Auerbach an der Bergstrasse, Heidelberg 1860) und von F. von Tchihatchef (Der körnige Kalk von Auerbach—Hochstädten, Darmstadt 1888 diese Abh. Bd. I. H. 4). Ausserdem ist noch eine grössere Anzahl kleinerer Abhandlungen vorhanden, welche nur einzelne Mineral- oder Gesteinsvorkommen beschreiben. Tchihatchef giebt eine genaue Zusammenstellung der gesammten Literatur.

Geologische Skizze der Umgebung des Marmors.

Geht man etwa vom Gipfel des Mellbocus nach SO über Hochstädten, die Bangertshöhe und Ludwigshöhe nach Elmshausen, so findet man eine Reihe von Gesteinen, welche ein im allgemeinen südwest-nordöstliches Streichen, sowie ein Einfallen von 45° bis 90° nach Südost besitzen:

---

[1] Vorliegende Arbeit wurde von dem Verfasser zur Meldung zum preussischen Bergreferendar-Examen eingereicht. Dieselbe dürfte eine Ergänzung der Arbeit von Tchihatchef bilden, da sie zu einem grossen Teile sich mit der Beschreibung der in Auerbach vorkommenden Mineralien beschäftigt, welche bei Tchihatchef keine Berücksichtigung gefunden hat. Ausserdem war der Verfasser als Sohn des Besitzers der Marmorlager in der Rossbach in der Lage, eine grössere Anzahl neuer Beobachtungen zu sammeln. Auch die als Anhang beigefügte kurze Beschreibung des technischen Betriebes des Marmorbergwerks Auerbach dürfte von einigem Interesse sein. Vielfach unterstützt wurde der Verfasser von seinem Vater, Herrn Dr. W. Hoffmann in Auerbach, sowie den Herren Dr. Chelius in Darmstadt, Dr. Scheibe und Dr. Koch in Berlin.

1) Granit des Melibokus.
2) Schiefer und gneissähnliche Gesteine.
3) Granit von Hochstädten mit zahlreichen Schiefer- und Hornfelseinlagerungen.
4) Marmor, umgeben von Schiefern, Hornfelsen und gneissähnlichen Gesteinen.
5) Hornblendegranit.
6) Porphyrischer Hornblendegranit mit Dioriteinschlüssen.
7) Diorit.

1) Der Granit des Melibokus ist ein aus Quarz, Orthoklas und Biotit bestehendes Gestein von heller Farbe und mittlerem Korn. Er nimmt den ganzen Gipfel des Melibokus und dessen Westseite ein, reicht von der Nordseite des Auerbacher Schloss-Berges bis gegen Seeheim hin und ist von den von Chelius[1]) beschriebenen Ganggesteinen, als Minetten, Apliten, Granitporphyren, Vogesiten und Malchiten zahlreich durchzogen.

2) Die zweite Gruppe von Gesteinen, an der Ostseite des Melibokus und des Auerbacher Schloss-Berges, stellt einen Komplex von mannigfaltigster Zusammensetzung dar. Es sind Schiefer und gneissähnliche Schiefergesteine, glimmerreiche Gneisse und Hornfelse, welche mit hornblendereichen Gesteinslagen abwechseln. Der ganze Komplex ist von granitischem Materiale der nächsten Zone durchtrümmert, ausserdem von Apliten quer und von pegmatischen Linsen[2]) und Schnüren meist längs durchzogen.

3) Der nun folgende Granit von Hochstädten reicht bis zum Kamme des Felsberges hinauf. Das grobkörnige rötliche Gestein zeigt deutliche Parallelstruktur, besteht aus Quarz, Orthoklas und Biotit und enthält hie und da etwas Hornblende und Plagioklas. Es ist meist stark vergrust und wird aus diesem Grunde in der Umgegend vielfach als Gartenkies verwandt. An dem Pfade, welcher von Hochstädten nach dem Felsberg hinaufführt, sowie bis Balkhausen hin, sind dem Granit zahlreiche schmale Schollen von 1 bis 5 m Mächtigkeit eingelagert, die bald von gelbbraunen thonschieferähnlichen Massen, bald von Hornfelsen mit Kalksilikaten, bald von feinkörnigen Hornblendegesteinen gebildet werden.

[1]) C. Chelius, Analysen aus dem chemischen Laboratorium der geologischen Landesanstalt in Darmstadt, und Granitmassiv des Melibokus und seine Ganggesteine. Notizblatt des Vereins für Erdkunde zu Darmstadt und des mittelrheinischen geologischen Vereins. 1891 II. 12 und 1892 II. 13.

[2]) Hierzu gehört der von Ludwig erwähnte weisse sog. Albitgranit von Wiemersmühle im Hochstädter Thal.

4) Der Marmor liegt in einer mehr oder weniger mächtigen Schale von gneisähnlichen Gesteinen, wie die unter 2 erwähnten, und von Kalksilikathornfelsen.

5) Jenseits des Marmors und seiner Schale folgt Hornblendegranit. Derselbe besteht vorherrschend aus Plagioklas, Hornblende und Quarz, enthält ausserdem Orthoklas und Biotit und besitzt eine ziemlich ausgeprägte Parallelstruktur.

6) Gegen die Ludwigshöhe hin wird das Gestein ausgesprochen porphyrisch durch grosse Feldspathaugen, verliert etwas die Parallelstruktur und nimmt gleichzeitig eine Menge kleinerer feinkörniger, dunkler Dioriteinschlüsse auf, die bald spitz, bald gerundet, bald eckig, wie zerrissen, von der Granitmasse umhüllt sind. Nach Südosten hin werden die Dioriteinlagerungen grösser und grösser und wechseln moosartig mit dem Granit.

7) In der Gegend von Wilmshausen, Elmshausen und Reichenbach verschwindet der Hornblendegranit fast gänzlich, um einer einheitlicheren mächtigen Dioritmasse Platz zu machen. Der Diorit zeigt keine Parallelstruktur und ist mittel- bis feinkörnig.

Das soeben geschilderte normale Profil wird an der Schlucht, welche im Hochstädter Thal von Mösingers Mühle nach der Eremitage hinaufzieht, gestört, nachdem schon zwischen dieser und der nächstöstlichen Schlucht, zwischen Mösingers und Jungs Mühle, die Gesteinsglieder Unregelmässigkeit gezeigt haben, und der Marmor an dieser Stelle sein vermutliches Ende erreicht hat, ehe er mit kleiner Verschiebung gegen SW. am Fürstenlager und grösserer bei Bensheim fortsetzt. Nach der Rheinebene zu sind hier die Gesteine durch eine nord-nordwest-südsüdöstlich streichende Verwerfung etwa 4 bis 500 m ins Hangende verschoben. Unterhalb des Auerbacher Schlosses setzen zwar westlich der Verwerfung dieselben Schiefer fort, aber das Streichen des verworfenen Teiles wechselt von NO nach NW, und das Einfallen wird bald steiler, bald flacher. Weiter gegen Südosten dagegen stossen Gesteine des Schieferkomplexes auf den Hochstädter Granit und Hornblendegranit der Rossbach, welche nun erst südlich des Fürstenlagers wieder beginnen. Der porphyrische Hornblendegranit mit den Dioriteinschlüssen stösst an Hochstädter Granit, aus dem die nördliche Seite der Schönberger Höhe und der Kirchberg bei Bensheim bestehen. Auf den Hochstädter Granit folgt dann nach Süden hin wieder der Marmor mit seiner Schale. Aus alledem geht hervor, dass nächst der Rheinebene ein Teil des Gebirges abgesunken, verschleift, gedreht und flacher gelagert worden ist.

Soweit schildert ungefähr die Umgebung des Marmors Landesgeologe
Dr. Chelius, der in diesem Herbste mit der geologischen Landesaufnahme dieses
Gebietes begonnen hat. Derselbe hält die Gesteine vom Melibokus, sowie von
Hochstädten bis Elmshausen für eruptiv, und die Schiefer, die gneissähnlichen
Gesteine, den Marmor und die Hornfelse für umgewandelte Sedimente. Etwaige
Beziehungen des Hochstädter Granits zu dem des Melibokus wären nach seiner
Meinung noch zu erforschen. Andrerseits glaubt er, dass der Hochstädter
Granit ein Teil eines grossen Granitmassivs sei, zu welchem dann als Randzonen
der normale sowie der porphyrische Hornblendegranit gehörten. Ferner hält
er dieses Granitmassiv für jünger als den Diorit und die Schieferschollen mit
dem Marmor, die es injiciert hat und umschliesst. Die hornblendereichen
Gesteine in den Schiefern werden nach Analogie der Eberstädter Vorkommen
als veränderte Diabase gedeutet. In das ursprünglich aus Schiefern, Diabas
und Diorit bestehende, aber dislocirte Gebirge drang der Granit ein und ver-
blieb, abgesehen von wenigen grösseren Störungen, in seiner ursprünglichen
Form erhalten, soweit nicht die Parallelstruktur eine später aufgeprägte ist.

Tchihatchef hat den Schieferkomplex Biotitgneiss genannt und die ziemlich gradlinige Verwerfung gegen NW gebogen gezeichnet, indem er Punkte
der Hauptverwerfung mit Nebenverwerfungen verband. Den hornblendefreien
Granit von Hochstädten mit seiner hornblendereichen Zone und der porphyrischen Ausbildung bezeichnet er als Hornblendegneiss. Während die
Grenze der von Tchihatchef als Biotit- und Hornblendegneiss bezeichneten
Gesteine östlich des Auerbacher Schloss-Berges eine südwest-nordöstliche Richtung besitzt, verlängert Tchihatchef die Verwerfungsgrenze bis nach dem
Melibokus hin.

Die Ansicht von Chelius, dass die von Tchihatchef unter dem Namen
Hornblendegneiss zusammengefassten Gesteine eruptiver Natur seien, will der
Verfasser nicht bestreiten, glaubt jedoch, dass auch manches für eine sedi-
mentäre Bildung spricht.

Seibert hat auf seiner 1858 erschienenen kleinen Karte der Umgebung
des Marmors den Hochstädter Granit als grobkörnigen Gneiss aufgezeichnet
und den Hornblendegranit als Syenit, den Hornblendegranit mit Einschlüssen
von Diorit als „Gneiss mit Syenit", sowie den Granit vom Ernst-Ludwigs-Tempel
und dem Densheimer Kirchberg ebenfalls als Granit bezeichnet. Den Schieferkomplex mit seinem Eruptivmaterial nannte er „Gneiss, Syenitschiefer, Eurit,
mit Euritschiefer wechsellagernd und Hornblendeschiefer".

Der Hornblendegranit in seiner verschiedenen Ausbildung, sowie der
Diorit zeichnen sich durch ihre Neigung zur Wollsackbildung aus. Viele

Felsenmeere, besonders am Felsberg legen hiervon Zeugnis ab. Die Entstehung der Wollsäcke lässt sich zuweilen deutlich verfolgen. Man findet Kerne festeren Gesteins, die eine konzentrische Verwitterung ihrer Gemengteile zeigen, in Grus eingebettet, der sich in deutlichen Schichten um die Kerne legt. Wird das zersetzte Material weggespült, so bleiben die bekannten Wollsäcke übrig. Beide Gesteine haben seit etwa 10 Jahren zu einer regen Steinindustrie Anlass gegeben. Der Hornblendegranit führt im Handel schlechthin den Namen Granit, während der Diorit als Syenit bezeichnet wird.

Das krystalline Grundgebirge wird von Diluvium überlagert, welches bis zu beträchtlicher Höhe an den Thalrändern hinaufragt. Es besteht aus einer groben Geröllelage und darüber aus Löss, soweit nicht Abhangschutt und verschlemmter Löss es verdeckt oder ersetzt haben. Grobe Blockanhäufungen am Rande des Alluviums im Hochstädter Thale, welche mehrere Meter über den Thalboden seitlich hinaufragen und deutlich vom Alluvium angeschüttet sind, waren am besten in dem zweiten neuen Auerbacher Wasserreservoir aufgeschlossen. Dieselben bestanden aus kopf- bis $^1/_2$ m grossen Blöcken, welche alle aus der Umgegend stammten und von Granit, Diorit, Aplit, Quarzit, Marmor, Basalt etc. gebildet wurden. Die Stücke waren schwach kantengerundet oder scharfkantig und ungeschichtet über einander gelauft. Ueber ihnen lagerte ein aus verschlemmtem Löss entstandener brauner Lehm oder weiterhin echter Löss. Im Steinbruche gegenüber Hoffmanns Mühle ist die Granitunterlage scharf und glatt abgesetzt gegen kleinkörnigere, von gelbem Eisenocker und schwarzem Manganerz gefärbte Gerölle mit Sanden. Ueber dieser Schicht liegt der Löss. Derselbe beginnt mit seiner unteren Grenze am Gebirgsrande nach der Rheinebene zu, etwa bei 160 m Höhe über N. N., und lagert dort seinen Sanden mit Odenwaldschotterstreifen und Geröllschmitzen auf. Diese Sande und Schotter bilden eine topographisch vorzüglich sich zwischen der 110—160 m Kurve erhebende hohe Terrasse, auf der ein neuer Teil Auerbachs steht. Unterhalb 110 m beginnt der sandige Lehm einer niederen Terrasse und der alten niederen Schuttkegel an der Mündung der Seitenthäler zur Rheinebene, die sich zum Teil bis in die alte Neckarniederung bei 92—93 m Höhe verfolgen lassen. Die lössartigen Materialien zwischen 110 und 160 m sind wohl selten primärer Ablagerung.

Die Marmorlager.

Die 4 vorhandenen Marmorvorkommen liegen auf einer Linie von 3,5 km Gesamtlänge und südwest-nordöstlicher Richtung zwischen Bensheim und

Hochstädten und werden, von West nach Ost aufeinander folgend, durch die Punkte Kirchberg, Schönberger Höhe, Rossbach und Hangertshöhe bezeichnet. Die beiden westlichsten Vorkommen sind durch die obenerwähnte Verwerfung gegen die östlichen um etwa 200 resp. 500 m nach Süden zu verschoben.

I. Das Vorkommen in der Rossbach.
(Siehe Taf. I. Fig. 1—3.)

Das Vorkommen in der Rossbach, das grösste der genannten, wird heute allein noch, und zwar in ausgedehnterem Masse, technisch ausgebeutet. Es zeigt daher die besten Aufschlüsse und soll aus diesem Grunde in vorliegender Arbeit vorzugsweise berücksichtigt werden.

Sichere Anzeigen weisen darauf hin, dass schon die alten Römer hier Material gewonnen haben.

Lange Zeit war der Abbau in den Händen der Grossherzoglichen Forstverwaltung, welche auch die unterirdische Gewinnung in Angriff nahm. Im Jahre 1865 ging die Lagerstätte pachtweise in die Hände des Bergingenieurs Dr. W. Hoffmann über, von wo ab ein Abbau in grösserem Maasstabe und nach bergmännischen Grundsätzen begann.

Am Tage ist das Vorkommen in 5 Pingen (auf Taf. I mit I—V bezeichnet) aufgeschlossen. Die Grube führt die Bezeichnung „Marmorbergwerk Auerbach" und zerfällt in zwei gesonderte Abteilungen, die Vordergrube und die Hauptgrube. Die bisherigen Aufschlüsse weisen darauf hin, dass auch eine geologische Trennung in zwei Marmorlager vorhanden ist. Die Vordergrube, welche schon seit längerer Zeit ausser Betrieb und unzugänglich ist, baut auf dem westlichen Marmorlager. Dasselbe wurde durch einen querschlägigen Stollen von 50 m Länge, nahe beim Forsthaus Auerbach, im Hochstädter Thale, aufgeschlossen und mittels einer 150 m langen Strecke abgebaut. Die Mächtigkeit des saiger stehenden Lagers beträgt hier 10 m. Ueber der Vordergrube zieht sich die Pinge V hin.

300 m östlich vom Forsthaus Auerbach, nahe bei Hochstädten, liegen in einem Wiesenthälchen die Tagesanlagen der Hauptgrube (siehe Taf. I). Die unterirdischen Baue, welche in dem östlichen Marmorlager stehen, erstrecken sich unter den Pingen II, III und IV nach der Vordergrube hin. Eine genaue Beschreibung der Lagerungsverhältnisse dieses Teiles des Marmorvorkommens kann nur im Zusammenhange mit einer Schilderung der Grubenbaue geschehen. Auch wird hierdurch eine genauere Ortsangabe gewisser interessanter

Gesteins- und Mineralvorkommen ermöglicht. Die Lagerstätte macht in der Hauptgrube, ebenso wie auch in den anderen Aufschlüssen, durchaus den Eindruck eines gangförmigen Vorkommens, und es ergeben sich hieraus die im Betriebe angewandten Bezeichnungen.

Durch einen 25 m langen Schleppschacht und eine sich anschließende söllige Förderstrecke von 40 m Länge gelangt man in den „Hauptgang" genannten Teil des Vorkommens. Schleppschacht und Förderstrecke stehen im Marmor und sind annähernd im Streichen getrieben. Das Lager ist fast überall in seiner ganzen Mächtigkeit abgebaut. Seine Abbaustrecke ist 12 m hoch und ca. 125 m lang. Es steht ziemlich saiger, nur an einigen Stellen ist ein geringes Einfallen nach Südost zu bemerken. Die Mächtigkeit wechselt zwischen 50 und 8 m. Wo die Förderstrecke einmündet, ist sie am grössten. An dieser Stelle laufen 2 Trümmer ab, eines im Hangenden und eines im Liegenden. Das hangende Trumm schart sich in einer Entfernung von 100 m wieder mit dem Hauptlager. Seine Mächtigkeit beträgt 2—4 m, die Höhe seiner Abbaustrecke etwa 10 m. Das Einfallen schwankt zwischen 80 und 90° nach Südost. Nahe der Stelle, wo sich das hangende Trumm wieder mit dem Hauptlager schart, wurden die Abbauverhältnisse so ungünstig, dass ein Durchschlag nicht erfolgen konnte und die Verbindung mit dem Hauptlager mittels eines Querschlags (hangender Querschlag) hergestellt werden musste. Die Mächtigkeit des Zwischenmittels steigt bis 15 m, ihr Maximum erreicht sie an der Stelle, wo das Hauptlager die grösste Einschnürung zeigt. Von der Pinge III aus wurden am Tage noch zwei weitere Strecken (obere und untere Tagesstrecke) in dem Trumme aufgefahren. Ausserdem steht in demselben der 35 m tiefe Wetterschacht. Das liegende Trumm, welches eine Mächtigkeit von 7 m und eine vollkommen saigere Lage besitzt, ist noch wenig aufgeschlossen. Seine 80 m lange Abbaustrecke ist durch einen Querschlag (liegender Querschlag) mit der des Hauptlagers verbunden. Das Zwischenmittel (liegendes Zwischenmittel) ist etwa 10 m mächtig. Bei Betrachtung des Grubenbildes (Taf. I) findet man, dass das liegende Zwischenmittel sich wahrscheinlich nach Westen hin auskeilt, und also auch das liegende Trumm sich wieder mit dem Hauptgange schart. Das Fortschreiten des Abbaues wird hierüber den nötigen Aufschluss bringen. Alle die genannten Baue, mit Ausnahme der beiden Tagesstrecken im hangenden Trumm werden unter der Bezeichnung I. Sohle vereinigt. Die Förderung von demselben erfolgt über einen Förderberg (alter Förderberg), der die Förderstrecke mit der Abbaustrecke des Hauptlagers verbindet. Der Abbau einer II. Sohle hat vor einigen Jahren begonnen, indem die genannte Abbaustrecke um 12 m vertieft wird. Ein weiterer Förderberg (neuer Förderberg) vermittelt auch von hier aus den Transport nach der Förderstrecke. Die I. Sohle liegt 15 m, die II. 27 m unter der Hängebank des Schleppschachtes. Die saigere Entfernung der II. Sohle von dem höchsten Punkte der Pingen beträgt 73 m.

Aus vorstehendem ergiebt sich, dass der Hauptgang und seine beiden Nebentrümmer als ein einziger Marmorkörper aufzufassen sind, welchem zwei mächtige Zwischenmittel eingelagert sind. Ferner wird im nachfolgenden gezeigt werden, dass die Eigenschaften, welche der Marmor in den Trümmern besitzt, auch in deren Fortsetzung im Hauptlager auftreten.

Wie die Verhältnisse in der Grube geschildert wurden, so liegen sie im allgemeinen auch am Tage in den Pingen. Ihre Erkennung ist allerdings daselbst viel schwieriger, da das vergruste Nebengestein die Aufschlüsse vielfach überdeckt hat und die Zwischenmittel teilweise abgetragen sind.

Nach Tchihatchef[1]) soll der Marmor dem Nebengesteine diskordant eingelagert sein. Es hat sich jedoch nachweisen lassen, dass am Kontakt beider Gesteine Streichen und Fallen überall übereinstimmen. Seinen Grund hat der Irrtum Tchihatchef's in der Thatsache, dass in einiger Entfernung vom Kalk durch Wegbauten etc. aufgeschlossene Schichten des Nebengesteins ein südöstliches Einfallen von ca. 50° haben, während das Einfallen der Marmorlagerstätte, wie schon bemerkt, 80—90° beträgt. Was die Streichrichtung anbelangt, so ist eine genauere Angabe derselben schwierig. Das Liegende des Marmorlagers ist noch zu wenig untersucht. Das Hangende, welches in einer Länge von 200 m entblösst ist, zeigt ein Streichen von 44°.[2]) Dieses sei vorläufig auch für den ganzen östlichen Kalkkörper angenommen.

Zwischen den beiden Hauptmarmormassen liegen noch zwei kleinere Tagesaufschlüsse von Marmor (auf Taf. I mit 1 u. 2 bezeichnet). Ausserdem steht dieser etwa 50 m westlich von dem Stollen der Vordergrube, am Wege nach dem Fürstenlager, mitten im Nebengestein an. Das ganze Auftreten des Marmors an dieser Stelle ist ein derartiges, dass man versucht ist, ihn für einen Ausläufer des westlichen Marmorlagers zu halten. Was nun den Zusammenhang zwischen den beiden Hauptmarmormassen anbelangt, so dürfte es nicht unwahrscheinlich sein, dass die westliche durch eine Verwerfung ins Liegende (eine Nebenverwerfung der pag. 110 erwähnten grösseren) von der östlichen getrennt ist. Vielleicht sind dann die beiden obengenannten kleineren Marmormassen bei der Verwerfung

[1]) pag. 50.
[2]) Unter Berücksichtigung der Deklination von 12° 37' nach W.

langerinnere Stücke. Thatsache ist, dass sowohl in der Pinge V, als auch in der Abbaustrecke der darunter liegenden Vordergrube, der Marmor nach Osten hin in seiner ganzen Mächtigkeit plötzlich abgeschnitten wird. In der Hauptgrube ist der Abbau nach Westen hin noch nicht genügend vorgeschritten, um über diese Frage den nötigen Aufschluss bringen zu können. Die Gesamtlänge des Rossbach-Vorkommens beträgt etwa 500 m.

In dem Marmor finden sich Einlagerungen von Silikatgemengen. Ausserdem sind Marmor und Gneiss durch Kontaktbildungen mit einander verbunden. Bei einer genaueren Schilderung des Vorkommens sind daher drei wesentliche Bestandteile[1]) zu unterscheiden:

    1) Der Marmor.
    2) Die Einlagerungen.
    3) Die Kontaktbildungen.

1. Der Marmor.

Der Marmor besitzt im allgemeinen eine fein- bis grobkörnige Struktur, zuweilen tritt er auch dicht oder spätig auf. Die Farbe ist im Durchschnitt gränlichweiss und wechselt zwischen reinem Weiss und Schwarzgrau. Vereinzelt findet man auch gelben, roten und ganz selten blauen Marmor. Das grobkörnige Gestein lässt mit blossem Auge deutlich die Zwillingsstreifung nach — ½ R erkennen. Wirkliche Schichtung zeigt der Marmor an keiner Stelle, dagegen besitzt er die Eigenschaft, in der Streichrichtung gut zu spalten. Es muss also doch ein gewisser, wenn auch nur mikroskopisch sichtbarer, Parallelismus in der Anordnung seiner Individuen vorhanden sein. Merkwürdiger Weise fand Tchihatchef[2]) einen solchen nur in den peripherischen Teilen der Lagerstätte. Hier waren die Calcitindividuen parallel der Streichrichtung gestreckt, und es bestand ein Wechsel zwischen grobem und feinem Korn.

Vielfach tritt eine dunkle Bänderung auf, die in der Richtung des Streichens weithin den Marmor durchzieht. Am ausgesprochensten ist dieselbe im hangenden Trumme und in den entsprechenden Teilen des Hauptlagers. Die Bänder setzen deutlich aus dem Trumme in das Hauptlager fort, und ebenso ist die erwähnte Spaltbarkeit, die hier ebenfalls ganz besonders hervortritt, in gleicher Weise diesen hangenden Teilen der Lagerstätte eigen. Die Bänder werden

---

[1]) In derselben Weise, jedoch andere Bezeichnungen benutzend, teilt auch Tchihatchef ein.
[2]) pag. 15.

zuweilen sehr breit, und es entsteht dann der erwähnte schwarzgraue Marmor. Meist lässt sich mit blossem Auge die Ursache der Schwärzung nicht erkennen. Nicht selten jedoch erblickt man in den Bändern eine Unmenge kleiner sechsseitiger Graphit-Plättchen, und Tchihatchef[1]) fand bei der mikroskopischen Untersuchung in ihnen eine Anhäufung grauer staubförmiger Partikelchen, in denen er ein kohliges Pigment vermutete. Man darf also wohl mit Sicherheit annehmen, dass die Bänderung resp. die schwarzgraue Farbe des Marmors von einer Einmengung von Graphit herrührt. Der oben genannte dichte Marmor durchzieht in Bändern von roter Farbe, deren Mächtigkeit bis 20 cm beträgt, nach allen Richtungen das körnige Gestein des liegenden Trummes und seiner östlichen Fortsetzung im Hauptlager. Meist zeigen die Bänder an ihren Salbanden eine etwas dunklere Farbe als im Centrum. In derselben Weise tritt der dichte rote Marmor in noch näher zu schildernden Breccien der liegenden Teile der Lagerstätte auf. An einer nachträglichen Bildung dieses Marmors aus wässeriger Lösung ist jedenfalls nicht zu zweifeln. Spätiger Marmor erscheint in Drusen als Unterlage von Kalkspathkrystallen. Es wird dieses Vorkommen bei der Beschreibung der einzelnen Mineralien noch näher zu betrachten sein. Ausserdem findet er sich im liegenden und hangenden Trumm in einer Ausbildungsweise, wie sie die Mineralgänge zeigen. Im liegenden Trumm kommt er in etwa 20 cm mächtigen Zonen vor, welche parallel der Streichrichtung verlaufen. Ob hier eine wirkliche Wechsellagerung von körnigem und spätigem Marmor vorliegt, liess sich nicht feststellen; wahrscheinlicher ist, dass die spätige Varietät eine nachträgliche Ausfüllung der im liegenden Trumm vielfach auftretenden Klüfte bildet. Im hangenden Trumm durchsetzen diese gangartigen Bildungen das Nebengestein, indem sie teilweise an die Stelle des körnigen Marmors treten und an einigen Stellen Bruchstücke des Nebengesteins umschliessen. Ihre Mächtigkeit beträgt hier bis zu 40 cm. Eine deutliche Parallelstruktur ist allen diesen Kalkspath-Vorkommen eigen. Sie bestehen aus einzelnen Bändern, welche mannigfache Windungen und einen Wechsel zwischen blutroter, gelber und weisser Farbe zeigen. Die Spaltflächen der einzelnen Calcitindividuen stehen zum Teil senkrecht zur Richtung der Bänder.

An manchen Stellen findet eine bedeutende Anhäufung kieselsäurereicher Gemengteile in dem Marmor statt. So kommt nahe am Liegenden der Pinge V eine Bank sandigen Marmors vor, welcher, wie aus der unten angegebenen Analyse (IV) hervorgeht, ca. 12% unlöslichen Rückstand enthält. Noch unreiner

[1]) pag. 11.

ist hie und da ein splittiger roter Marmor des liegenden Trumms, der in seinem Aussehen mehr an Eisenkiesel erinnert. Sein Gehalt an unlöslichem Rückstand beträgt nach einer von Tchihatchef pag. 9 unter V angegebenen Analyse 14,36%.

Zu den von Tchihatchef angeführten Analysen seien hier noch einige hinzugefügt:

	I	II	III	IV	V	VI
CaO	55,04	52,08	53,46	51,24	49,26	47,48
MgO	0,50	1,42	Spur	0,04	0,18	1,33
FeO	0,05	0,23	2,06	3,00	0,74	1,13
CO_2	42,90	42,70	42,02	41,82	39,33	36,45
H_2O	0,14	—	0,23	1,26	—	0,40
In HCl unlöslicher Rückstand	1,11	4,58	2,13	3,53	11,79	14,36
	99,74	101,01	99,90	100,89	101,30	101,15

Die Analysen I, III und IV sind von der Grossh. chemischen Prüfungs- und Auskunftsstation für die Gewerbe in Darmstadt ausgeführt. II von Herrn Dr. E. Winkler in Darmstadt und die unter IV und VI verzeichneten sind der Arbeit von Tchihatchef entnommen.

I. Weisser Marmor aus dem Hauptlager. Das Material gehört den reinsten Partieen an und wurde auch qualitativ untersucht. Es fanden sich ausser den oben angeführten Bestandteilen: In geringen Mengen lösliche Kieselsäure, Thonerde, Magnesia und Kali, ferner Spuren von Natron, Strontiumoxyd und Schwefel.

II. Schwarzgrauer Marmor aus dem Hauptlager. Zwischen I und II liegt ungefähr die durchschnittliche Zusammensetzung des Gesteins.

III. Dichter roter Marmor aus dem hangenden Trumm.

IV. Gelber Marmor aus dem hangenden Trumm.

V. Marmor aus der mulmigen Bank nahe am Liegenden der Pinge V.

VI. Der oben erwähnte splittige rote Marmor aus dem liegenden Trumm.

Der Marmor ist reich an unregelmässigen Ablösungen, die durch Eisen gelblich gefärbt und oft mit Dendriten überkleidet sind. Ausserdem durchsetzen nach allen möglichen Richtungen zahlreiche Klüfte das Gestein. Dass unter den letzteren ein System besonders vorherrscht, ist schon von Tchihatchef[1] erwähnt.

[1] pag. 16.

Manche Klüfte sind mit Letten angefüllt und diese führen Schnüre von rothbraunem Bolus mit sich. In einigen finden sich ausserdem abgerundete Marmorbrocken, und es weisen alsdann deutliche Rutschflächen darauf hin, dass man es mit Verwerfungs-Klüften zu thun hat. Diese treten vorzugsweise in den liegenden Teilen der Lagerstätte auf. Eine der Verwerfungsklüfte lässt sich fast durch das ganze östliche Marmorlager hindurch verfolgen, die Kluftflächen zeigen vielfach parallele Riefen von etwa 20° Neigung, und an einigen Stellen hat die Verwerfung die Entstehung von Reibungsbreccien zur Folge gehabt, welche zwischen Kluftfläche und festem Gestein eine Schicht von etwa 25 cm Dicke bilden. An einer Stelle sind diese Breccien schon von Tchihatchef[1]) nachgewiesen und näher untersucht worden.

In den liegenden Teilen der Lagerstätte, welche sich vor den übrigen durch ihren Reichtum an Störungen auszeichnen, haben sich noch manche andere Breccien gefunden. Einige derselben bestehen aus eckigen Bruchstücken weissen Marmors, welche durch gangartige Bildungen der dichten roten Varietät verbunden sind. Zuweilen enthalten sie noch Fragmente des erwähnten gebänderten spätigen Marmors und hie und da finden sich in Hohlräumen Kalkspatkrystalle ausgeschieden. In anderen sind Bruchstücke von Marmor, sowie einer Einlagerung, durch zerriebenen Marmor verkittet. Schon früher[2]) wurde auf die eigentümlichen Breccien des hangenden Trumms hingewiesen. Dieselben, durch die untere Tagesstrecke aufgeschlossen, enthalten Bruchstücke von Aplit, der in der Nähe der Lagerstätte vielfach auftritt, und eines grünlichen zersetzten Gesteins. Dazwischen finden sich Gemenge, die aus Bröckchen der genannten Gesteine und aus Kalkspatkörnern bestehen. Das Bindemittel aller dieser Fragmente bildet gangförmig ausgeschiedener spätiger Marmor. Das grünliche Gestein braust schwach mit konzentrierter H Cl; seine grüne Farbe mag von einer Neubildung von Chlorit herrühren. Während es bei den Breccien der liegenden Teile der Lagerstätte ausser allem Zweifel ist, dass sie Folgen einer nachträglichen mechanischen Thätigkeit sind, so liegt bei den Vorkommen im hangenden Trumm auch die Möglichkeit einer anderen Entstehung vor. Die Thatsache, dass die Breccien geradezu den Marmor vertreten, weist vielleicht darauf hin, dass sie schon bei der Bildung der Marmorlagerstätte entstanden sind.

Der in Drusen ausgeschiedene Kalkspath zeigt zuweilen die Spuren von Druckwirkungen. So wurden aus einer der noch später zu besprechenden

---

[1]) pag. 13.
[2]) pag. 126.

Drusen des hangenden Trummes Kalkspatspaltungsstücke zu Tage gefördert, welche durch eine in der Richtung einer Endkante wirkende Kraft gekrümmt sind und an der Stelle der stärksten Krümmung einen seidenartigen Glanz besitzen.

Nahe der oben erwähnten grossen Verwerfungskluft, an der nördlichen Wand der Pinge II, ist eine eigentümlich gekrümmte Fläche zu sehen. Dieselbe zeigt etwa die Form einer Wanne und ist etwa 4 m lang und 1,5 m breit. Spuren einer Abrutschung sind nicht vorhanden. Dagegen scheint der dahinter liegende Marmor parallel der Fläche gebogen zu sein. Die Entstehung derselben ist wohl ebenfalls auf mechanische Wirkungen zurückzuführen.

Eine häufige Erscheinung im Marmor sind Hohlräume, ähnlich denen, die von Schalch[1]) bei der Beschreibung des Wildauer Marmorvorkommens erwähnt werden. Sie besitzen meist die Form von rohrförmigen Schloten, deren Durchmesser bis 8 m beträgt, durchziehen in aufsteigender Richtung das Gestein und scheinen sich bis zu einer bedeutenden Tiefe hinab zu erstrecken. Wie in Wildau sind sie häufig mit braunen Letten, Marmor und Granitbrocken gefüllt. An ihren Wandungen zeigt der Marmor eine eigentümlich sandige Oberfläche. Zuweilen laufen kleinere Schlote von den grösseren ab, um sich dann wieder mit diesen zu vereinigen, oder die Schlote erweitern sich zu grossen höhlenartigen Räumen. Vor Ort der I. Sohle des Hauptganges häuften sie sich derart an, dass der Abbau in den gewohnten Dimensionen nicht die genügende Sicherheit bot, und man daher genötigt war, geringere Abmessungen anzuwenden. Aber auch in der nun fortgesetzten engeren Abbaustrecke zeigten sie sich sehr störend. So wurde von der letzteren eine Höhle von 7 m Länge und 3 m Breite angefahren, von welcher sich nach oben und unten zahlreiche Schlote abzweigten. An einigen Stellen hatten diese das Gestein derart gelockert, dass grosse Blöcke herabzustürzen drohten und ohne Schiess- und Keilarbeit hereingewonnen werden konnten. Höchstwahrscheinlich sind die Hohlräume durch die auflösende Thätigkeit stark kohlensäurehaltigen Wassers entstanden, und zwar scheint dieses seinen Weg von unten nach oben genommen zu haben. Die Schlote zeigen nämlich sehr häufig die Gestalt von nach unten gekehrten Trichtern. Zuweilen scheint es dem Wasser nicht gelungen zu sein, sich durch das Gestein gleichsam hindurch zu bohren, denn

---

[1]) Erläuterungen zur geologischen Spezialkarte des Königreichs Sachsen, Section Schwarzenberg, pag. 29.

man sieht an den Wänden der Höhle Ansätze von trichterförmigen Schloten, die nach oben keine Verbindung haben und mehrmals abgesetzt sind.

Weitere Spuren der Thätigkeit des Wassers finden sich in der Tiefbaustrecke des hangenden Trummes. Etwa 20 m östlich von jenem Punkte, wo Trumm und Hauptlager sich wieder scharen, liegen in vergruseten Granit grosse Blöcke von Marmor. Dieselben bestehen aus vollkommen gesundem Material, zeigen etwas abgerundete Kanten und dieselbe mundige Oberfläche wie der Marmor in den Hohlräumen. In dem Granit-Gruse, der ohne jede Schichtung ist, findet man hie und da kleine eckige Brocken aus gesundem Granit und Marmor. Hier ist also die Wegführung des Marmors schon sehr weit vorgeschritten, die Höhlen und Schlote haben sich derart erweitert und vereinigt, dass nur Marmorblöcke und Hohlräume übriggeblieben sind. Letztere werden dann später von dem zersetzten Nebengesteine ausgefüllt.

2. Die Einlagerungen.

Gewisse von den Bergleuten wegen ihrer Härte Eisknöpfe[1] genannte Gesteine treten in kugeliger Form und in Bänken ohne jede Regelmässigkeit im Marmor auf. Tchihatchef[2] bezeichnet sie als Konkretionen, mit der Begründung, dass die diese Gesteine zusammensetzenden und die als Beimengungen des Marmors erscheinenden Mineralien dieselben sind. Ob seine Bezeichnung richtig ist, bleibe dahingestellt. Andere Thatsachen, welche sie rechtfertigen, sind nicht vorhanden. Es ist daher hier der allgemeinere Ausdruck „Einlagerungen" gebraucht.

Der Durchmesser der kugeligen Einlagerungen schwankt zwischen wenigen Centimetern und mehreren Metern. Die Bänke scheinen Tchihatchef nicht bekannt gewesen zu sein. Sie sind selten mächtiger als 1 m, erreichen dagegen oft eine bedeutende Länge. Ihr Streichen stimmt hie und da mit dem der Lagerstätte überein, weicht aber noch häufiger beträchtlich von demselben ab und verläuft sogar zuweilen vollkommen senkrecht dazu.

Tchihatchef fasst die Einlagerungen in drei Gruppen zusammen:
1) Granatfelsartige,
2) Malakolithfelsartige,
3) Solche vom Habitus der Feldspatgesteine.

Zu der dritten Gruppe gehört eine Reihe von Gesteinen, die besonders in den letzten Jahren aufgefunden wurden und noch nicht beschrieben sind.

---

[1] Eisknöpfe = Eisenknöpfe.
[2] pag. 19.

Von der Tiefbaustrecke des hangenden Trummes wurde eine amphibolitartige Einlagerung von kugeliger Form und etwa 1 m Durchmesser angefahren. Das Gestein besteht hauptsächlich aus Feldspat und grüner Hornblende und enthält als accessorische Gemengteile: Quarz, Calcit und Pyrit. Die Hornblende erscheint in grossen, eigentümlich gewundenen Aggregaten und ist zum Teil in Asbest übergegangen.

Auf der II. Sohle des Hauptlagers, nahe dem neuen Förderberge, fand sich im Marmor ein helles Gestein, welches eine mehrere Meter mächtige, senkrecht zum Streichen der Lagerstätte gerichtete Bank bildete. Seine Hauptgemengteile waren Quarz, Feldspat und Hornblende. An einigen Stellen traten Titanit und Rhodonit auf. Quarz und Feldspat zeigten schriftgranitische Verwachsung. Das Gestein war von einer aus Wollastonit und hellbraunem Granat bestehenden Zone umhüllt.

Nördlich vom neuen Förderberge, nahe am Liegenden, steht eine im Streichen verlaufende Bank an, welche einem pegmatitischen Gesteine angehört. Dieses enthält Quarz, Feldspat und spärlichen Biotit und besitzt etwas Schichtung. Ihm sehr ähnlich ist eine kugelige Einlagerung, welche sich nahe am Liegenden der Pinge III findet und deutliche Schriftgranit-Struktur aufweist. Beide Vorkommen sind vielleicht in Beziehung zu dem Pegmatitgang im Hangenden des Marmors zu bringen.

Ferner ist auf der II. Sohle des Hauptlagers dem Marmor konkordant eine Bank eines brecciènartigen Gesteins eingelagert. Die Bank ist etwa 5 m vom liegenden Zwischenmittel entfernt und 15 cm mächtig. In einer dichten weissen Masse liegen parallel zum Streichen zackige Schlieren eines schwarzen Gesteines, welches makroskopisch nur zahlreiche Biotit-Blättchen erkennen lässt. Am Kontakt mit dem Marmor finden sich vielfach Bänder von Granat- und Wollastonitfels. Die unter der gütigen Leitung des Herrn Dr. Koch vorgenommene mikroskopische Untersuchung ergab folgendes: Die weisse Masse ist mit HCl schwach brausender Kalksilikathornfels und enthält: Quarz und Feldspat in maschenartiger Verwachsung, ferner trübe Massen, die vielleicht aus zersetztem Feldspat bestehen, Malakolith und hie und da Körnchen von Vesuvian und Zirkon. Die schwarzen Schlieren bestehen aus grüner Hornblende in aktinolithischer Form, Biotit, Malakolith, Quarz und spärlichem Feldspat. An einigen Stellen fand sich auch Schwefelkies. Der Malakolith tritt besonders an der Grenze gegen das weisse Gestein hin auf. Alle Gemengteile der Schlieren sind parallel zum Streichen der Bank angeordnet.

Im liegenden Trumm, sowie im entsprechenden Teile des Hauptlagers, liegen im Marmor allenthalben Bänke und unregelmässige Brocken von Hornfels und Granit. Sie sind meist sehr verwittert und von einer grünen stark zersetzten talkigen Masse umgeben. An mehreren Stellen waren zwischen diesen Gesteinen und dem Marmor aus Epidot und Granat bestehende Kontaktbildungen zu sehen. Vielleicht ist hieraus auch die grüne talkige Substanz hervorgegangen.

Am neuen Förderberge schiebt sich von Norden her eine Wand schiefriger Gesteine mit etwa 45° Einfallen in das Hauptlager hinein. Ob dieselbe dem Liegenden angehört, oder ob sie nur von einer grossen Einlagerung herrührt, hat bis jetzt noch nicht festgestellt werden können. Besonders bemerkenswert ist hier jedoch, dass etwa 5 m von ihr entfernt und parallel mit ihr dem Marmor ein ca. 25 cm mächtiges Flötz desselben Gesteines eingelagert ist. Der Uebergang vom Gneiss zum Marmor wird zu beiden Seiten des Flötzes durch Zonen, die aus Granat und Wallastonit bestehen, vermittelt. Die bisher aufgeschlossene Länge dieser flötzartigen Einlagerung beträgt etwa 20 m.

Schliesslich sei noch ein Gesteinsbruchstück erwähnt, das in allerneuester Zeit in der Nähe des hangenden Zwischenmittels gefunden wurde und geeignet erscheint, einiges Licht auf die Frage der Entstehung des Marmors zu werfen. Das Bruchstück besitzt etwa Kopfgrösse und einen nahezu rechteckigen Querschnitt. Letzteres derart, dass man eine in den Marmor eingesetzte Grabplatte vor sich zu haben glaubt. Das Gestein ist von mittlerem Korne und besteht aus Quarz, Plagioklas und Hornblende in aktinolithischer Form. Accessorisch erscheint reichlicher Titanit, sowie untergeordnet Magnetkies. Die grünen Aktinolithsäulchen sind parallel orientiert. Ihre Richtung verläuft senkrecht zum Streichen des Marmors. Das Ganze ist von einer bis 2 cm mächtigen Schale von Wollastonit und vereinzelt hellbraunem Granat umgeben. Die Wollastonitnadeln stehen senkrecht zur Kontaktfläche.

3. Die Kontaktbildungen.

An der Grenze zwischen Marmor und Nebengestein treten Kontaktbildungen auf, welche den von anderen Urkalkvorkommen bekannten sehr ähnlich sind. Nach Tchihatchef[1]) sollen diese von ihm Grenzbildungen genannten Gesteine nur an einigen Stellen vorhanden sein, sie haben sich jedoch überall vorgefunden, wenn auch zuweilen in geringer Mächtigkeit. Es lassen sich im wesentlichen zwei Gruppen unterscheiden:

[1]) pag. 27.

Die eine Gruppe zeigt eine bestimmte Reihenfolge ihrer Einzelbildungen. An der Grenze des den Marmor umhüllenden Gesteins treten Hornblende und Biotit sehr zurück, und Quarz und Feldspat sind zuweilen schriftgranitisch verwachsen. Nach der Lagerstätte hin folgt eine Zone, die hauptsächlich aus Epidotfels besteht und nur vereinzelt derbe Massen von Quarz und rötlichem Feldspat enthält. Dem Marmor zunächst tritt ein dunkelbrauner körniger Granatfels auf. Das Vorkommen von „Schriftgranit" am Salbande des Marmors worauf schon Fuchs und Knop aufmerksam machen, wurde von Tchihatchef nicht konstatiert. Die einzelnen Zonen sind ziemlich scharf von einander geschieden. Wenn auch zuweilen eine derselben fehlt, so bleibt doch überall die Reihenfolge die gleiche. Kieselsäure, Thonerde und Alkalien nehmen somit nach der Lagerstätte hin ab, während der Kalkgehalt zunimmt. Der Granatfels war in der unteren Tagesstrecke des hangenden Trummes, wo derselbe zuweilen eine Mächtigkeit von beinahe einem Meter erreichte, vielfach deutlich in zwei Zonen geteilt, von denen die dem Marmor zunächstliegende eine rote, die entferntere eine dunkelbraune Farbe zeigte. Zwischen dem Nebengestein und dem Epidotfels erscheint zuweilen Rhodonit und zwar meist da, wo das Nebengestein die schriftgranitische Ausbildung besitzt.

Bei der zweiten Gruppe fehlt jene Gesetzmässigkeit. Das Bindeglied zwischen Marmor und Nebengestein bildet hier ein Gestein, das in der Hauptsache aus Wollastonit besteht. In diesem liegt regellos eingebettet ein hellbrauner Granatfels. Zuweilen findet sich auch Vesuvian eingewachsen, sowie nach Tchihatchef[1]) Orthoklas, Plagioklas, Titanit und Hedenbergit. Nicht selten zeigt das Nebengestein auch bei dieser Gruppe am Kontakt Schriftgranitstruktur und ein Zurücktreten der Hornblende und des Glimmers. Der Wollastonit ist meist verwittert. Die Verwitterung schreitet nach dem Abbau des Marmors noch weiter fort, eine Erscheinung, die für den Betrieb sehr störend ist, da in Folge der Verwitterung sich im Laufe der Zeit grosse Platten des Kontaktgesteins ablösen und hereinzustürzen drohen. Erhöht wird diese Unannehmlichkeit noch durch die Thatsache, dass auch das Nebengestein am Salbande fast immer vergruset ist. In ausgezeichneter Weise sind die Bildungen dieser Gruppe an jener erwähnten unter 45° einfallenden Wand im Liegenden des Hauptlagers entwickelt. Dieselbe ist von einem ca. 20 cm mächtigen Gesteine ummantelt, welches aus Wollastonit mit eingebettetem hellbraunen Granatfels besteht. Darüber folgt in einer Mächtigkeit von etwa

---

[1]) pag. 86.

1 m ein inniges Gemenge von Wollastonit, Vesuvian, Calcit und spärlichem
Granat. Von der Wand ragt in den Marmor eine Zunge desselben Gesteins hinein,
welche dieselben Kontaktumhüllungen zeigt. Eine von der Grossh. chemischen
Prüfungs- und Auskunftsstation für die Gewerbe zu Darmstadt vorgenommene
Analyse des Gesteines der äusseren Zone ergab nachfolgende Zusammensetzung:

$$\begin{array}{r}
CaO\ 40.02 \\
MgO\ 0.46 \\
Fe_2O_3 + Al_2O_3\ 1.64 \\
\text{in HCl unlösl. Rückst.}\ 28.30 \\
\text{lösl. } SiO_2\ 2.48 \\
CO_2\ 26.67 \\
H_2O\ 0.19 \\
\text{Alkalien Spuren} \\ \hline
99.76
\end{array}$$

Die Mächtigkeit der Kontaktzone wechselt zwischen wenigen cm und
1,5 m. Die Bildungen der ersten Gruppe finden sich meist im Hangenden
des Hauptlagers und seiner beiden Nebentrümmer, die der zweiten gewöhnlich im Liegenden derselben. Vielleicht ist diese eigentümliche Erscheinung
nicht ohne Bedeutung. Merkwürdiger Weise kennt Tchihatchef die Grenzbildungen von Granat- und Wollastonitfels nur auf der Nordseite des Marmorlagers.

Ausser den genannten erwähnt Tchihatchef[1] noch „gneisartige Grenzbildungen", welche teils direkt am Marmor, teils in grosser Nähe desselben, auf
wenige Punkte beschränkt, vorkommen sollen. Nur zwei derselben haben sich
mit Sicherheit nachweisen lassen. Die eine findet sich auf der Südseite der
Pinge V. Es ist ein Hornblende-Quarz-Feldspat-Gestein, das sich durch reichlichen Gehalt an Epidot auszeichnet. Die andere Grenzbildung, einem Hornfels nicht unähnlich, steht am Liegenden der Pinge IV an.

II. Die übrigen Lager.

Die Gesamtlänge des Lagers auf der Hangertshöhe beträgt etwa 400 m,
die Mächtigkeit nirgends mehr als 7 m. Ob es ein zusammenhängendes
Ganze bildet, lässt sich bei den ungenügenden Aufschlüssen nicht erkennen.
Der Marmor steht nahezu saiger, nur hie und da macht sich geringes Einfallen

---

[1] pag. 30.

nach Südost bemerkbar. Das Streichen ist ungefähr dasselbe wie in der Rossbach. Die konkordante Lagerung von Marmor und Nebengestein ist an mehreren Stellen deutlich zu sehen. Auch die Kontaktbildungen, sowie Einlagerungen fehlen nicht. Letztere sind im Gegensatz zu den Einlagerungen in der Rossbach-Lagerstätte vielfach in Form von kleinen Linsen parallel der stark hervortretenden Bänderung angeordnet. Die nächsten Punkte der Marmorlager auf der Bangertshöhe und in der Rossbach liegen etwa 500 m auseinander. Jedoch findet sich zwischen ihnen noch ein weiterer kleiner Marmoraufschluss. Fasst man beide Vorkommen zusammen, so beträgt die Länge des ganzen Marmorzuges 1400 m. Die Lagerstätte auf der Schönberger Höhe ist in einer Länge von etwa 100 m bekannt. Die Mächtigkeit scheint im Durchschnitt 10 m zu betragen. Ein Zusammenhang zwischen dem Vorkommen auf der Schönberger Höhe und dem am Kirchberg lässt sich nicht nachweisen.

Das Nebengestein der Marmorlager in der Rossbach und auf der Bangertshöhe mit besonderer Berücksichtigung des geologischen Profils der Hauptgrube.

(Siehe Taf. I).

Das unmittelbare Liegende der beiden Marmorlager in der Rossbach wird von einem vergrusten dünnschiefrigen Gestein gebildet, dessen Mächtigkeit etwa 1 m beträgt. In der Hauptgrube ist dieses Gestein nur an einer Stelle aufgeschlossen, dagegen am Tage in den Pingen überall zu sehen. Unter ihm, sowie als unmittelbares Liegendes des Lagers auf der Bangertshöhe erscheint jene eingangs erwähnte Zone des vergrusten Hochstädter Granits, welcher übrigens auch in der Pinge V über der Vordergrube bis an den Marmor herantritt.

Die Hauptmasse des liegenden Zwischenmittels in dem Marmorlager der Hauptgrube gehört einem hellen massigen Gesteine an, welches in Zusammensetzung und Aussehen grosse Aehnlichkeit mit dem früher genannten Hornblendegranit besitzt. Von diesem unterscheidet es sich nur durch grösseres Zurücktreten der Hornblende und des Biotits. Das Gestein ist wohl mit Sicherheit als eine Varietät des normalen Hornblendegranits anzusehen, umsomehr, als dieser ja schon in unmittelbarer Nähe im Hangenden der Marmorlagerstätte auftritt. Im liegenden Querschlage, nahe am Kontakt mit dem liegenden

Trumme, enthält das Gestein an einer Stelle zahlreiche Titanit-Kryställchen makroskopisch eingemengt, und in der Mitte des Zwischenmittels hat der Querschlag eine etwa 1 m mächtige Zone eines hellen Granulitchens durchfahren. Zwischen dem Hornblendegranit und dem Marmor des Hauptlagers liegt wieder eine ca. 1 m mächtige Schicht des vergrusten dünnschiefrigen Gesteines.

Auch das hangende Zwischenmittel besteht hieraus. Das Gestein ist hier jedoch meist gesund und nur zu beiden Seiten am Kontakt mit dem Marmor des Hauptlagers resp. des hangenden Trummes in etwa 50 cm mächtigen Zonen stark verwittert. Es enthält hin und wieder kleinere Feldspat-Augen.

Im Hangenden des Marmorzuges Rossbach-Dangertshöhe beginnt die Zone des normalen Hornblendegranits. Allerdings tritt derselbe nicht überall bis an den Marmor heran. Vielfach schiebt sich zwischen beide Gesteine wiederum eine Schicht des dünnschiefrigen Gesteines, dessen Mächtigkeit wohl im Durchschnitt 1,5 m betragen wird. In der Rossbach wird das unmittelbare Hangende fast allein von demselben gebildet. Nur in dem östlichen Teile des Marmorlagers der Hauptgrube erscheint der Hornblendegranit direkt am Marmor.

Aus vorstehenden ergeben sich somit die Thatsachen: Der Marmorzug Rossbach-Dangertshöhe liegt ziemlich genau auf der Grenze der beiden Gesteinszonen des Hochstädter Granits im Liegenden und des Hornblendegranits im Hangenden. Ausser dem Marmor, und zwar diesen meist umhüllend, tritt zwischen den beiden Graniten in geringer Mächtigkeit ein dünnschiefriges Gestein auf, welches ausserdem in der Hauptgrube mit dem Marmor, sowie dem Hornblendegranit wechsellagert.

Gangbildungen in der Nähe der Marmorlager.

Tchihatchef[1] beschreibt die in der Nähe der Marmorlager auftretenden Gänge von Granit (Aplit), Pegmatit, Quarz, Basalt und Augitminette. Dieser Beschreibung ist noch einiges hinzuzufügen:

1. Pegmatit.

Ausser dem von Tchihatchef geschilderten Pegmatitgange, welcher am Hangenden des hangenden Trummes scheinbar abstösst, ist noch ein zweiter

[1] pag. 44.

besonders zu erwähnen. Derselbe steht am Hangenden der Pinge I an und ist nach Süden zu etwa 100 m weit zu verfolgen. Das Gestein dieses Ganges ist in Zusammensetzung und Aussehen dem des erstgenannten sehr ähnlich. Es zeigt ebenfalls vielfach Schriftgranitstruktur und enthält reichliche Beimengung von Turmalin.

Eine ganze Reihe kleinerer Pegmatit- sowie Aplitgänge ist von den Pingen in der Rosabach und auf der Bangertshöhe im hangenden und liegenden Nebengesteine aufgeschlossen. Merkwürdiger Weise scheint keiner dieser Gänge den Marmor ungestört zu durchsetzen, wenn auch ihr Material vielleicht in den oben erwähnten Einlagerungen mit Schriftgranitstruktur wieder zu erkennen ist.

2. Augitminette.

Der von Tchihatchef beschriebene Minettegang, der den östlichen Marmorkörper der Hauptgrube durchbricht, steht nicht, wie Tchihatchef angibt, saiger, sondern besitzt ein Einfallen von 60—70° nach Osten. Das Gestein ist stark verwittert. Es war dies seiner Zeit die Veranlassung, dass an einer Stelle, wo der Minettegang als Hangendes des Hauptlagers auftritt, ein grosser Tagesbruch stattfand. In der Grube führt der Gang Schnüre von spätigem Kalk, in welchem Einschlüsse von Kupferkies und Malachit enthalten sind.

Ein zweiter bis 20 cm mächtiger Gang ist durch die Tiefbaustrecke des hangenden Trummes aufgeschlossen und durchsetzt annähernd im Streichen den Marmor. Das Gestein ist von schwarzgrauer Farbe, vollständig frisch und lässt mit blossem Auge in einer dichten Grundmasse porphyrisch eingesprengte Biotit-Blättchen erkennen. Eine Kontaktwirkung auf den Marmor zeigt sich nirgends, wohl deshalb, weil das schon vorhandene krystalline Gefüge des Gesteins durch das Eruptivgestein nicht mehr verändert werden konnte. Andrerseits hat der Marmor durch Abkühlung einen Einfluss auf die Struktur der Minette ausgeübt. Das Minettegestein wird nämlich nach den Salbändern zu vollkommen dicht, so dass der Biotit makroskopisch nicht mehr zu erkennen ist. Ausserdem bemerkt man am Kontakt mit dem Marmor vielfach eine prismatische Absonderung, welche senkrecht gegen die Abkühlungsfläche gerichtet ist. Die Mächtigkeit wechselt auf kleinem Raum ausserordentlich oft; sie sinkt bisweilen bis zu 2 cm herab. Nicht selten begleiten nur wenige mm mächtige Trümmchen den Gang, oder derselbe entsendet breitzackige Apophysen in das Nebengestein. Einschlüsse sind häufig; es sind entweder eckige Brocken von Hornblendegranit, oder körnige Aggregate von Quarz, oder auch Schmitzen vom Marmor. Zuweilen sind die Einschlüsse von konzentrischen Streifen der Gangmasse umgeben. Wie die dichte Beschaffenheit der Minette in diesen Streifen schliessen lässt, ist die Entstehung der letzteren einer abkühlenden Wirkung der Einschlüsse zuzuschreiben.

Ein weiterer Minettegang befindet sich an dem Wege, der auf der Schönberger Höhe entlang führt, östlich von dem Ernst-Ludwigstempel.

Einem gemischten Gange scheint ein aus der Hauptgrube stammendes dichtes Gestein anzugehören, dessen Fundort leider nicht genau ermittelt werden konnte. Es durchbricht gangartig den Marmor in einer Mächtigkeit von etwa 20 cm und besteht aus einer schwarzen Gangmitte mit roten Salbändern, welche Schlieren der schwarzen Gesteinsmasse enthalten. Das Vorkommen wurde von Herrn Dr. Chelius einer mikroskopischen Untersuchung unterzogen. Nach seiner Mitteilung erscheint das rote Gestein einem Aplit nicht unähnlich, während das schwarze Diorit- und Gabbro-Ganggesteinen gleicht, welche am Melibokus und Frankenstein vorkommen.

Die Mineralien.

Von früheren Arbeiten, welche sich mit einer Beschreibung der im Marmor von Auerbach und seinen Nebenbildungen vorkommenden Mineralien befassen, ist vor allem nochmals die Arbeit von C. W. C. Fuchs zu nennen, in welcher etwa 20 Mineralien beschrieben werden. Kurze Notizen finden sich in „Die Mineralvorkommen im königen Kalke von Auerbach an der Bergstrasse" von W. Harres[1]) und in einem Nachtrage[2]) hierzu. Ferner sind, wie schon eingangs erwähnt wurde, noch mehrere Beschreibungen einzelner Mineralien vorhanden. Tchihatchef beschränkt sich darauf, eine tabellarische Uebersicht zu geben. Als neu sind den hierin aufgeführten Mineralien folgende hinzuzufügen:

Gold, Kupfer, Safflorit?, Silberglanz und Bolus.

Einige der vorkommenden Mineralien sind nur durch das Mikroskop nachgewiesen, andere sind von untergeordneter Bedeutung. Die interessantesten und makroskopisch sichtbaren sollen im nachfolgenden beschrieben werden.

---

[1]) Notizblatt des Vereins für Erdkunde zu Darmstadt und des mittelrheinischen geologischen Vereins, 1894, IV (III), 15, pag. 8ff.
[2]) Notizblatt etc., 1895, IV (III), 15, pag. 6ff.

Als Material haben die Sammlungen der Herrn Dr. W. Hoffmann in Auerbach und W. Harres in Darmstadt gedient. Ausserdem waren vielfach Beobachtungen an Ort und Stelle möglich. Bezüglich des Fundortes sei noch bemerkt, dass die Marmorlager in der Rossbach und auf der Bangertshöhe fast ausschliesslich die Mineralien geliefert haben. Von den beiden anderen Vorkommen sind ihrer schlechten Aufschlüsse wegen mir nur wenige bekannt geworden. Wo ein Mineral auf eine Lokalität beschränkt auftritt, soll dies angegeben werden.

1. Graphit.

Sein Auftreten in dem schwarzgrauen Marmor, sowie in den dunklen Bändern ist schon erwähnt. Auch die blaue Varietät führt Graphit. Der Durchmesser der mit blossem Auge erkennbaren Täfelchen beträgt bis zu 2 mm. Auf der Bangertshöhe fand sich Graphit in blättrigen Massen mit nieriger Oberfläche, aufgewachsen auf Kalkspatkrystallen.

2. Arsen (Bangertshöhe).

Arsen trat als Ueberzug von Marmor auf.

3. Gold (Bangertshöhe).

Dieses fand sich in kleinen Körnchen im Marmor eingesprengt.

4. Silber (Rossbach).

Gediegenes Silber kam nur einmal in kleinen drahtförmigen Gebilden in dem Marmor vor.

5. Kupfer (Rossbach).

Auch dieses ist selten. Es wurde einmal als feiner Draht im Marmor gefunden und erscheint ausserdem in winzigen hellglänzenden Kryställchen in Doppelspat eingeschlossen. Auch die in diesem vorkommenden Dendriten dürften zum Teil aus gediegenem Kupfer bestehen.

6. Schwefelkies.

Derselbe tritt in derben Massen und kleinen Krystallen im Marmor, in den Einlagerungen und Kontaktbildungen auf. Im Marmor reichert er sich besonders in den schwarzen Bändern an. Bis jetzt sind folgende Krystallformen bekannt:
1) Hexaeder.
2) Hexaeder mit dem Oktaeder.
3) Pyritoeder.
4) Oktaeder.

5) Hexaeder und Pyritoeder.
6) Hexaeder, Oktaeder und Pyritoeder, und
7) diese mit einem Trapezoeder.

7. Arsenkies.

Der Arsenkies kommt meist in deutlichen Krystallen, seltener in körnigen Aggregaten im Marmor in der Nähe des Salbandes, sowie in den Einlagerungen und Kontaktbildungen vor. Für die Krystalle hat Magel[1]) drei Typen aufgestellt.

Die gewöhnlichste Form (Typus I) ist: ∞P, $\frac{1}{2} P \infty$. Zuweilen tritt hierzu noch $P \infty$. Die Krystalle sind vorzugsweise in der Richtung der Querachse ausgebildet und häufig nach der Quersäule verzwillingt. Auf der Längssäule zeigt sich parallel der Längsaxe eine ausgezeichnete Streifung, welche durch Alternieren der Flächen und $\frac{1}{2} P \infty$ und $\frac{1}{2} P \infty$ hervorgerufen wird.

Die Krystalle des II. Typus, welche nur in einer einzigen Stufe vertreten sind, sind in der Richtung der Hauptaxe in die Länge gezogen. Ausser der vorherrschenden aufrechten Säule erscheinen: $\frac{1}{2} P \infty$, $\frac{1}{2} P \infty$?, $P \infty$, $2 P \infty$, $P \infty$, $P 2$. Die aufrechte Säule ist federartig gestreift parallel den Kombinationskanten von $P \infty$ mit ∞P und von $P \infty$ mit ∞P. Die Krystalle sind nicht wie sonst nach ∞P, sondern nach $O P$ spaltbar.

Der Typus III ist nur an einem Krystall beobachtet worden. Derselbe bildet einen Durchkreuzungs-Drilling und zeigt die Flächen: $\frac{1}{2} P \infty$, $P \infty$ und ∞P. Die Einzelindividuen sind besonders in der Richtung der Längsaxe entwickelt.

8. Speiskobalt (Bangertshöhe).

Derselbe fand sich in derben Schnürchen und kleinen Krystallen von der Form $\infty O \infty$. O im Marmor.

9. Safflorit (Bangertshöhe).

Safflorit soll nach der Angabe des Herrn Harres in dünnen Schnüren und winzigen Krystallen im Marmor vorkommen. Möglicher Weise jedoch liegt hier eine Verwechslung mit dem regulären Speiskobalt vor.

10. Magnetkies.

Der Magnetkies ist ein ziemlich häufiges Mineral. Er erscheint meist in derben Massen im Marmor und in den Einlagerungen. Vielfach trifft man

---
[1]) O. Magel. Die Arsenkiese von Auerbach. Bericht der oberrheinischen Gesellschaft für Natur- und Heilkunde in Bonn, 1883, XXII, pag. 297.

ihn auch in dünnen Täfelchen von undeutlich hexagonalem Habitus. Ausgebildete Krystalle sind selten. Sie zeigen die Basisfläche, eine sechsseitige Säule und ausserdem zuweilen noch eine sechsseitige Pyramide von derselben Ordnung wie die Säule. Als Begleiter des Magnetkieses treten Schwefelkies, Arsenkies und Kupferkies auf.

11. Zinkblende.

Die Zinkblende kommt selten vor. Sie findet sich in dem Marmor in dünnen, gelben bis bräunlichroten, durchscheinenden Blättchen und kleinen Krystallen. Letztere sind von dem Granatoeder begrenzt und nach der Oktaederfläche verzwillingt.

12. Bleiglanz.

Auch der Bleiglanz ist nicht häufig. Man findet ihn in derben Partieen und kleinen Krystallen zuweilen mit Zinkblende in dem Marmor. Die Krystalle zeigen meist das Hexaeder, oder dieses vorherrschend mit untergeordnetem Oktaeder. Hie und da erscheint auch die Kombination $\infty O \infty . O . \infty O$. In interessanter Weise trat der Bleiglanz vor ca. 2 Jahren auf der II. Sohle des Hauptlagers auf. Dort durchzog er, hie und da mit Zinkblende und Schwefelkies gemengt, in einem etwa 1 cm mächtigen, von zahlreichen Nebentrümmchen begleiteten Gängchen den Marmor. Er war meist fein eingesprengt und fand sich nur hie und da in grösseren derben Partieen. Der Marmor hatte an den Salbändern des Gängchens eine eigentümlich gelbe Farbe angenommen.

13. Silberglanz (Bangertshöhe).

Silberglanz kam einmal in winzigen Blättchen im Marmor vor.

14. Kupferglanz (Bangertshöhe).

Dünne rhombische Täfelchen von Kupferglanz wurden, begleitet von Kupferkies, im Marmor gefunden.

15. Molybdänglanz.

Der Molybdänglanz ist nicht gerade selten. Er bildet kleine blättrige Massen und deutliche Krystalle von sechsseitigem Umriss und bis 8 mm Durchmesser. Man trifft ihn eingewachsen im Marmor und im Granatfels. Im Besitze des Herrn Harres befindet sich ein Krystall, der sehr deutlich die glänzenden Flächen der Basis und einer sechsseitigen Pyramide zeigt und sich sehr gut zu Messungen mit dem Reflexionsgoniometer eignen dürfte.

16. Kupferkies.

Derselbe erscheint in derben Massen und kleinen Krystallen im Marmor. Zu erwähnen ist besonders sein Vorkommen im Ausgehenden des hangenden Trummes. Der Marmor ist hier stark eisenhaltig, rothbraun gefärbt und führt vielfach Eisenglanz, sowie derbe Partieen von Kupferkies, Buntkupfererz, Malachit und Brauneisenerz. Das Auftreten der Lagerstätte an dieser Stelle erinnert lebhaft an den eisernen Hut der Erzgänge. Kupferkies-Krystalle finden sich ausserdem zuweilen als Einschlüsse im Doppelspat.

17. Roteisenerz, Eisenglanz.

Von Fuchs[1]) wird Roteisenerz in derben Massen und in Skalenoedern, Pseudomorphosen nach Kalkspat bildend, erwähnt.

Die Varietät des Eisenglanzes im Ausgehenden des hangenden Trumms bildet stahlgraue körnige Aggregate.

Eisenrahm tritt als Ueberzug von Kalkspatkrystallen, sowie als Einschluss in denselben auf.

18. Fahlerz (Rossbach).

Fahlerz erscheint nach Fuchs[2]) in lichtstahlgrauen Massen in Malachit oder Kupferlasur eingeschlossen.

19. Quarz.

Partieen von derbem Quarz begleiten, wie erwähnt, sehr häufig den Epidot- und Granatfels. Ausserdem finden sich Quarz-Krystalle von der gewöhnlichen Form: $+R. -R. \infty R$ zuweilen auf splittrigem und körnigem Kalk.

20. Zirkon (Rangertshöhe).

Ein röthlichgrauer kleiner Zirkon-Krystall mit den Flächen einer vierseitigen Säule und eines Oktaeders derselben Ordnung kam in einer Einlagerung vor.

21. Magneteisen (Rossbach).

Der Stollen der Vordergrube durchfuhr nach Ludwig[3]) eine stark magneteisenhaltige, dem Gneisse eingelagerte Marmorlinse.

22. Wad (Rangertshöhe).

Erdige, dunkelbraune Massen von Wad fanden sich in Klüften einer manganreichen Zone im Marmor.

[1]) pag. 33.
[2]) pag. 31.
[3]) Erläuterungen zur geologischen Specialkarte des Grossherzogthums Hessen, Section Worms, pag. 11.

23. Brauneisen.

Das im Ausgehenden des hangenden Trumms vorkommende Brauneisenerz bildet erdige Partieen von gelbbrauner Farbe. Im Doppelspat erscheint es in Dendriten, sowie als dünner Ueberzug überwachsener Krystallflächen. Auch als Pseudomorphose nach Schwefelkies tritt Brauneisen hin und wieder auf.

24. Kalkspat.

Derselbe findet sich allenthalben in Drusen und auf Klüften des Marmors in meist sehr gut ausgebildeten Krystallen und spätigen Massen. Die grössten und schönsten Krystalle kommen in der Vordergrube und im hangenden Trumm der Hauptgrube vor. Sie bilden daselbst Gruppen in grossen Schloten, welche in senkrechter Richtung den Marmor durchziehen. Im hangenden Trumm ist ein solcher Schlot vom Ausgehenden bis hinab zur Abbaustrecke der I. Sohle zu verfolgen.

Die Krystallbegrenzung ist eine mannigfaltige. Das Grundrhomboeder als einfache Form tritt nur selten auf. Häufiger erscheint es in Kombination mit der Gradendfläche oder es stumpft die Kanten von $-2R$ gerade ab. Dieses Rhomboeder für sich allein ist vielfach vertreten. Meist erhalten seine Kanten durch die angedeuteten Flächen eines Skalenoeders ein sägeförmiges Aussehen. Sehr oft findet sich das nächste stumpfere Rhomboeder $-\frac{1}{2}R$, gewöhnlich kombiniert mit einem steileren Rhomboeder derselben Ordnung oder der sechsseitigen Säule I. oder II. Stellung. Von Skalenoedern ist besonders $R3$ zu nennen, sowohl allein, als auch in Kombination mit anderen Flächen. Häufig sind die Kombinationen: $+R.R3$ und $OR.+R.R3$. Ferner erscheint vielfach $-2R2$ in der Endkanten-Zone von $-2R$ und mit federartiger Streifung, welche durch Wiederholung der Kombinationskanten beider Formen hervorgerufen wird. An einigen Stufen wurden unter der gütigen Leitung des Herrn Dr. Scheibe Messungen mit dem Anlegegoniometer vorgenommen. Es ergaben sich folgende Kombinationen:

1) $OR.+R.R3.\frac{1}{2}R$ und ein steileres Skalenoeder I. Ordnung.
2) $+R.R3.\frac{1}{2}R$, sowie ein $R3$ nahestehendes Skalenoeder.
3) $OR.+R.R3.\frac{1}{2}R$ und $-\frac{1}{4}R?$
4) $OR.+R.R3.\frac{1}{2}R$.
5) $-2R.-2R2$ mit $-\frac{1}{2}R3$, die Kanten von $-2R$ zuschärfend und $R3$, die von $-2R2$ zuschärfend.
6) $-2R.2R2.-\frac{1}{2}R3$.

7) $-2R. -2R3$ und $+R$, die Kanten von $-2R$ gerade abstumpfend.

8) $+R$, eine $2R3$ nahestehende Form, ferner in der Endkantenzone des Grundrhomboeders, ein wenig von ihm abweichendes Skalenoeder, wahrscheinlich $\frac{4}{3}R\frac{5}{3}$. Die Messung des spitzen Winkels in den Endkanten dieses Skalenoeders ergab 122°, während für $\frac{4}{3}R\frac{5}{3}$ dieser Winkel[1]) 122° 37' beträgt.

9) $+R.R3$ und $2R3$?

10) $+R.R3.2R3$ und $+4R$, als gerade Abstumpfung der stumpfen Endkanten von $2R3$.

11) $-\frac{1}{2}R. -2R$, ferner ein steileres Rhomboeder und ein Skalenoeder von derselben (—) Ordnung, wie die ersten Formen.

12) $-\frac{1}{2}R$, ein steiles Skalenoeder derselben Ordnung, sowie die aufrechte Säule I. Stellung.

13) $-\frac{1}{2}R$ und die aufrechten Säulen I. und II. Stellung.

Die Bestimmung des mehrfach erwähnten Rhomboeders $\frac{1}{2}R$ ergab sich aus der Thatsache, dass es die stumpfen Endkanten von $R3$ gerade abstumpft. Die Neigung von $\frac{1}{2}R$ gegen das Grundrhomboeder beträgt 156° 42'7), dagegen fand sich bei der Messung ein Winkel von 146°. Derselbe weist aber auf $4R$ hin, da er dem Winkel von 148° 54', den dieses Rhomboeder mit $+R$ in Wahrheit bildet, am nächsten kommt. Eine Erklärung für diese eigentümlichen Verhältnisse wäre vielleicht darin zu suchen, dass das Skalenoeder nicht das angegebene Symbol, sondern ein diesem sehr nahestehendes komplizierteres besitzt. Die Winkel des Skalenoeders waren zwar die von $R3$, seine Flächen sollen aber in der Endkanten-Zone des Grundrhomboeders liegen. Diesen war jedoch nicht vollständig der Fall, da die Endkanten des Grundrhomboeders und die Kombinationskanten desselben mit dem Skalenoeder nur annähernd parallel waren. Leider war bei der Rauheit der Krystallflächen eine hinreichende Genauigkeit der Messungen nicht zu erreichen. Es liess sich daher nicht entscheiden, ob die gefundenen Abweichungen gesetzmässige waren, oder ob sie nur von einem unregelmässigen Wachstume herrührten. Da im allgemeinen die einfachen Formen die grösste Wahrscheinlichkeit für sich haben, so wurde für das Skalenoeder das Symbol $R3$ und daraus sich ergebend, für das Rhomboeder das Symbol $\frac{1}{2}R$ angenommen.

[1]) Siehe Zippe, Uebersicht der Krystallgestalten des rhomboedrischen Kalkhaloids, pag. 145.
[2]) Siehe Zippe, pag. 135.

Die Dimensionen der Krystalle sind zuweilen geradezu riesige. So wurde beispielsweise aus einer der erwähnten Schlote des hangenden Trumms ein Krystall von der Kombination $+R.R3$ zu Tage gefördert, der eine Höhe von 40 cm und einen ebenso grossen Durchmesser hatte. Knop[1]) erwähnt Skalenoeder von 1 Fuss Länge und 1—4 Fuss Dicke.

Häufig erscheinen Zwillinge nach der Basisfläche, sowohl von ausgebildeten Krystallen als auch von Spaltungsstücken. Unter den ersteren finden sich zuweilen die bekannten Skalenoeder-Zwillinge mit einspringenden Winkeln in der Ebene der Nebenaxen. An Spaltungsstücken ergiebt die Zwillingsverwachsung nach der Basisfläche meist die bekannte trigonoedrische Gestalt. Nicht selten ragen auch kleinere Spaltungsindividuen aus den Flächen eines grösseren heraus, zu dem sie sich in Zwillingsstellung befinden, oder es ist ein Individuum als Zwillingslamelle eingelagert. Diese Zwillingslamellen nach der Basisfläche besitzen gewöhnlich die Dicke von mehreren mm und kommen immer nur vereinzelt vor.

In vielfacher Wiederholung und fast an jedem Krystall oder Spaltungsstück treten Zwillingslamellen nach dem nächsten stumpferen Rhomboeder $-\tfrac{1}{2}R$ auf. Sie sind oft in allen drei Richtungen eingewachsen und lassen dann häufig Kanäle zwischen sich offen. Diese sind zuweilen mit einer bräunlichen, wohl eisenhaltigen Substanz erfüllt. Ausgebildete Krystalle nach $-\tfrac{1}{2}R$ verzwillingt wurden niemals, Spaltungsstücke nur selten aufgefunden.

Der Kalkspat ist meist milchweiss, oft auch durch Beimengung von Eisen gelb oder rötlich gefärbt. Sehr häufig ist das Eisen erst nachträglich auf Rissen und Spaltflächen eingewandert, so dass das Mineral vielfach von roten Adern durchzogen ist. Mitunter kommt auch die wasserhelle Varietät des Kalkspats, der Doppelspat vor. Er tritt besonders in den grossen Krystallen der Schlote auf und steht bezüglich der Durchsichtigkeit dem isländischen Doppelspat wenig nach. Das Material wurde vor einiger Zeit der Physikalisch-Technischen Reichsanstalt in Charlottenburg zur Begutachtung und Prüfung auf seine optische Brauchbarkeit übergeben. Ein endgültiges Urteil ist noch nicht gefällt. Jedoch liess sich bis jetzt festellen, dass die Verwendbarkeit des Doppelspates für die feinsten optischen Zwecke kaum wahrscheinlich ist, dass derselbe aber für einfachere Instrumente vollständig genügen dürfte. Fast alle bei Gelegenheit vorliegender Arbeit

---

[1]) A. Knop. Ueber einige histologisch merkwürdige Erscheinungen an Gangggesteinen aus dem Hochstädter Thale, insbesondere über die sogenannten Perimorphosen von Epidot und Calcit nach Granat. N. J. 1858 pag. 33 ff.

untersuchten Doppelspat-Spaltungsstücke enthielten Hohlräume, die von einer Flüssigkeit mit deutlich sichtbarer Libelle ausgefüllt waren. Die Beweglichkeit der Libellen war keine grosse; beim Umdrehen eines Spaltungsstückes war oft ein starkes Schütteln nötig, bis sie sich nach den höchsten Punkten der Hohlräume bewegten. Trotz einer Erhitzung auf ca. 50° C. verschwanden sie nicht. Es ist somit dargethan, dass die Einschlüsse nicht aus Kohlensäure bestehen, da der kritische Punkt dieser Verbindung schon bei 30° C. liegt. Die Hohlräume hatten meist eine dem Grundrhomboeder parallele, zuweilen aber auch ganz unregelmässige Begrenzung. Die grössten, sowie die Libellen in ihnen, waren bei genauer Beobachtung schon mit blossem Auge zu erkennen, bei Zuhülfenahme der Lupe und des Mikroskops erschienen ganze Schwärme. Sehr häufig waren sie parallel den Spaltflächen angeordnet.

Die Mineraleinschlüsse des Doppelspats wurden zum Teil schon erwähnt. Sie bestehen aus Eisenglanz, Brauneisenerz, Kupferkies, Malachit oder gediegenem Kupfer und sind fast ausnahmslos nach bestimmten Flächen eingelagert. Es sind dies wohl ehemalige Krystallflächen; die genannten Mineralien krystallisierten auf ihnen an, als Pausen im Wachstum der Kalkspat-Krystalle eintraten, und wurden dann später wieder überwachsen.

Dass derartige Unterbrechungen der Krystallbildung vorkommen, beweisen die Ueberwachsungen verschiedener Krystallformen mit paralleler Orientirung der Axen. Ein der Arbeit als Belegstück beigefügter Krystall, der von dem Grundrhomboeder begrenzt war, trug eine Umhüllung, an der sich ausser $+R$ auch noch die Basisfläche ausgebildet fand. Eine andere Stufe zeigte einen Krystall von der Kombination $+R.0R$, überwachsen von dem schalig aufgebauten nächsten stumpferen Rhomboeder $-\frac{1}{2}R$. In der Sammlung des Herrn Harres befindet sich ein Skalenoeder, das von dem Grundrhomboeder umgeben ist.

Auch an anderen eigentümlichen Wachstumserscheinungen fehlt es nicht. Bei schon erwähnten Krystallen, deren Begrenzung vorzugsweise von $+R$ und $R3$ gebildet wurde, erhob sich auf der Basisfläche, stufenartig abgesetzt, eine Weiterwachsung des Grundrhomboeders.

Hie und da erscheint das Grundrhomboeder aus Subindividuen aufgebaut.

Manche Krystalle zeigen ein zonares Wachstum. Die einzelnen Zonen unterscheiden sich durch grösseren oder geringeren Eisengehalt und den dadurch hervorgerufenen Wechsel in der Farbe.

Gewöhnlich sind die Krystalle regellos aneinander gereiht; hie und da findet man sie auch rosettenförmig oder traubig verwachsen. Zuweilen sitzen mehrere Generationen, sei es von derselben oder von verschiedener Form, aufeinander.

Die Flächen der kleineren Krystalle sind meist glatt, die der grösseren gewöhnlich rauh. Bei näherem Zusehen erkennt man, dass diese Rauheit von zahlreichen Höckerchen herrührt, die parallel orientiert und regelmässig begrenzt sind. Auf den glatten Flächen von Krystallen der Kombination $-2R.-2R2$ fanden sich vereinzelte Höcker, welche grosse Aehnlichkeit mit Aetzhügeln zeigten. Sie waren ebenfalls parallel orientiert, ihre Begrenzung war die der Krystalle selbst. Es ist wohl anzunehmen, dass alle diese Bildungen auf ein unregelmässiges Wachstum zurückzuführen sind.

Viele Krystalle haben einen Ueberzug von Eisenrahm oder einer gelblichen dichten Masse. Letztere verwischt vielfach die regelmässige Begrenzung, lässt sich leicht ablösen und zeigt dann im Innern den Abdruck der Krystallflächen. Man hatte bisher immer angenommen, die gelbe Rinde bestehe aus Eisenspat und rühre von einer beginnenden Umwandlung des Kalkspats her. Nachfolgende von der Grossh. chem. Prüfungs- und Auskunftsstation für die Gewerbe in Darmstadt für die vorliegende Arbeit ausgeführte Analyse ergab jedoch, dass sie nichts anderes als ein eisenhaltiger Kalkspat ist und wohl auch als die Folge eines zonaren Aufbaus aufgefasst werden muss:

Unlösl. Rückstand 0,48
Fe_2O_3 2,37
FeO 0,31
CaO 53,04
CO_2 42,43
98,63

Eine immer wiederkehrende Erscheinung sind Spuren auflösender Thätigkeit. Vielfach sind die scharfen Kanten der Krystalle abgerundet, oder es finden sich in den Flächen unregelmässige Vertiefungen. Am ersten scheinen die Zwillingslamellen nach $-\frac{1}{2}R$ der Auflösung zu verfallen, denn an ihrer Stelle treten oft tiefe Rinnen auf.

Schliesslich seien noch Neubildungen von Kalksinter erwähnt, welche in der früher beschriebenen grossen Höhle des Hauptlagers vorkamen. Es waren malachitähnliche Gebilde von traubiger Oberfläche.

25. Dolomit.

Eine Stufe des Grossherzoglichen Museums zu Darmstadt zeigt Dolomit-Krystalle mit den Flächen des Grundrhomboeders, aufgewachsen auf Marmor.

26. Ankerit (Rossbach).

Ankerit trat in kleinen Rhomboederchen auf Kalkspat auf.

27. Arragonit (Rossbach).

Spiessige Kryställchen von Arragonit kamen einmal in einer Kluft des Marmors vor.

28. Malachit.

Sein Vorkommen im Ausgehenden des hangenden Trumms wurde schon erwähnt. Dort bildet er fasrige Aggregate von traubiger Oberfläche. Im Doppelspat eingeschlossen kommt Malachit meist als dünner Beschlag oder als Ueberzug von Kupferkies vor. Auf der Hangertshöhe fanden sich undeutliche Krystalle auf Kalkspat aufgewachsen.

29. Kupferlasur.

Kupferlasur erscheint hie und da als dünner Ueberzug und in tafelförmigen Kryställchen auf Marmor.

30. Schwerspat (Rossbach).

Derselbe gehört zu den Seltenheiten. Er kommt in hellrosafarbenen spätigen und strahligen Massen auf Marmor vor.

31. Kobaltblüte (Hangertshöhe).

Sie findet sich nicht selten auf dem Marmor der Hangertshöhe in erdigen Beschlägen und strahligen Krystallbüscheln mit Speiskobalt und schwarzem Erdkobalt. Die Krystalle zeigen zuweilen deutliche Flächen. Fuchs[1]) führt folgende Kombination an: $\infty P \check{c}, \infty P \alpha, \infty P . O P$.

32. Granat.

Derb als Granatfels tritt dieses Mineral, wie schon erwähnt, in den Einlagerungen und Kontaktbildungen auf.

Die Krystalle erscheinen meist in Drusen im Granatfels, seltener eingewachsen im Marmor. Unter den Krystallformen herrscht das Rhombendodekaeder vor, entweder allein auftretend, oder häufiger mit gerade abgestumpften Kanten durch Kombination mit dem Trapezoeder $2O2$. Noch öfter gesellt zu diesen beiden Formen sich das Hexakisoktaeder $3O\frac{3}{2}$, die Kombinationskanten von ∞O und $2O2$ abstumpfend. $3O\frac{3}{2}$ kommt als einfache Form

---

[1]) pag. 31.

nicht vor. Auch das Trapezoeder wurde für sich allein bisher nur an den Granaten des grossen Pegmatitganges im Hangenden des südlichen Trumms beobachtet. Zuweilen erscheinen Pyramidenwürfel. Nach Moyat[1]) besitzen sie die Symbole $\infty O\tfrac{3}{2}$ und $\infty O 2$. Sie treten gewöhnlich zusammen und in Kombination mit $\infty O.2O2$ und $\infty O.2O2.3O\tfrac{3}{2}$ auf, indem sie in schmalen Flächen die in den drei Hauptsymmetrieebenen gelegenen Kanten des Trapezoeders abstumpfen. Hessenberg[2]) beschreibt Auerbacher Granaten, die ausser dem Pyramidenwürfel $\infty O\tfrac{3}{2}$ nur noch Spuren des Trapezoeders zeigen. Als jetzt bekannt sind folgende Kombinationen:

1) ∞O.
2) $\infty O.2O2$.
3) $\infty O.2O2.3O\tfrac{3}{2}.\infty O2$.
4) $\infty O.2O2.3O\tfrac{3}{2}.\infty O2$.
5) $\infty O.2O2.3O\tfrac{3}{2}.\infty O\tfrac{3}{2}.\infty O2$.

Die Mannigfaltigkeit in der Farbe ist ausserordentlich gross. Ein Bild hiervon möge die nachfolgende Zusammenstellung geben:

Weisse Granaten.

1) Wasserhell und diamantglänzend,
2) Gelblichweiss,

Gelbe Granaten.

3) Hellweingelb,
4) Dunkelweingelb,
5) Topasgelb,
6) Isabellgelb,

Rote Granaten.

7) Rosafarben,
8) Gelblichrot,
9) Blutrot,

Braune Granaten.

10) Gelblichbraun,
11) Hellbraun,
12) Dunkelrotbraun bis schwarzbraun,
13) Kastanienbraun.

---

[1]) E. Moyat. Die Granaten von Auerbach an der Bergstrasse, Notizblatt des Vereins für Erdkunde zu Darmstadt und des mittelrheinischen Geologischen Vereins, IV. Heft 11.

[2]) Hessenberg, Granat von Auerbach an der Bergstrasse, Abhandlungen der Senkenbergischen Naturforschenden Gesellschaft (Frankfurt a. M.) II. pag. 175 (1856—1858).

Grüne Granaten.

14) Hellgrün,
15) Smaragdgrün,
16) Graugrün.

In der Pinge V kommen, eingewachsen in einer Bank verwitterten Marmors, Granaten vor, die unter dem Namen „verwitterte weisse Granaten" bekannt sind. Sie sind von den Flächen des Rhombendodekaeders begrenzt und zeigen unter einer weissen Rinde eine Zone von hellgrüner Farbe und darunter einen röthlichen Kern. Die Krystalle zerbrechen ausserordentlich leicht, da sie ebenso wie der Marmor stark zersetzt sind.

Moyat hat die chemische Zusammensetzung, sowie die spezifischen Gewichte von drei Granat-Varietäten ermittelt:

	I. Weisser Granat	II. Hellrother Granat	III. Dunkelrother Granat
Spez. Gew.	5,539	3,562	3.702
Si O_2	40,18	40,03	37,30
Al$_2$O$_3$	21,48	17,56	20,95
Fe$_2$O$_3$	—	4,21	4,32
FeO	1,95	0,86	8,48
MnO	0,14	0,49	8,01
CaO	35,31	35,61	25,95
MgO	0,27	0,88	—
K$_2$O	Spur	0,38	—
Na$_2$O	Spur	0,20	—
	100,33	100,31	101,11

Er macht darauf aufmerksam, dass mit dem Gehalt an Eisen und Mangan spezifisches Gewicht und Intensität der Färbung zunehmen. Die Angabe der von Moyat bestimmten spezifischen Gewichte zweier anderen Granaten möge hier ebenfalls folgen:

IV. Heller Granat (fast weiss) 3,544
V. Hellgrüngelber Granat 3,555

Eine weitere Analyse, und zwar die eines weissen Kalkthongranaten führt C. Klein[1] an:

[1] Mineralogische Mittheilungen, IX B. s. 1. 1888 N. J. I. pag. 108.

SiO_2	41,80
MnO	0,18
Al_2O_3	20,91
CaO	33,48
FeO	2,01
MgO	0,82
Na_2O	0,42
Glühverlust	0,38
	100,00

Auch die von Moyat analysierten Varietäten dürften als Kalkthongranaten zu bezeichnen sein, wenngleich sich III schon sehr dem gemeinen Granat nähert. Ebendahin werden die meisten der in der Farbenzusammenstellung aufgeführten Varietäten gehören. Nur die unter 12 und 13 genannten sind wohl den Kalkeisengranaten zuzuzählen.

Zwischen Farbe und Krystallform ist insofern eine Beziehung vorhanden, als im allgemeinen bei den dunkleren Varietäten die einfacheren und bei den helleren die komplizierteren Gestalten auftreten. Bei den braunen Granaten ist das Rhombendodekaeder als einfache Form eine häufige Erscheinung. Es findet sich selbständig ausserdem noch oft bei den gelbroten und topasgelben Granaten. Ebenso häufig erscheint jedoch bei diesen Varietäten die Kombination: $\infty O . 2O2 . 3O\tfrac{3}{2}$. Letztere ist besonders den blutroten Granaten eigentümlich. Die flächenreichsten Krystalle kommen bei den weissen und weingelben Granaten vor. Diese sind es vorzugsweise, an denen neben $\infty O, 2O2, 3O\tfrac{3}{2}$ die beiden Pyramidenwürfel erscheinen. Die grössten Krystalle liefern die braunen Varietäten. Sie wurden von einem Durchmesser bis zu 5 cm aufgefunden. Die Krystalle der anderen Varietäten erreichen niemals diese Grösse, ihr Durchmesser bleibt meist unter 1 cm.

Bei den blutroten Granaten von der Kombination $\infty O . 2O2 . 3O\tfrac{3}{2}$ findet zuweilen ein treppenförmiger Wechsel der schmalen Trapezoeder- und Hexakisoktaederflächen mit den Flächen des Rhombendodekaeders statt.

Die graugrüne Varietät zeichnet sich durch die Rauheit ihrer Flächen aus. Dieselben erscheinen wie angeätzt. Das Gleiche tritt zuweilen auch bei den hellbraunen Granaten auf.

Bemerkenswert sind die von Blum,[1] sowie von Fuchs[2] beschriebenen

---

[1] R. Blum. Die Pseudomorphosen des Mineralreiches, Nachträge II, pag. 11. 1852—1863.

[2] pag. 251.

Pseudomorphosen von Epidot nach Granat. Nach Fuchs lassen sich dieselben in allen Stadien ihrer Entwiklung beobachten. Zuerst erscheint auf den Granaten eine Rinde von Epidot, dieselbe nimmt immer mehr zu, und das Endresultat ist eine poröse Epidot-Masse, die nur noch undeutlich die Formen der Granaten erkennen lässt. In vorzüglicher Weise zeigt diese Pseudomorphosen eine Stufe des Grossherzoglichen Museums in Darmstadt.

Eine weitere sehr interessante Erscheinung sind die sogenannten Perimorphosen von Kalkspat und Epidot nach Granat, welche in eingehender Weise von Knop[1]) untersucht und geschildert wurden. Es sind Krystalle, die äusserlich wie Granaten aussehen, jedoch bis auf eine dünne äussere Schale, die aus Granatsubstanz besteht, im Innern von Kalkspat oder Epidot erfüllt sind.

33. Axinit (Rossbach).

Derselbe ist bisher nur in einem einzigen im Besitze des Herrn Harres befindlichen Krystalle vertreten. Letzterer ist etwa 1 cm lang, von bräunlicher Farbe und mit Granat in Wollastonit eingewachsen.

34. Biotit.

Erwähnenswert sind hier grossblättrige Massen, die zuweilen in Einlagerungen der III. Gruppe Tchihatchefs und auf Marmor vorkommen.

35. Muscovit.

Muscovit tritt nach Fuchs[2]) hie und da als Pseudomorphose nach Epidot auf.

36. Talk (Rossbach).

Talk kommt sowohl mikroskopisch[3]) als auch makroskopisch sichtbar in glänzenden wasserhellen Blättchen in dem blauen Marmor vor. Er findet sich ausserdem in einer grusartigen Grenzbildung am Hangenden des Hauptlagers. Hellglänzende schuppige Partien von Talk durchziehen in Schnüren das Gestein. Daneben tritt ein dunkelgrünes weiches Mineral auf, das wohl als zersetzte Hornblende aufzufassen ist.

[1]) A. Knop. Ueber einige histologisch merkwürdige Erscheinungen etc. N. J. 1856, pag. 33.
[2]) pag. 33.
[3]) Siehe Tchihatchef pag. 11.

37. Bolus (Rossbach).

Derselbe erscheint, wie erwähnt, in Schnüren von brauner Farbe häufig in den Lettenklüften des Marmors.

38. Wollastonit.

Der Wollastonit der Einlagerungen und Kontaktbildungen bildet strahlige Massen von grünlichweisser, seltener blassroter Farbe. Er enthält als Einschlüsse stecknadelkopfgrosse grünliche Körner, die nach Knop[1]) aus Diopsid bestehen. Tchihatchef[2]) dagegen vermutet auf Grund seiner mikroskopischen und mikrochemischen Untersuchungen in ihnen Hedenbergit.

Glänzende farblose Wollastonit-Kryställchen von tafelförmiger Gestalt, und höchstens 2 mm lang, kommen zuweilen mit Vesuvian auf Marmor vor.

39. Diopsid (Rossbach).

Seibert[3]) fand Diopsid in Begleitung von Turmalin auf Granatfels. Knop erwähnt die Kombination: $\infty P\check{\infty} . \infty P . - P . P . 2P . 0P$.

40. Kokkolith.

Er erscheint als schmutziggrüner Ueberzug von Marmor. Nach Fuchs[4]) tritt Kokkolith auch in körnigen Aggregaten in Granatfels eingewachsen auf.

41. Rhodonit (Rossbach).

Derbe rosafarbene Particen von Rhodonit finden sich zuweilen in den Kontaktbildungen, sowie in gewissen Einlagerungen der III. Gruppe Tchihatchefs.

42. Tremolit (Bangertshöhe).

Tremolit kam mit Titanit, Magnetkies und Granat auf Marmor vor. Es waren hellgrüne, sowie bläulichgrüne, stenglige Aggregate.

43. Asbest (Rossbach).

Asbest trat in gewundenen, fasrigen Particen von rötlichgelber Farbe in der früher erwähnten amphibolitartigen Einlagerung des hangenden Trummes[5])

---

[1]) A. Knop. Ueber einige histologisch merkwürdige Erscheinungen etc. N. J. 1858, pag. 38.
[2]) pag. 28.
[3]) P. Seibert. Granulit und Basalt, sowie neue Mineralien in den Salbändern des körnigen Kalkes im Odenwalde. Ergänzungsblätter des Notizblattes des Vereins für Erdkunde zu Darmstadt und des mittelrheinischen geologischen Vereins, pag. 40.
[4]) pag. 30.
[5]) pag. 131.

auf. Die Uebereinstimmung in der Form mit der Hornblende des Gesteins lässt darauf schliessen, dass er aus dieser hervorgegangen ist.

44. Bergleder (Rossbach).

Gelbliche Lappen von Bergleder fanden sich als Auskleidung einer der grossen schlauchartigen Drusen des hangenden Trummes.

45. Strahlstein (Rossbach).

Derselbe wird von Seibert,[1] sowie von Harres[2] erwähnt. Nach diesen erscheint lauchgrüner Strahlstein in feinen Nadeln oder faserigen Aggregaten, zusammen mit Magnetkies oder Epidot im Marmor.

46. Beryll (Bangertshöhe).

Beryll in rötlichgrauen, undeutlich säulenförmigen Kryställchen kam auf Granatfels vor.

47. Albit (Bangertshöhe).

Kleine Albit-Krystalle fanden sich auf spätigem Kalk.

48. Skapolith (Rossbach).

Skapolith soll nach Seibert[3] am Sallbande des Marmors der Hauptgrube in kleinen undurchsichtigen Krystallen von grünlichweisser Farbe und in körnigen gelblichweissen Partieen vorgekommen sein.

49. Topas (Bangertshöhe).

Topas fand Harres[4] in farblosen und gelblichen prismatischen Krystallen mit lebhaftem Glasglanz und vertikaler Streifung im Marmor eingewachsen.

50. Titanit.

Der Titanit kommt, wie erwähnt, in dem Hornblendegrundl der liegenden Zwischenmittels, sowie in manchen Einlagerungen vor. Er erscheint in bräunlichroten glasglänzenden Kryställchen und zeigt die bekannte Briefkouvertform.

51. Turmalin.

Im Marmor selbst tritt derselbe wohl nicht auf. Sein Vorkommen erstreckt sich hauptsächlich auf den Pegmatitgang im Hangenden des haugenden

---

[1] P. Seibert. Mineralien in der Section Erbach. Notizblatt des Vereins für Erdkunde und des mittelrheinischen geologischen Vereins. 1. p. 47.
[2] W. Harres. Die Mineralvorkommen etc. Nachtrag p. 6.
[3] P. Seibert. Mineralien in der Section Erbach, p. 47.
[4] W. Harres. Die Mineralvorkommen etc., p. 7.

Trumms. Dort findet sich schwarzer Turmalin in derben Partieen oder säulenförmigen Krystallen. Der derbe Turmalin ist oft innig mit der Gesteinsmasse, besonders mit dem Quarze verwachsen. An den Krystallen fehlen meist die Endflächen. Ein Krystall zeigte ausnahmsweise neben der dreiseitigen Säule I. Ordnung und der sechsseitigen Säule II. Stellung an dem einen Ende das Grundrhomboeder (F. K. 133° 10′) und an dem anderen das Grundrhomboeder mit dem nächsten schärferen Rhomboeder — 2 R. Fast alle Krystalle weisen senkrecht zur Hauptaxe verlaufende Brüche auf, welche meist wieder durch Gesteinsmasse verkittet sind. Nicht selten enthält das schwarze Mineral in paralleler Orientierung Einschlüsse von farblosen, rosafarbenen oder hellgrünen Turmalinen. Diese sind dünn nadelförmig, einige Millimeter lang und zuweilen an beiden Enden verschieden gefärbt. Hie und da ist auch Muscovit eingewachsen, vielleicht als Umbildungsprodukt des Turmalins.

52. Epidot.

Er erscheint meist derb als Epidotfels am Kontakt und in den Einlagerungen der I. Gruppe Tschirwiateks (granatfelsartige). Die hell- bis dunkelgrünen Massen sind vielfach mit Granatfels, seltener mit Quarz oder Feldspat verwachsen und besitzen körnige Struktur. Deutliche Krystalle sind selten. Sie werden von der vorderen und der hinteren Schiefendfläche, der Querfläche, sowie der aufrechten Säule begrenzt und sind in der Richtung der Queraxe in die Länge gezogen. Neben diesen mehr säulenförmigen Krystallen finden sich auch solche von tafelförmiger Gestalt. Dieselben werden mehrere Centimeter lang und breit, sind jedoch nur unvollkommen ausgebildet. Sie zeigen die beiden Schiefendflächen und die Querfläche. Rammelsberg[1]) führt nachfolgende Analyse von Auerbacher Epidot an:

$$\begin{aligned}
SiO_2 &\quad 41{,}59 \\
Al_2O_3 &\quad 22{,}04 \\
Fe_2O_3 &\quad 16{,}04 \\
CaO &\quad 18{,}68 \\
MgO &\quad \underline{3{,}21} \\
&\quad 101{,}56
\end{aligned}$$

53. Orthit (Rossbach).

Einen kleinen Orthit-Krystall von schwarzer Farbe und lebhaftem Glasglanz fand nach Harres,[2]) vom Rath eingebettet in Marmor.

---

[1]) C. Rammelsberg. Epidot von Auerbach. V. Supplement zu dem Handwörterbuche des chemischen Teils der Mineralogie. 1853.
[2]) W. Harres. Die Mineralvorkommen etc. pag. 12.

54. Vesuvian.

Der Vesuvian kommt in den Einlagerungen, den Kontaktbildungen und hie und da im Marmor vor. Er ist von grüner oder brauner Farbe und tritt in körnigen Aggregaten, sowie in deutlichen prismatischen Krystallen auf. Diese besitzen lebhaften Glasglanz und sind selten mehr als 1 cm lang. Die häufigste Kombination ist: Säule I und II Stellung, Oktaeder I und II Stellung und Basisfläche. Hie und da fehlen auch die Oktaeder, oder es tritt zu den genannten Flächen noch eine achtseitige Säule hinzu. Knop[1]) führt folgende Kombination an: $\infty P . \infty P \infty . \infty P 2 . \infty P 3 . P . 2 P . O P$. Fuchs[2]) erwähnt die Form: $\infty P . \infty P \infty . P . P \infty . O P$.

55. Desmin.

Desmin findet sich in kleinen Krystallen am Hangenden des Marmorkörpers der Hauptgrube auf einer gneissartigen Grenzbildung und auf Wollastonitleis. Die Krystalle zeigen einen lebhaften Glasglanz und sind teils farblos, teils weiss und undurchsichtig. Gewöhnlich erscheint die Kombination: $\infty P . \infty P \infty . P \infty . O P$.

Streng[3]) führt, die Krystalle als rhombische Einzelindividuen auffassend, folgende Kombination an: $\infty P . \infty P \infty . \infty P \infty . P . O P$. Geht man von der Thatsache aus, dass Durchkreuzungszwillinge von zwei monoklinen Individuen vorliegen, so gesellt sich zu den obengenannten Flächen noch $P \infty$. Auch auf der Rangertshöhe soll Desmin vorgekommen sein.

56. Apophyllit (Rossbach).

Der Apophyllit erscheint meist in Begleitung des vorigen Minerals in farblosen, zuweilen auch weissen und undurchsichtigen Kryställchen. Diese lassen deutlich die Säule II Stellung, die perlmutterglänzende Basis und als Abstumpfung der Ecken das Oktaeder I Stellung erkennen. Nach Streng,[4]) der den Apophyllit ebenfalls beschrieben hat, tritt auch untergeordnet die Säule I Stellung auf.

57. Prehnit.

Nach Fuchs[5]) soll sich Prehnit in blättrigen Massen von graugrüner Farbe auf Granat gefunden haben.

---

[1]) A. Knop, Ueber einige mineralogisch merkwürdige Erscheinungen etc., N. J. 1858, pag. 23.
[2]) pag. 29.
[3]) A. Streng, Desmin bei Auerbach an der Bergstrasse. N. J. 1875, pag. 730.
[4]) A. Streng, Ueber Granat und Apophyllit von Auerbach, N. J. 1875, pag. 803.
[5]) pag. 30.

Die Entstehung des Marmors von Auerbach.

Vergleicht man den körnigen Marmor von Auerbach mit anderen Marmorvorkommen, so findet man, dass er mit diesen in seinem Auftreten eine gewisse Aehnlichkeit besitzt. Besonders ist dies bezüglich des Reichtums an accessorischen Mineralien und des Vorhandenseins von Kontaktbildungen der Fall. In mancher Beziehung wiederum zeigt der Marmor den meisten anderen Marmorvorkommen gegenüber ein abweichendes Verhalten. So fehlt bei ihm fast überall jene Regelmässigkeit in der Anordnung der Einlagerungen. Eine Schichtung ist nicht deutlich vorhanden. Ferner findet sich nur ganz vereinzelt Parallelstruktur, und auch diese ist nur mikroskopisch sichtbar. Weiterhin vermisst man die raudliche Wechsellagerung von Marmor und Nebengestein, die doch vielfach bei den Marmorvorkommen auftritt.

Aeltere Autoren, wie z. B. K. C. von Leonhard,[1]) haben den Auerbacher Marmor für eruptiv gehalten. Da man heute allgemein überzeugt ist, dass eine Bildung derartiger Marmorvorkommen auf feurigflüssigem Wege unmöglich ist, so kann hier von einer näheren Beleuchtung dieser Ansicht abgesehen werden.

Die herrschende Meinung, welche auch die der Herren Professor Dr. Lepsius und Dr. Chelius ist, geht dahin, den Marmor mit den Marmorsilikathornfelsen und die den Marmor umgebenden gneissartigen Gesteine als umgewandelte Glieder einer Sedimentreihe zu betrachten. Für eine sedimentäre Entstehung sprechen viele Thatsachen, so die Konkordanz der Lagerung, die parallel der Streichrichtung verlaufende Bänderung, sowie die in derselben Richtung auftretende Spaltbarkeit des Marmors. Auch die von Tchihatchef nachgewiesene Abrundung gewisser mikroskopischer Beimengungen scheint darauf hinzuweisen. Andrerseits stellen sich der Annahme einer sedimentären Entstehung manche Hindernisse in den Weg. Wie lässt sich z. B. das Vorhandensein der Hornfels- und Gneissbrocken in den liegenden Teilen des Marmorkörpers der Hauptgrube erklären, wenn man nicht gerade annimmt, dass dieselben bei Gebirgsbewegungen in den Marmor hineingepresst wurden. Für eine solche Annahme sind jedoch keine Anhaltspunkte vorhanden. Dagegen war unter Tage zu beobachten, wie die Graphitbänder des Marmors sich um einen solchen Brocken schmiegten, eine Erscheinung, die zu der

---

[1]) K. C. von Leonhard. Geologie oder Naturgeschichte der Erde auf allgemein fasslische Weise abgehandelt. II. pag. 215. (1839).

Ansicht drängt, dass der Marmor später als die ihn umgebenden gneissartigen Gesteine entstanden ist. Ferner liegt bei Annahme einer sedimentären Bildung der Gedanke nahe, dass auch die beiden Zwischenmittel des östlichen Marmorkörpers der Rossbach eingelagerte Sedimente sind. Man hätte alsdann in der Fortsetzung der Zwischenmittel noch weitere Einlagerungen zu erwarten. Solche haben sich jedoch nicht gefunden. Dr. Chelius fasst Theile der Zwischenmittel als Apophysen der benachbarten Eruptivgesteine auf. Was das hangende Zwischenmittel anbelangt, so steht dieser Ansicht manches entgegen. Einmal wird dasselbe nach Osten und Westen von dem Marmor begrenzt, und ausserdem scheint nach den neuesten Aufschlüssen auf der II. Sohle des Hauptlagers das Mittel sich auch nach unten auszukeilen. Auf die Thatsache, dass alle das Nebengestein des körnigen Marmors durchsetzenden Aplit- und Pegmatitgänge an den Vorkommen abzustossen scheinen, sei hier nochmals hingewiesen. Es scheint der Marmor diese Gangbildungen zu unterbrechen. In der That war nirgends mit Sicherheit die Identität zweier am Liegenden und Hangenden absetzender Ganggesteine festzustellen. So wurden am Liegenden der Pinge III zur Klärung dieser Frage Aufdeckarbeiten unternommen. Dieselben ergaben jedoch kein befriedigendes Resultat, da Marmor und Nebengestein an dieser Stelle stark verwittert waren. Es fand sich zwar ein pegmatitisches Gestein mit Schriftgranit-Structur, das mit dem des betreffenden Ganges grosse Aehnlichkeit zeigte, von einem gangartigen Auftreten desselben war jedoch nichts zu bemerken.

Wenn auch alle diese Thatsachen die sedimentäre Entstehung des Marmors nicht als unmöglich erscheinen lassen, so ergiebt sich doch hieraus die Berechtigung anderer Auffassungen. Knop, Fuchs und neuerdings Bauer[1]) betrachten die Auerbacher Vorkommen als Spaltenausfüllungen, entstanden durch Absatz des Marmors aus wässriger Lösung. Es ist nicht zu bestreiten, dass gar manches auf eine solche Entstehung hinweist. Besonders sei hier an die pag. 131 beschriebenen Breccien des hangenden Trumms erinnert, in denen Gneiss- und Aplitbrocken von gangförmig ausgeschiedenem Kalkspat umhüllt werden. Andererseits wird wohl die aufgerichtete Lage des Marmors viel zu dieser Anschauung beigetragen haben.

Andere wollen annehmen, dass das heutige Nebengestein der Marmorvorkommen von stark kohlensäure- und kalkhaltigen Wassern zersetzt und an seiner Stelle der Marmor abgelagert worden sei. Es wären alsdann die

---

[1]) M. Bauer. Lehrbuch der Mineralogie. 1904, pag. 315.

Einlagerungen die Ueberreste des Nebengesteins, teils in ursprünglicher Form, teils neugebildet aus den chemischen Bestandteilen desselben. Auch finde hierbei die eigentümliche Thatsache, dass das Nebengestein am Kontakt fast ohne Ausnahme stark verwittert ist, eine Erklärung.

Auch die beiden letztgenannten Auffassungen über die Entstehung des Marmors verlangen eine nachträgliche Umbildung desselben, da die Abscheidung von Marmor aus wässriger Lösung wohl bisher noch nicht beobachtet worden ist.

Wir sehen somit, dass eine endgültige Lösung der Frage nach dem Ursprunge des Marmors von Auerbach vorläufig noch nicht möglich ist, da keiner der erläuterten Ansichten eine gewisse Berechtigung zu versagen ist.

Das Marmorbergwerk Auerbach in technischer Beziehung.

Wie erwähnt, ist die Vordergrube schon seit einer längeren Reihe von Jahren ausser Betrieb, wir haben uns deshalb hier auf die Hauptgrube zu beschränken. Von einer Beschreibung der Grubenbaue ist abzusehen, da dieselbe schon oben erfolgt ist.

Der Abbau geschieht mittelst Strossenbau ohne Bergversatz. Die Abbauhöhe jeder der beiden Sohlen beträgt 12 m.

Das Gestein wird in seiner ganzen Mächtigkeit treppenförmig abgebaut, wobei auf der I. Sohle an der Firste eine 2 m hohe Strecke vorangetrieben wurde. Auf der II. Sohle fällt dieselbe weg, da hier der Abbau in der Weise erfolgt, dass die Abbaustrecke der I. Sohle um 12 m vertieft wird. Als Sprengmaterial gelangt Pulver, in vereinzelten Fällen Dynamit zur Verwendung. Das Bohren geschieht mit dem Meiselbohrer, einmännisch bei kleineren Löchern, zweimännisch bei tieferen. Sollen grössere Blöcke gewonnen werden, so bedient man sich der Keilarbeit. Ein Ausbau der Grubenräume ist bei der Festigkeit des Gebirges im allgemeinen entbehrlich. An der mächtigsten Stelle des Hauptlagers hat man zur Unterstützung der Firste zwei Pfeiler[1] von 4 resp. 10 m Durchmesser stehen lassen. Nur ausnahmsweise ist ein Ausbau notwendig geworden: Die Abbaustrecke des hangenden Trumms musste an jener Stelle, wo Marmorblöcke in verwittertem Granit eingebettet liegen in einer Länge von 10 m mit Thürstockzimmerung versehen werden. Ausser-

---
[1] Siehe Taf. I.

dem wurden in der Abbaustrecke der I. Sohle des Hauptlagers zum Schutze der Streckenstösse zweimal bis 4 m dicke Mauern[1]) aufgeführt, das eine Mal im Hangenden, an der Stelle, wo der Minette-Gang einen Tagesbruch veranlasst hatte, das andere Mal im Liegenden an einer Stelle, wo das Nebengestein in gefahrdrohender Weise verwittert war.

Einrichtungen zur Wasserhaltung fallen gänzlich fort, da die Grubenräume noch über der Thalsohle (Hochstädter Thal) liegen und der nicht unerhebliche Wasserzufluss in den zahlreichen Höhlen und Klüften verschwindet.

Zur Wetterversorgung dient der 35 m tiefe Wetterschacht, dessen Hängebank 20 m über der des Schleppschachtes liegt. Die Entfernung vom Wetterschachte bis vor Ort der Abbaustrecke der I. Sohle des Hauptlagers beträgt etwa 100 m, so dass also ein grosser Teil der Grube keine direkte Wetterzuführung erhält. Trotzdem lassen an keiner Stelle die Wetter zu wünschen übrig. Es ist dies einerseits dem Umstande zuzuschreiben, dass bei dem grossen Querschnitte der Grubenbaue eine Erneuerung der Wetter in reichlichem Masse durch Diffusion geschehen kann. Andrerseits wird aber auch der Wetterzug eine saugende Wirkung auf die Wetter der nicht direkt ventilierten Grubenräume ausüben.

Zur Förderung dienen in gewöhnlichen Fällen Wagen mit hölzernem Gestelle und eisernem Kasten. Das Gewicht der Wagen beträgt 300 kg, ihr Ladegewicht 750 kg. Zum Transport von grösseren Blöcken werden niedrige Rollwagen benutzt. Mittels Vorgelegehaspel, von denen je einer an den beiden Förderbergen und an der Hängebank des Schleppschachtes steht, wird das Gestein zu Tage gefördert. Zum Betriebe der Haspel sind je 2 bis 4 Mann erforderlich. Seitdem der Abbau der II. Sohle begonnen hat, ist die Förderung mit Menschenkraft unrentabel geworden. Es wird daher die Aufstellung einer Fördermaschine geplant. Die jährliche Fördermenge beträgt 4500 T.

Die geringere Qualität des Fördergutes wird gebrannt und findet alsdann zu chemischen Zwecken, sowie als Maurer-, Tüncher-, und Düngerkalk Verwendung. Das reinste Material wird gemahlen und als „Marmormehl" an chemische und Mineralwasser-Fabriken abgesetzt. Ein grosser Teil des Marmors geht roh, in Stücken in den Handel und wird in der chemischen und keramischen Industrie vielfach benutzt. Ausserdem liefert die Grube Marmorblöcke zu monumentalen Zwecken, ferner Einfassungssteine für Gärten und Friedhöfe, sowie Grenzsteine.

---

[1]) Siehe Taf. I. Fig. 1.

Der Kalk wird in 4 runden Schachtöfen von je 5 m Höhe und 2 m Durchmesser gebrannt. Der Brand geschieht diskontinuirlich mit eingeschichtetem Brennmaterial und dauert 5 Tage. Als Brennmaterial gelangt Koks zur Verwendung. Die Beschickung besteht aus 18 T. Kalkstein und 3 T. Brennmaterial. Der Verbrauch an Brennstoff beträgt in Gewichtsprozenten ausgedrückt: Auf das Rohmaterial bezogen 17% und auf das fertige Produkt bezogen 30%.

Die Fabrikation des Marmormehles erfolgt in 2 Mühlen. Die Betriebskraft bildet je ein Wasserrad von 9 m Durchmesser und 3 Pferdestärken. In der einen Mühle ist ausserdem für gesteigerte Anforderungen noch eine 12pferdige Dampfmaschine vorhanden. Das Fördergut wird mittels Steinbrecher bis Wallnussgrösse zerkleinert, in verschiedene Korngrössen separiert und alsdann gemahlen. Die Mahlapparate gleichen denen der Getreidemühlen. Es sind horizontale Gänge mit Bodenstein und Läufer. Je nach dem zu erreichenden Feinheitgrade der Mahlgutes muss das Material 1—5 mal den Mahlgang durchlaufen.

Die Zahl der Arbeiter beträgt 25, wovon etwa 10 Mann unter Tage beschäftigt sind. Die Arbeiter gehören den nahen Dörfern Auerbach, Hochstädten und Reichenbach an und arbeiten mit wenigen Ausnahmen schon seit vielen Jahren auf der Grube.

ABHANDLUNGEN

DER

GROSSHERZOGLICH HESSISCHEN

GEOLOGISCHEN LANDESANSTALT

ZU DARMSTADT.

Band II. Heft 4.

DARMSTADT.
IN COMMISSION BEI A. BERGSTRAESSER.
1895.

BEITRÄGE ZUR KENNTNISS

DES

KRYSTALLINEN GRUNDGEBIRGES

IM

SPESSART

MIT BESONDERER BERÜCKSICHTIGUNG DER GENETISCHEN VERHÄLTNISSE.

VON

G. KLEMM.

MIT 6 TAFELN IN LICHTDRUCK.

DARMSTADT.
IN COMMISSION BEI A. BERGSTHÄSSER.
1895.

Das krystalline Grundgebirge, welches im Spessart, oder, genauer gesagt, in dem gewöhnlich als „Vorspessart" bezeichneten Theile dieses Gebirges zu Tage tritt, hat von jeher durch die Manichfaltigkeit seiner Gesteine und der in diesen vorkommenden Mineralien die Aufmerksamkeit der Geologen und Mineralogen auf sich gezogen. Unter den älteren Arbeiten über dasselbe ist am wichtigsten die im Jahre 1840 erschienene „Geognostische Skizze der nächsten Umgegend Aschaffenburgs" von M. B. Kittel, während in neuerer Zeit namentlich Bücking, Thürach, Chelius und Goller Untersuchungen über den ganzen Spessart oder einzelne Theile desselben ausführten.

H. Bücking nahm in den Jahren 1873 bis 1876 die Preussischen Theile des Spessarts im Maassstabe 1:25000 auf und beging während dieser Zeit und in den darauf folgenden Jahren zugleich auch das Bayerische Gebiet. Die Resultate seiner Untersuchungen veröffentlichte er in einem Aufsatze: „Das Grundgebirge des Spessarts"[1]); später erweiterte und berichtigte er denselben in seiner Abhandlung: „Der nordwestliche Spessart",[2]) in welcher das krystalline Grundgebirge auf S. 19—121 ausführlich behandelt wird. Diese Arbeit enthält auch eine Uebersicht über die Litteratur jenes Gebietes. Kurz vorher waren die Blätter Langenselbold, Bieber, Lohrhaupten und Gelnhausen der geologischen Specialkarte von Preussen erschienen (Lieferung 49), welche den Preussischen Antheil des Spessarts nebst den unmittelbar angrenzenden Bayerischen Gebietstheilen darstellen.

In den Jahren 1887 bis 1898 beschäftigte sich C. Chelius mit den Kersantitgängen des südlichen Vorspessarts und verglich die Gliederung des Grundgebirges, in dem sie aufsetzen, mit derjenigen des Odenwaldes.[3]) Fast zu gleicher Zeit hatte E. Goller sich denselben Kersantitgängen zugewandt

---

[1]) Jahrb. d. Kgl. Preuss. geolog. Landesanstalt für das Jahr 1889. Berlin 1892. S. 24—98.
[2]) Abhandlungen d. Kgl. Preuss. geologischen Landesanstalt. Neue Folge. Heft 12.
[3]) Die lamprophyrischen etc. Ganggesteine im Grundgebirge d. Spessarts. N. Jahrb. f. Mineralogie etc. 1899. Bd. II. S. 67 ff. Notizen aus d. Aufnahmegebieten d. Sommers 1893. Notizbl. d. Ver. f. Erdkunde z. Darmst. 1894. S. 30.

und unter Böcking's Leitung das Gebiet derselben aufgenommen und bearbeitet.[1])

H. Thürach, der 1879—1883 auf Sandberger's Veranlassung den Vorspessart untersucht und diese Arbeiten während des Jahres 1884 im Auftrage der Kgl. Bayerischen geognostischen Landesanstalt fortgesetzt hatte, gab zuerst in seiner Inauguraldissertation[2]) einige Notizen über die krystallinen Gesteine des Spessarts, sodann[3]) im „Führer durch den Spessart" eine kurze Uebersicht ihrer Lagerungsverhältnisse und der in ihnen auftretenden Mineralien and veröffentlichte im Herbst 1893 eine sehr ausführliche Arbeit: „Ueber die Gliederung des Urgebirges im Spessart".[4])

Zu erwähnen ist auch noch die „Geologische Skizze des Bayerischen Spessarts", welche Gümbel lieferte[5]), sowie seine Ausführungen über denselben Gegenstand in seiner „Geologie von Bayern".[6])

Eine Uebersicht der Mineralvorkommen des Spessarts hat Sandberger gegeben.[7])

Der Verfasser der vorliegenden Arbeit war in den Jahren 1892 und 1893 mit der Aufnahme der Blätter Babenhausen und Schaafheim-Aschaffenburg der geologischen Specialkarte des Grossherzogthums Hessen im Maassstabe 1 : 25 000 beschäftigt. Auf letzterem Blatte treten in der Nordostecke bei Aschaffenburg noch die Ausläufer des krystallinen Grundgebirges im Spessart, in der Südwestecke aber und in den angrenzenden Theilen des Blattes Babenhausen diejenigen des Odenwaldes zu Tage. Da zu erwarten stand, dass durch die genauere Kenntniss des Grundgebirges im Spessart auch auf die Lagerungsverhältnisse der krystallinen Gesteine des Odenwaldes manches Licht geworfen werden würde, führte der Verfasser eine Anzahl von Excursionen in die weitere Umgebung von Aschaffenburg aus, zum Studium der Verbandsverhältnisse der Glieder des Spessarter Grundgebirges. Aus Mangel an Zeit war es ihm aber nicht möglich, den ganzen Vorspessart gleichmässig zu begehen, sondern genauer nur die südlich von der Kahl gelegenen Theile des-

---

[1]) Die Lamprophyrgänge d. südl. Vorspessart. N. Jahrb. f. Mineralogie. Beilagebd. VI. S. 495—563.
[2]) Ueber d. Vorkommen mikroskop. Zirkone a. Titan-Mineralien. Verhandlungen d. physik.-medizin. Ges. z. Würzbg. N. Flge. Bd. XVIII.
[3]) Schober, „Führer durch den Spessart etc." Aschaffenburg 1890. S. 17—26.
[4]) Geognostische Jahreshefte. Cassel 1893. Bd. V. S. 1—107.
[5]) Deutsche geographische Blätter. Bremen 1881. Bd. IV. S. 5 ff.
[6]) Bd. II. S. 606—622.
[7]) Geognostische Jahreshefte. Bd. IV. S. 1—34.

selben. Hierbei war ihm die schöne Bücking'sche Uebersichtskarte im Maassstabe von 1 : 100 000, welche der Abhandlung: „Der nordwestliche Spessart" beigegeben ist, von grössem Nutzen, und er fühlt sich gedrungen, auch an dieser Stelle Herrn Bücking für die freundliche Zusendung jener Abhandlung und Karte bestens zu danken. Auch von der im Herbst 1893 veröffentlichten Arbeit Thürach's konnte der Verfasser noch manchen Nutzen ziehen, da dieselbe eine grosse Anzahl instructiver Profile in detaillirter Beschreibung und z. Th. auch Abbildung enthält. Leider aber ist die beigegebene Kartenskizze weniger wegen ihres kleinen Maassstabes (1 : 175000), als wegen der Ausführung in verschiedenen Schraffuren und lediglich in Schwarzdruck im Felde nicht brauchbar, da sie fast keine Topographie erkennen lässt. Zweifellos wird deshalb noch auf lange hinaus, jedenfalls bis nach Erscheinen von Bayerischen Specialkarten, Bücking's oben erwähnte Karte die Grundlage aller Arbeiten über die krystallinen Gesteine des Spessarts bilden.

Während seiner Aufnahmen im Spessart, sowie im Sommer 1894 hatte der Verfasser auch die Gelegenheit, auf zahlreichen Excursionen mit Herrn C. Chelius die Gesteine des krystallinen Odenwaldes kennen zu lernen. Es ist ihm ein Bedürfniss, hier seinen Dank auszusprechen für die vielseitige Anregung und Aufklärung, welche er bei dieser Gelegenheit empfing.

Die „Gneisse" des Spessarts zeigen in fast allen Aufschlüssen so complicirte Structurverhältnisse und eine so vielfältige Wechsellagerung ganz verschiedenartiger Gesteinstypen, dass wohl jeder Beobachter derselben sich gedrängt fühlt, Gründe für diese auffälligen Erscheinungen zu suchen und sie genetisch zu erklären. Denn nur von diesem Standpunkte aus wird in der Art, welche H. Rosenbusch in seinem Aufsatze: „Zur Auffassung des Grundgebirges"[1] andeutete, und wie vorher schon z. B. J. Lehmann[2]) unternahm, allmählich ein Verständniss der jetzt als „krystalline Schiefer" bezeichneten Gesteine zu gewinnen sein. Nur dadurch, dass man versucht, die Gruppe der Gneisse, in welcher jetzt noch, ebenso wie etwa vor Einführung des Mikroskops in der Gruppe der „Grünsteine", die heterogensten Gesteine vereinigt sind, weiter zu gliedern, die genetischen Beziehungen dieser einzelnen Glieder zu einander zu ermitteln und womöglich die ursprüngliche Natur jedes einzelnen zu ergründen, werden sich auch viele falsche oder unklare Vorstellungen über das Alter und die Lagerungsverhältnisse der „Gneisse" berichtigen lassen.

[1] Neues Jahrb. f. Mineralogie etc. 1889. II. S. 81.
[2] Entstehung d. altkrystallinen Schiefergebirges. Bonn 1884

Die folgenden Ausführungen des Verfassers sollen Beiträge zur Kenntniss der genetischen Beziehungen der Spessartgneisse liefern. Es ist durchaus nicht seine Absicht, den ganzen krystallinen Spessart erschöpfend zu behandeln. Es soll vielmehr nur auf diejenigen Aufschlüsse Bezug genommen werden, welche Anhaltspunkte zur Beurtheilung der genetischen Fragen bieten, und es soll auch die Schilderung der mikroskopischen Beschaffenheit der einzelnen Gesteine nur nach dieser Hinsicht in Betracht gezogen werden, also es soll in der Hauptsache die Structur beschrieben werden, ohne alle Fragen nach dem Detail der mineralischen Zusammensetzung zu beantworten.

Obwohl der Verfasser gestehen muss, dass er den Vorspessart — mit Ausnahme der speciell kartirten nächsten Umgebung von Aschaffenburg — nicht so genau kennt, als Bücking und Thürach, glaubt er doch, den Beweis erbringen zu können, dass sich jenes Gebiet zusammensetzt aus einem System von Schiefergesteinen einerseits und granitischen, in jene injicirten Eruptivgesteinen andererseits, wie dies auch Bücking schon in seiner zweiten Abhandlung S. 20—22; S. 80; S. 110 angedeutet hat. Bei Thürach dagegen finden wir alle Spessartgesteine — mit Ausnahme weniger, untergeordneter Vorkommen — so besprochen, als wären sie sämmtlich echte, noch in ihrer ursprünglichen Verfassung befindliche Sedimente; er weist mehrfach den Gedanken an eine eruptive Entstehung gewisser Spessartgesteine weit zurück und spottet über Bücking's Anschauungen, ohne den Versuch zu machen, dieselben zu verbessern; zugleich übt er auch an Bücking's Angaben und an seiner Uebersichtskarte eine vielfach allzu kleinliche und unfreundliche Kritik.

Die Resultate der Specialaufnahmen und der Excursionen des Verfassers finden sich z. Th. schon in den Erläuterungen zu den oben genannten Blättern der Hessischen geologischen Specialkarte niedergelegt. Im Folgenden sollen diese Ausführungen erweitert werden, so dass zunächst eine Uebersicht der Lagerungsverhältnisse der Spessartgneisse unter Zugrundelegung der Bücking'schen Gliederung gegeben wird mit specieller Berücksichtigung der Verbandsverhältnisse der Glieder jeder einzelnen Stufe. Sodann soll die petrographische Beschaffenheit der Schiefergesteine und der Granite besprochen und zum Schluss die Resultate aus den gewonnenen Beobachtungen zusammengestellt werden.

I. Uebersicht der Lagerungsverhältnisse der einzelnen Gesteinszonen im Anschluss an die Gliederung von Bücking (und Thürach).

Das krystalline Grundgebirge des Spessarts baut sich auf aus einer Anzahl nordöstlich streichender und vorwiegend nordwestlich einfallender Gesteinszonen, welche einander anscheinend concordant überlagern. Die Gliederung dieses Complexes ist nach Bücking und Thürach folgende:

Bücking.

A. Aelterer Gneiss des Spessarts (Hercynische Gneissformation).
1) Granitgneiss und Dioritgneiss.

2) Körnig-streifiger Gneiss mit eingelagertem körnigem Kalk.
3) Körnig-flaseriger Gneiss (Hauptgneiss, Körnelgneiss).

B. Glimmerschieferformation des Spessarts.
4) Glimmerreicher, schieferiger Gneiss.

Thürach.

I. Abtheilung der südlichen Gneisse.
 a) Stufe des Plagioklashornblendegneisses und der körnigen Gneisse (Bessenbacher Stufe.)
 b) Stufe des körnig-streifigen Gneisses (Elterhöfer Stufe).

II. Abtheilung der mittleren Gneisse.
 a) Stufe des zweiglimmerigen, glimmerreichen und quarzreichen Gneisses (Schweinheimer Stufe).
 b) Stufe des dunkelglimmerigen Körnelgneisses (Haibacher Stufe).
 c) Südliche oder untere Stufe des zweiglimmerigen Körnelgneisses (Goldbacher Stufe).
 d) Südliche oder untere Stufe des Staurolithgneisses (Glattbacher Stufe).
 e) Nördliche oder obere Stufe des zweiglimmerigen Körnelgneisses (Stockstadter Stufe).
 f. Mittlere oder Hauptstufe der Staurolithgneisse (Mömbriser Stufe).
 g) Stufe des ersten (unteren) Quarzitschieferzuges (Westerner Stufe).
 h) Nördliche oder obere Stufe des Staurolithgneisses (Dürrusteinbacher Stufe).

5) Quarzit- und Glimmerschiefer.

C. Jüngerer Gneiss des Spessarts.
6) Hornblendegneiss, wechsellagernd mit Biotitgneiss.
7) Feldspathreicher Biotitgneiss.

III. Abtheilung der Glimmerschiefer und Quarzitschiefer.
IV. Abtheilung der nördlichen Gneisse.
a) Stufe der hornblendereichen, schiefrigen Gneisse (Alzenauer Stufe).
b) Stufe der nördlichen Körnelgneisse (Trageser Stufe).

In dieser Gliederung entspricht also:

Bückings Stufe A 1 Thürachs Stufe I a
„ „ A 2 „ „ I b
„ „ A 3 „ „ II a—II e
„ „ B 4 „ „ II f—II h
„ „ B 5 „ „ III
„ „ C 6 „ „ IV a
„ „ C 7 „ „ IV b.

Die Grenzen zwischen diesen einzelnen Stufen werden von beiden Autoren in fast völlig übereinstimmender Weise gezogen. Aber die Zusammenfassung derselben ist anders bei Thürach als bei Bücking. Und zwar ist die von letzterem Forscher gewählte Gruppirung entschieden vorzuziehen, wie dies die späteren Ausführungen ergeben werden. Denn er hat mit sicherem Blick den Gegensatz der vorwiegend aus Eruptivmassen bestehenden nördlichsten und südlichsten Gesteinszonen gegen die in ihrer Mitte liegenden geschlossenen Schiefermassen erkannt und demzufolge jene in den Abtheilungen A und C, diese in der Abtheilung B zusammengefasst, während Thürach's Gliederung diesen wichtigen Unterschied nicht hervortreten lässt und z. B. die mit den Staurolithschiefern in genetisch so engen Beziehungen stehenden Quarzitschiefer denselben als besondere Abtheilung entgegenstellt. Da ausserdem Bücking's Gliederung längere Zeit aufgestellt war, ehe Thürach ausführlichere Darlegungen seiner Untersuchungen gab — denn den Notizen in Schober's Spessartführer wird man doch wohl kaum grosses Gewicht beilegen dürfen —, so hätte es wirklich nicht der Aufstellung einer neuen Gliederung von Seiten Thürach's bedurft. Andererseits ist es als ein zweifelloser Mangel der Bückingschen Gliederung und auch seiner Uebersichtskarte zu bezeichnen, dass in denselben die von Thürach aufgestellten Stufen II a und II b nicht unterschieden worden sind.

A. Aelterer Gneiss.

1. Dioritgneiss und Granitgneiss.

Die von Däcking als Dioritgneiss und Granitgneiss bezeichneten Gesteine entsprechen Thürach's Stufe des Plagioklashornblendegneisses und der körnigen Gneisse (Reusenbacher Stufe). Das Hauptgestein bildet in derselben der Dioritgneiss, während der Granitgneiss besonders in den liegenden Theilen auftritt, stellenweise auch in der Mitte. An der Grenze gegen die nächst höhere Stufe geht der Dioritgneiss vielfach in Augengneiss über, welcher indess durchaus nicht auf diesen Rand beschränkt ist, sondern sich vielfach auch inmitten des normalen Dioritgneisses ausgebildet findet. Ausserdem treten noch feinkörnige, schieferige Gneisse auf, ferner saure, pegmatitische Ausscheidungen und Gänge dioritischer Lamprophyre. Letztere haben durch Chelius und Goller in den oben citirten Arbeiten ausführliche Beschreibung gefunden.

Der Dioritgneiss ist ein mittelkörniges, im Aufschluss betrachtet, dunkelgraues bis fast schwarzes Gestein, welches im Allgemeinen mit deutlicher Parallelstructur behaftet ist. Seine makroskopischen Gemengtheile sind Feldspath, Quarz, Hornblende, Biotit und Titanit. Die Structur ist bald gleichmässig-körnig, bald wird sie durch das Auftreten grösserer, leistenförmiger Feldspathkrystalle porphyrisch. Aus dieser Ausbildung gehen durch Anwachsen der Feldspatheinsprenglinge, welche bis über 3 cm lang werden, die Augengneisse hervor, meist unter allgemeiner Vergröberung des Gesteinskornes. Bisweilen vollzieht sich dieser Uebergang ziemlich schnell, so dass fast unvermittelt neben den gewöhnlichen, wenig porphyrischen Dioritgneissen plötzlich die an grossen Feldspäthen reichen Augengneisse auftreten, wie z. B. in Gailbach in dem Steinbruche hinter dem Wirthshaus zum grünen Baum, wo, aus einiger Entfernung gesehen, eine scharfe Grenze zwischen beiden Gesteinsformen zu liegen scheint. Meist findet aber ein allmählicher Uebergang statt. So trifft man z. B. in dem Korautitbruch am Südwestabhange des Grauberges bei Schweinheim, der auf Gollers Karte mit Nr. X bezeichnet ist und in den benachbarten Klippen mitten im gewöhnlichen Dioritgneiss verschwommen begrenzte, an grossen Feldspäthen reiche Partien und bei genauer Betrachtung der Grenzen von Augen- und Dioritgneiss sieht man nirgendswo die Grundmasse beider Gesteinsarten scharf an einander absetzen. Es ist daher unzweifelhaft, dass, wie auch Däcking, Goller und Thürach annehmen, ersterer nur eine porphyrische Abart des letzteren ist.

Im Diorit- und Augengneiss finden sich in grösster Häufigkeit und in ganz unregelmässiger Vertheilung dunkle, kleinkörnige bis dichte, deutlich schieferige Gesteine, deren Schieferung parallel zum Streichen der Dioritgneisse verläuft. Diese schieferigen Gesteine bilden bald Massen von mehreren Metern Mächtigkeit, welche man in ihrem Streichen oft weithin verfolgen kann, bald schmale Bänder, die bis unter Centimeterdicke herabsinken, bald endlich kleine Putzen und Drückchen, die sich nur undeutlich von dem Hauptgestein abheben. Fig. 6 auf Tafel IV zeigt eine typische Stufe von Dioritgneiss vom Nordabhang des Stengerts in ungefähr halber natürlicher Grösse und lässt deutlich den Gegensatz zwischen den schwarzen, feinkörnigen bis dichten Schieferbröckchen und der mittelkörnigen Hauptmasse des Gesteins erkennen. Der Parallelismus der Feldspäthe und der Schieferbröckchen ist unverkennbar. Die Verbandsverhältnisse beider Gesteinsarten werden durch Tafel I Fig. 1 und 2 veranschaulicht, welche photographische Aufnahmen von Theilen derselben Steinbruchswand (Kersantithbruch Goller's Nr. X am Grauberg) darstellen, die Thürach S. 94 abgebildet hat. Aus der Vergleichung der vorliegenden Bilder mit jenen dürfte sich wohl ohne Weiteres ergeben, dass die Darstellung so complicirter Structurverhältnisse wie der hier obwaltenden, durch Handzeichnung nicht rathsam ist, da diese stets, selbst bei sorgfältigster Ausführung schematisirt werden wird und eine Fülle wichtigster Structurdetails nicht wiedergibt, während ja die photographische Abbildung alle kleinsten Einzelheiten, auch diejenigen, welche der Beobachtung des Zeichners entgangen sind, in unanfechtbar getreuer Weise der allgemeinen Beurtheilung zugänglich macht.

Aus der Betrachtung der Figuren 1 und 2 auf Tafel I geht aber hervor, dass die feinkörnigen, schieferigen, im Bilde schwarz erscheinenden Gesteine mit dem in helleren Tönen wiedergegebenen Dioritgneiss durchaus nicht im Verhältniss einer regelmässigen Wechsellagerung stehen, etwa wie Schichten von Sandsteinen und Thonschiefern, sondern dass jene nur als Einschlüsse in einem Eruptivgestein gedeutet werden können. Nur so ist es zu erklären, dass der Dioritgneiss in zahllosen groben bis feinsten Aederchen zwischen die Schichten der dunklen Schiefergesteine eingedrungen ist, sie aufgeblättert und zerfetzt hat und sie in spitzem oder fast rechtem Winkel — besonders in Fig. 2 — durchsetzt, und dass so zahlreiche eckige oder gerundete Fetzen und Brocken von Schiefer mitten im Dioritgneiss liegen, wobei man manchmal ganz deutlich noch die Stelle sehen kann, von der jene losgerissen worden sind.

173

Die abgebildeten Profile lassen aber auch zugleich erkennen, dass die hier vorliegende complicirte Gesteinsstructur unmöglich auf Gebirgsdruck, der nach der Verfestigung der Gesteinsmassen auf dieselben eingewirkt hätte, zurückführbar ist. Denn die feinsten Aederchen des Dioritgneisses, welche die Schiefer injiciren, sind noch völlig im Zusammenhange geblieben und zeigen ebenso wenig, wie die aufgeblätterten Schieferbänder Zerreissungen oder Verschiebungen. Zwar treten Störungslinien in jenem Gebiet nicht selten auf und es erscheint z. B. der Kersantitgang in demselben Aufschlusse an einer Stelle um mehrere Meter gegen seine ursprüngliche Richtung durch eine WO-Spalte verworfen, wie dies Thürach (S. 93) beobachtet hat, aber diese jedenfalls relativ jugendlichen Verwerfungen sind es nicht gewesen, welche die Zerreissung der Schieferschollen und deren „Wechsellagerung" mit dem Dioritgneiss bewirkt haben.

Noch in den Erläuterungen zu Blatt Schaafheim-Aschaffenburg S. 22 war der Verfasser geneigt, gewisse Eigenthümlichkeiten in der mikroskopischen Structur granitischer Spessartgesteine auf die Einwirkung von jüngerem Gebirgsdruck gegen die verfestigten Massen zuzuschreiben. Er wurde aber bei Excursionen im Odenwalde durch seinen Collegen Chelius überzeugt, dass an solchen Stellen, wie sie in Fig. 1 und 2, Tafel I, abgebildet sind, an denen also die feinsten Einzelheiten der ursprünglichen Structur noch völlig intact geblieben sind, nach der Erstarrung der Eruptivmassen unmöglich zahllose Verschiebungen auf engstem Raume innerhalb derselben vorgekommen sein können, und dass daher auch jene später zu besprechenden Structuren trotz ihrer Aehnlichkeit mit der Trümmerstructur, welche die Gesteine an Verwerfungsspalten anzunehmen pflegen, ursprüngliche sein müssen. Aus demselben Grunde wird man aber die Entstehung der Biegungen und Faltungen der Schiefereinschlüsse im Granit, wie wie z. B. Fig. 1 auf Tafel I zeigt, wie sie aber häufig noch weit complicirtere Beschaffenheit haben, gleichfalls in der Zeit vor der Erstarrung des Eruptivgesteins annehmen müssen.

Nach dem Gesagten wird man nicht umhin können, den Dioritgneiss für ein echtes, wenn auch wegen seiner Parallelstructur auffallendes Eruptivgestein zu halten, das man wegen seines Zusammenhanges mit granitischen Massen — von denen später die Rede sein soll — wohl am besten als Hornblendegranit bezeichnet.

Dagegen sind die dunklen, schieferigen Einschlüsse desselben sicher als umgewandelte Schiefergesteine (z. Th. vielleicht als umgewandelte, jenen lagerartig eingeschaltete Deckengesteine und deren Tuffe) zu deuten. Und zwar lassen dieselben in petrographischer Hinsicht ziemlich bedeutende Verschiedenheit erkennen. Die meisten sind hornblendereich, gehen aber über in solche Schiefergesteine, in denen Biotit vor der Hornblende vorherrscht. Diese wieder sind durch Uebergänge und Wechsellagerung verknüpft mit Kalksilicathornfelsen, sowie echten Grauwacken, deren ursprünglich klastische Structur trotz aller Umwandlungen, die sie erfahren haben, noch deutlich zu erkennen ist. Alle diese Gesteine zeigen nämlich, wie später noch ausführlich beschrieben werden soll, die Kennzeichen contactmetamorpher Gesteine an sich. Da nun die Amphibol- und Biotitschiefer mit echten Grauwacken wechsellagern, kann man auch keins dieser Gesteine als basische Ausscheidung aus dem Granit betrachten, diesen letzteren aber, da er klastische Gesteine umschliesst, nicht als einen Theil der Erstarrungskruste der Erde.

Die Parallelstructur des Hornblendegranites wird in erster Linie bedingt durch die gleichsinnige Lagerung seiner Hornblenden und Biotite, erst in zweiter Linie durch die seiner Feldspäthe. Denn diese letzteren sind zum grossen Theile rundliche Körner oder Krystalle von gedrungener Form, während ein anderer Theil, besonders die porphyrischen Orthoklase, in der Richtung der Verticalaxe gestreckt ist und breite Klinopinakoidflächen besitzt, die parallel zu einander und zur Schichtung der Schieferschollen liegen. Ueberhaupt sieht man ganz deutlich, dass diese letztere stets für die Anordnung der Granitgemengtheile maassgebend ist und zwar nicht bloss in der in Rede stehenden untersten Stufe der Spessartgesteine, sondern auch in allen übrigen. Ausnahmen hiervon bilden nur die Granittrümer, welche quer durch die Schieferschollen setzen; obwohl solche nicht gerade selten, sondern in allen Stufen zu beobachten sind, gilt es doch als Regel, dass das eruptive Magma parallel zu den Schieferschichten, mögen diese nun eben oder gewunden sein, injicirt wurde, also in der Richtung des geringsten Widerstandes. Nach allem diesem muss man annehmen, dass während der Injection das Magma unter gewaltigem Drucke stand, durch welchen alle Gemengtheile, die nach einer oder zwei Dimensionen besonders ausgebildet sind, parallel zu einander und zu den Schieferungsflächen der injicirten Gesteine angeordnet wurden und dass aus demselben Grunde auch die losgerissenen Fragmente der Schiefer sich der allgemeinen Parallelstructur einfügten. Auch da, wo sich Schlieren im Magma gebildet haben, sind diese stets parallel zu den Schieferschollen angeordnet; sehr oft kann man solche, fast nur aus Feldspathkörnern bestehende decimeterlange, dabei aber nur wenige Millimeter breite Schlieren wahrzunehmen. Die Augengneisse aber stellen auch nichts anderes dar, als grosse, an porphyrischen Orthoklasen reiche Schlieren, welche bald, je nachdem lebhafte Bewegungen im Magma stattgefunden haben oder nicht, scharf gegen den normalen Hornblendegranit abgesetzt erscheinen oder allmählich in ihm verschwimmen.

Am besten ist die Parallelstructur in den einschlussreichen Hornblendegraniten entwickelt, mögen nun grosse Schollen oder nur zahllose kleine Schieferfetzen vorhanden sein. Wo aber Einschlüsse zurücktreten, nimmt der Granit fast rein massige Structur an, mit schwachen, im Handstück oft kaum erkennbaren Andeutungen von Parallelstructur, wie z. B. in einem Steinbruch am Westende von Gailbach.

Alle hier geschilderten Eigenthümlichkeiten des Hornblendegranites sind auch an denen des Odenwaldes zu erkennen, so z. B. in der Gegend von Neustadt, Gross-Umstadt oder des Felsberges.

Der **Granitgneiss** oder körnige Gneiss (Thürach) tritt vorwiegend in den liegendsten (östlichsten) Regionen des Hornblendegranites auf, da wo er unter den mächtigen, ihm aufgelagerten Buntsandsteinmassen verschwindet. Dies scheint aber mehr zufällig zu sein, da er ebenso auch mitten im ersteren, so bei Soden, Gailbach, Dürr-Morsbach und Hain auftritt. Dieser Granitgneiss gleicht in seiner makroskopischen und mikroskopischen Beschaffenheit völlig dem weiter unten als **jüngerer Granit** (Halsbacher Körnelgneiss Thürach's) zu beschreibenden Gestein. Ueberall setzt er scharf gegen den Hornblendegranit ab, führt da, wo er in grösseren Massen auftritt, grössere Schollen und kleine Fragmente von Schiefergesteinen und zeigt da, wo er in Form schmälerer Gänge erscheint, seine eruptive Natur so klar, dass selbst Thürach zu dem Eingeständniss gelangt (s. o. S. 60): „Was die Entstehung des Glimmer-armen, körnigen Gneisses anbelangt, so ist es nicht unmöglich, dass die mächtigeren Schichten desselben Lagergranite darstellen, deren krystallinische Verfestigung jedoch nahezu gleichzeitig mit der des Hornblendegneisses erfolgt sein muss". „Sie als durch Gebirgsdruck schiefrig gewordenen Granit zu deuten, muss ich den Herren Goller und Bücking nachzuweisen überlassen" fügt er dann recht inconsequent hinzu.

Noch klarer als im Spessart werden die Altersverhältnisse des Hornblendegranites und des hier als „jüngerer Granit" angesprochenen Gesteines durch das vom Verfasser in den Erläuterungen zu Blatt Babenhausen beschriebene und abgebildete (S. 9) Profil von Schlierbach in den nördlichsten Ausläufern des östlichen Odenwaldzuges dargelegt, welches nicht nur die scharfe Grenzlinie beider Gesteine vorzüglich aufgeschlossen zeigt, sondern auch eine Apophyse des jüngeren im Hornblendegranit.

Ein noch jüngeres Eruptionsstadium stellen die Pegmatitgänge dar (pegmatitische Ausscheidungen Thürach's), welche nicht nur den Hornblendegranit mit seinen Schiefern, sondern auch den jüngeren Granit durchsetzen. Die mineralische Zusammensetzung derselben ist, wie die ausführlichen Beschreibungen Bücking's und Thürach's erkennen lassen, recht mannichfaltig, noch wechselvoller aber die Form ihres Auftretens. Die Abbildungen, die Thürach auf den Seiten 52, 53, 59, 61, 67, 70 seiner Arbeit von solchen „Differenzirungen des Plagioklas-Hornblendegneisses" gibt, lassen dieselben bald als äusserst fein verästelte, bald als einfachere Gänge erkennen, welche theils parallel zu den Schiefern und der Absonderung des Hornblendegranites, theils unter allen möglichen Winkeln gegen dieselbe geneigt, aufsetzen.

Thürach unterscheidet zwei Typen der Pegmatite, deren erster die schwachen, 1—15 cm dicken, gewöhnlich stark verästelten Adern begreift, deren Gefüge mittel- bis grobkörnig, aber nicht eigentlich grosskrystallinisch ist. Dieselben enthalten häufig neben dunklem Glimmer auch Hornblende, ein sonst den Pegmatiten fremdes Mineral, das sich aber auch im Spessart nur da in ihnen einstellt, wo sie hornblendeführende Gesteine durchsetzen. Ihre Gangnatur und eruptive Entstehung sind zum Theil so unverkennbar, dass selbst Thürach nicht umhin kann, einige derselben als „Granitgänge" auszusprechen. Im Querbruche des Hornblendegranites und seiner Schiefereinschlüsse tritt denn auch die Gangnatur aller pegmatitischen Adern stets hervor; auf solchen Flächen aber, die parallel oder in spitzem Winkel zur Absonderungsrichtung des Hornblendegranites verlaufen, kann man auf den ersten Blick dieselben mit gröberen Schlieren des Granites verwechseln, wie dies Thürach auch wohl vielfach gethan hat.

Der zweite Typus Thürach's umfasst die mächtigeren, grobkrystallinen Gänge, welche im Allgemeinen hornblendefrei sind.

Im Gegensatze zu diesen lichten, späteren Gangbildungen stehen gewisse, in Structur und Zusammensetzung den stärkeren Pegmatitgängen überaus ähnliche Gesteinspartien im Hornblendegranit, welche aber ringsum abgeschlossen erscheinen und die Ausfüllung theils rundlicher, drusenartiger, theils langgestreckter Hohlräume bilden, in denen die letzten Reste des Magmas auskrystallisirten. Thürach bespricht ihre Zusammensetzung so ausführlich, dass wir hier ihrer Beschreibung enthoben sind.

Als letztes Eruptionsstadium im Gebiete des Hornblendegranites muss die Entstehung der Kersantitgänge betrachtet werden. Die Gesteine selbst sind von den eingangs erwähnten Bearbeitern so eingehend beschrieben worden, dass dem hier nichts mehr über ihre Zusammensetzung beizufügen ist. Es soll nur kurz erwähnt werden, dass dieselben oft Fragmente der verschiedenen, in ihrer Umgebung auftretenden Gesteine enthalten, Hornblendegranit, jüngeren Granit und Pegmatit und hierdurch ihr Alter zweifellos documentiren. Ueber die in ihnen auftretenden Quarze und Feldspäthe, welche Goller, Bücking und Thürach als saure Ausscheidungen des Magmas bezeichnet haben, Chelius dagegen als Spratzlinge, soll noch weiter unten geredet werden, ebenso über gewisse feine, neuerdings beobachtete Trümchen der Kersantite im Granit.

An den jungen, nach der völligen Erstarrung des Hornblendegranites und seiner Gänge ausgebildeten Verwerfungen haben alle diese Gesteine oft die stärksten Veränderungen durch den Gebirgsdruck erlitten. Solche Störungszonen finden sich mehrfach bei Bessenbach, so z. B. an der Ausmündung des „engen Grundes". Daselbst ist an zahllosen Spalten der Granit in eigenthümliche, schieferig dichte Massen umgewandelt, innerhalb deren oft — jedenfalls durch Quellabsätze — Eisenglanz in feiner Vertheilung und in guten Krystallen abgelagert worden ist. Das Gleiche ist auch bei Hain zu beobachten, wo auch das Eisenerz früher abgebaut wurde. Die ganze Granitmasse ist an diesen Punkten von zahllosen, feingestreiften Gleitflächen durchzogen, so dass sie beim Anschlagen in scharfkantige, ringsum von solchen Klüften begrenzte Fragmente zerspringt und es sehr schwer hält, hier frische Anbrüche des Gesteins zu bekommen. Häufig haben sich auch auf solchen Klüften interessante Mineralneubildungen (Adular, Albit, Epidot, Desmin u. s. w.) vollzogen, über welche Thürach S. 72 ausführlich berichtet.

2. Der körnig-streifige Gneiss.

Durch ganz allmähliches Zurücktreten geht nach NW, also nach dem Hangenden zu, der „Dioritgneiss" in den „körnig-streifigen Gneiss" über, wie dies Goller, Bücking und Thürach in völlig übereinstimmender Weise schildern. Alle diese Autoren heben als charakteristisch für die letztere Stufe den vielfachen Wechsel feinkörniger, schieferiger, glimmer- oder hornblendereicher, mit körnigen, flaserigen, glimmerärmeren aber feldspathreicheren Gesteinen hervor, ein Wechsel, der oft in einem Handstück der gewöhnlichen Grösse mehrfach zu beobachten ist.

An einer Anzahl von Stellen — Thürach führt S. 29 vierzehn verschiedene Localitäten an — treten im körnig-streifigen Gneiss Lager von körnigem Kalk auf.

Begeht man eins der Profile, welche quer zum Streichen der ganzen Stufe verlaufen, also etwa von N oder NW nach S oder SO, wie es zahlreiche kleine Schürfe und Klippen am Grauberge bei Schweinheim bieten oder die Böschung der Strasse von Aschaffenburg nach Goldbach zwischen dem Dorfe und der Dimpelsmühle, oder der Hohlweg von Hailbach nach Strass-Bessenbach, so gewinnt man die Ueberzeugung, dass auch hier ganz analoge Verhältnisse walten, wie in der Stufe des „Dioritgneisses". Ueberall sieht man kleinste bis sehr grosse **Schollen dunkler, feinschieferiger Gesteine**, die meist parallel, bisweilen auch quer zur Schieferung von **granitischen Gesteinen** injicirt werden. Diese letzteren repräsentiren, abgesehen von den zahllosen Pegmatitgängen, zwei Typen; erstens mittelkörnige, oft porphyrische Gesteine, nicht selten ganz identisch mit dem „Augengneiss" oder dem Hauptgestein der „Dioritgneisszone", zweitens kleinkörnige, meist recht glimmerarme Granite, die genau den im Hornblendegranit aufsetzenden „Granitgneissen" entsprechen. Die letzteren gehören demnach zum jüngeren, die ersteren zum älteren Granit. Jedoch ist hier der Wechsel zwischen beiden Graniten ein viel häufigerer, und besonders in den vortrefflichen Aufschlüssen am Grauberge sieht man, wie innig stellenweise die Durchdringung des älteren Granites durch den jüngeren ist, so dass sich beide Gesteine fast die Waage zu halten scheinen.

Unter den Schiefergesteinen des körnig-streifigen Gneisses herrschen im Gegensatz zu denen des Dioritgneisses **Biotitschiefer** vor, welche nach Thürach eine „düstere" Färbung durch Graphit erhalten haben. Auch Muscovit, dessen mehrere Millimeter grosse Schüppchen nicht bloss auf den Schieferungsflächen liegen, sondern manchmal auch quer gestellt erscheinen, ist in gewissen Lagen häufig. Andere sind wiederum sehr reich an Granat. Dazwischen treten aber auch echte Hornblendeschiefer auf, die bis zu 50 m Mächtigkeit erreichen (Aumühle bei Schweinheim etc.), und mit diesen wechsellagern local zugleiche Gesteine. Der sedimentäre Ursprung dieser Schiefergesteine wird vor Allem durch das Auftreten der **körnigen Kalke** bewiesen, welche mit den Schiefern durch Wechsellagerung und allmähliche Uebergänge eng verknüpft sind und durch das Vorkommen echter, an klastischem Material reicher **Grauwacken** (am Fusse des Erbigberges bei Schweinheim), die ebenso zweifellos mit den daselbst anstehenden Amphibol- und Biotitschiefern concordant verbunden sind. Die mikroskopische Untersuchung lässt alle diese schieferigen Gesteine als contactmetamorphe Sedimente erkennen, wie dies Bücking (l. c. S. 21) vermuthungsweise ausspricht.

Ausserdem wechsellagern aber mit den Biotitschiefern u. a. w. Hornblendegesteine, in denen man vielleicht zum Theil stark umgewandelte Eruptivgesteine (Diabase, Diorite und Gabbro's) zu erkennen hat, welche jenen Sedimenten als Lager eingeschaltet sind. Andere Hornblendeschiefer könnte man vielleicht eher als umgewandelte Tuffe jener Effusivgesteine deuten.

Genau entsprechend ihrem südwestlichen Streichen findet man die „körnig-streifigen Gneisse" jenseits des Mains in der Gegend südlich von Schaafheim wieder und in ihrem Liegenden bei Radheim „Dioritgneisse". Jedenfalls in Folge der zahllosen Verwerfungen, welche die nördlichen Ausläufer des Odenwaldes durchsetzen, treten auch im Nordwesten von Schaafheim bei Langstadt wieder „körnig-streifige Gneisse" mit mehreren Einlagerungen von Amphibolschiefer auf und wieder in deren Liegendem bei Schlierbach die oben erwähnten Hornblendegranite. Bei dem Bau der Kreisstrasse von Schaafheim nach Radheim waren im Jahre 1892 vorzügliche Profile durch die Schiefer und Granite südlich von Schaafheim geschaffen, an denen trotz der mehrere Meter tief greifenden Verwitterung, welche das ganze Gestein zu losem Grus verwandelt hat, die Verbandsverhältnisse beider Gesteine in trefflicher Weise aufgeschlossen waren.

Man erkennt auf dem Bilde Tafel I Fig. 3, das ein Profil aus dem Einschnitt jener Strasse darstellt, die dunklen, z. Th. gefalteten Schiefer, welche von zahllosen hellen Granitadern durchsetzt werden, meist parallel zu ihrer Schichtung, häufig aber, wie auf der rechten Seite des Bildes, auch quer. Mehrfach sieht man ein förmliches Netzwerk von Granittrümchen. Sehr deutlich ist ferner das Losreissen feiner Blätter und Streifen von Schiefer und deren Einbettung mitten in das Eruptivgestein zu bemerken. Auch ein Pegmatitgang tritt in dem Aufschluss auf.

Ganz ähnliche Gesteine finden sich noch an zahlreichen Punkten des Odenwaldes, so am Heeghölzchen bei Wiebelsbach südlich von Gross-Umstadt[1]), wo ganz dieselben Schiefergesteine aufgeschlossen sind, wie in der Nähe der Elterhöfe bei Schweinheim, und wo auch körnige Kalke in dünnen Lagern vorkommen. Wahrscheinlich sind auch die Marmorlager von

---

[1]) Erläuterungen zu Blatt Gross-Umstadt von C. Chelius. S. 10.

Auerbach an der Bergstrasse nur Analoga zu den körnigen Kalken des Spessarts, da sie, wie diese, in einer Hülle von Schiefergesteinen mit contactmetamorphischem Habitus ruhen, in deren Nähe ein Granit ansteht, welcher gewissen Ausbildungsformen des Spessarter älteren Granites äusserst ähnlich ist.

3. Der Hauptgneiss.

Die auf der Bücking'schen Uebersichtskarte als „Hauptgneiss" zusammengefassten Gesteine, welche den körnig-streifigen Gneiss concordant überlagern, oder, rein topographisch gesprochen, nach NW auf demselben folgen, gliedert Thürach noch weiter in 5 Stufen, welche er auch auf seiner Kartenskizze ausgezeichnet hat. Thürach findet zwischen den untersten dieser Stufen und dem körnig-streifigen Gneiss eine scharfe Grenze „fast gleich einer Formationsgrenze", welche bedingt wird durch das plötzliche reichliche Auftreten von Muscovit. Verfasser konnte sich von dem Vorhandensein dieser scharfen Grenze durchaus nicht überzeugen.

Die Thürach'sche Stufe des

a) zweiglimmerigen, glimmerreichen und quarzreichen Gneisses (Schweinheimer Stufe)

setzt sich zusammen aus ganz unbedingt vorwaltenden glimmerreichen Schiefern, die in ihrer Mitte nur selten Gänge von älterem oder jüngerem Granit enthalten, dafür aber randlich sehr deutliche Injectionen erkennen lassen. Ausserordentlich häufig treten aber in ihnen Pegmatitgänge auf, die allerdings meist nicht über 2 dm mächtig werden. Die „Schweinheimer Gneisse" sind dünnschieferige, glimmerreiche, meist aber auch feldspathreiche Schiefergesteine, welche contactmetamorph umgewandelt sind, wie alle bis jetzt besprochenen Schiefer. Sie gleichen allerdings viel mehr den später zu besprechenden „Staurolithgneissen" als den „düsteren" Gneissen der vorher besprochenen Zone. Aber doch sind ihre Verschiedenheiten gegen die letzteren nur unwesentlich, und der Verfasser kann nicht finden, dass in der Schweinheimer Stufe der Muscovit eine auffällig wichtige Rolle spielt. Der Reichthum der Schweinheimer Stufe an Biotit, welcher oft stark ausgebleicht ist, ist so gross, dass man auf den Schieferungsflächen fast nichts von den anderen Gesteinsgemengtheilen erkennt, sondern dass dieselben erst auf dem Querbruch hervortreten, während auf den Schieferungsflächen der Glimmer förmliche Häute bildet.

Die von Thürach als „quarzreichen Schichten" beschriebenen Trümer des jüngeren Granites zeigen auch stets Parallelstructur, sind aber bedeutend glimmerärmer als ihre Umgebung. Oft ist zu bemerken, dass sie alle Windungen der gefalteten Schieferschichten mitmachen, ohne hierbei irgendwie zerstückelt zu werden, sodass man eine Injection derselben in das schon gefaltete Schiefergebirge annehmen muss, wofür ausserdem noch andere, später zu besprechende Gründe reden. Nach der Grenze gegen die nächsthöhere Stufe Thürach's werden die „quarzreichen Schichten" häufiger und es findet so ein allmählicher Uebergang statt zur Stufe des

b) **dunkelglimmerigen Körnelgneisses oder Haibacher Gneissstufe.**

Das von Böcking „grauer, körnig-flaseriger Biotitgneiss" genannte Gestein ist in typischer Ausbildung in den Steinbrüchen am Wendolberg und Hermesbuckel östlich von Aschaffenburg aufgeschlossen. Es ist ein kleinkörniges, meist deutlich parallel struirtes, am besten wohl als körnigschieferig zu bezeichnendes Gestein, dessen Zusammensetzung aus Quarz, Feldspath und Biotit als Hauptgemengtheilen nicht bloss auf dem Querbruch, sondern auch auf den Schieferungsflächen unschwer zu erkennen ist, da der Biotit in kleinen, unregelmässig umrandeten, nur selten sechseckigen Blättchen von höchstens 3 mm Durchmesser ausgeschieden ist, in zu geringer Menge, um sich zu Häuten zusammen zu schaaren. Im Aufschluss betrachtet, hat der „Biotitgneiss" hellgraue Farbe, häufig mit entschiedener Hinneigung in's Röthliche, so dass Chelius ihn im Odenwalde, wo er besonders im „Böllsteiner Gebiet" zu Tage tritt (vorzüglich aufgeschlossen z. B. bei Langen-Drombach am Steinkopf) als „rothen Böllsteiner Gneiss" bezeichnete. Im Bruche senkrecht zur Schieferung, aber parallel zum Streichen des Gesteins, sieht man die Glimmerblätter nicht in zusammenhängende Bänder vereinigt, sondern in kurze, vielfach unterbrochene Linien angeordnet von geradem, selten welligem Verlauf. Manchmal ist überhaupt Parallelstructur nur schwach angedeutet, so dass das Gestein fast massigen Habitus gewinnt (in den Klippen südlich vom „Jägerhäusel" im städtischen Strietwalde bei Aschaffenburg). Im Bruche quer zur Schieferung und zum Streichen machen sich bisweilen Spuren von stänglicher Structur bemerkbar.

Sehr oft treten im „Haibacher Gneiss" unregelmässig begrenzte, kleine, glimmerreiche Partien auf, die sich recht merklich vom übrigen Gestein abheben und von denen alle möglichen Uebergänge existiren bis zu meterlangen und mehrere Decimeter starken Schollen, welche den Schiefern des „körnig-streifigen Gneisses" und denen der „Schweinheimer Stufe" völlig gleichen. Besonders sicher ist dies an der Grenze gegen die letztere Stufe zu verfolgen, an der man die Injection der Schiefer durch den „Biotitgneiss", die Losreissung grosser Schieferschollen und deren weitere Zerstückelung vielerorts wahrnehmen kann.

Bei näherer Betrachtung erkennt man im Aufschluss am „Biotitgneiss" einen öfteren Wechsel von grauen mit rothen Partien, wobei die grauen fast wie Fragmente fremder Gesteine in den rothen liegen. Diese Erscheinung ward auch von Chelius[1]) in den Steinbrüchen von Alberswciler bei Landau in der Pfalz beobachtet, in denen dasselbe Gestein auftritt, wie am Wendelberg bei Aschaffenburg und vielen anderen Stellen des Spessarts und Odenwaldes, und so gedeutet, dass die rothen Partien das ursprüngliche Eruptivmagma darstellen, die grauen aber solche Theile desselben, welche reichliches Schiefermaterial resorbirt haben, eine Auffassung, welcher sich der Verfasser auch für den „Haibacher Gneiss" völlig anschliesst.

Bisweilen gewinnt auch dieser letztere durch Hervortreten grösserer Feldspäthe einen porphyrischen Habitus, so z. B. am Südabhange des Wendelberges.

Aus allem diesem geht hervor, dass der „Haibacher Körnelgneiss" ein echter Granit ist, dessen Parallelstructur — wie später gezeigt werden soll — durch Einwirkung starken Druckes auf das auskrystallisirende Magma erzeugt wurde. Der Verfasser glaubt daher, dass, nachdem einmal diese Erkenntniss gewonnen ist, es sich aus vielen Gründen empfiehlt, solche parallelstruirte Granite nicht mehr als Gneisse zu bezeichnen. Man kommt sonst in die Lage, von „Gneissgängen" reden zu müssen, ferner von einer contactmetamorphischen Einwirkung des Gneisses auf Gneiss, da sich vielfach ja auch contactmetamorphe Sedimente unter den „Gneissen" finden. Ausserdem haftet an dem Namen „Gneiss" immer die Vorstellung hohen geologischen Alters, während doch wahrscheinlich die metamorphen Sedimente des Spessarts zwar palaeozoïsch sind, jedenfalls aber doch nicht präcambrisch, und die Granite daher noch jünger, vielleicht sogar, wie unten auseinandergesetzt werden soll, postdevonisch oder postculmisch. So kann denn das Festhalten an dem Namen Gneiss hier nur zur Verwirrung führen und nur dazu beitragen, das Verständniss des „krystallinen Grundgebirges" zu verdunkeln. Behält man den Namen „Gneiss"

[1]) Notizblatt d. Vereins f. Erdkunde zu Darmstadt. IV. F. Heft 15. 1894. S. 17. Anm.

bei, so kann man die heterogensten Dinge unmittelbar neben einander stellen, wie Thürach es in seiner Spessartarbeit gethan hat, während man durch das Aufgeben jener Benennung gezwungen wird, sich die genetischen Verhältnisse der einzelnen Gesteine des Grundgebirges ganz klar zu machen und jedes ganz speciell für sich aber auch in seinem Verhältniss zu den anderen zu betrachten.

Es ist deshalb in den kürzlich zur Ausgabe gelangten 4 Blättern der Lieferung III der geologischen Specialkarte von Hessen auch der Name „Gneiss" ganz vermieden worden. Immerhin würde derselbe wohl noch lange nicht aus der geologischen Litteratur verschwinden, sondern vorläufig noch wenigstens für solche krystallinen Gebiete beibehalten werden können, die bisher keine specielle Untersuchung ihrer genetischen Beziehungen erfahren haben.

Der Granit, welcher am Wendelsberg aufgeschlossen ist, hat nach oben zu eine ziemlich scharfe, geradlinig verlaufende Grenze gegen ein anderes Granitgestein, das er in zahllosen Gängen durchtrümert. Er ist deshalb im Folgenden stets als jüngerer Granit bezeichnet. Zu ihm gehören auch die Granitgänge, welche im Hornblendegranit aufsetzen.

Im ganzen Bereiche des jüngeren Granites, der, im Grossen betrachtet, einen riesigen Gang bildet von etwa 1—2 km. Mächtigkeit, sind die schon aus den früher besprochenen Stufen erwähnten Pegmatitgänge gleichfalls sehr verbreitet. Die Form ihres Auftretens hat Thürach ausführlich geschildert und abgebildet.

Noch jüngeren Alters wie die Pegmatite sind aplitische Gänge, welche z. B. am Südabhang des Wendelberges mehrfach anstehen. Dieselben sind recht kleinkörnig und ganz hellrötlich gefärbt, sodass sie sich sehr gut vom jüngeren Granit abheben. Sie enthalten nur spärliche und sehr kleine Biotitflitterchen, in deren Anordnung sich aber immerhin ein gewisser Parallelismus unter sich und mit den Salbändern bemerklich macht.

Ein sehr klares Profil über die Altersverhältnisse dieser jüngsten Granitgänge bot zur Zeit ein Steinbruch am Ballenberge dar, ungefähr 5 km. westlich von Aschaffenburg an der Landstrasse nach Babenhausen. Dort tritt mitten aus den Schottern der Mainebene der jüngere Granit in mehreren Küppchen heraus, deren eines, durch schlecht angelegte Steinbrüche aufgeschlossen, ungefähr 200 m nördlich von der Landstrasse am Waldsaume liegt. Der schieferige, local auch gefältelte Granit wird in der Richtung seiner Schieferung von zahlreichen Pegmatitadern durchzogen und an einer Stelle eine solche mit sammt dem Hauptgestein durch einen 4—5 dm. mächtigen, scharf abgesetzten Aplitgang.

184

c) Der zweiglimmerige, flaserige Körnelgneiss. Goldbacher und Stockstadter Stufe (Thürach).

Im Gegensatze zu der von Böcking und Thürach vertretenen Auffassung eines allmählichen Uebergangs zwischen dem „körnigen Biotitgneiss" und dem „körnig-flaserigen, zweiglimmerigen Gneiss" muss hier betont werden, dass beide Gesteine überall scharf aneinander absetzen, und dass ein Uebergang nur darum stattzufinden scheint, weil an der Grenze zahlreiche Gänge des jüngeren Granites im „zweiglimmerigen, körnig-flaserigen Gneiss", dem älteren Granit aufsetzen. Gerade an solchen Stellen ist der Gegensatz zwischen beiden unverkennbar; der ältere Granit erscheint im Aufschluss stets weit dunkler als der jüngere, nämlich von weitem graugrün, dunkelgrau, ins Bräunliche spielend. Sein Korn ist meist mittel, stellenweise auch grob, gewöhnlich aber recht gleichmässig; doch treten an manchen Stellen auch grössere, rundliche, oft spitz ausgezogene Orthoklase hervor und erzeugen so „Augengneisse" (z. B. an der Actienbrauerei bei Damm, am Westsaume des städtischen Strietwaldes gegenüber dem Maimschaffer Weinberg u. s. w.). Die flaserige Structur wird schon durch das Korn des Granites bedingt, das zu grob ist, um eine ebenflächige Schieferung zu Stande kommen zu lassen. So haben denn die Flächen parallel zum Streichen des Gesteines stets eine körnelige Oberfläche, auf welcher der — ganz vorwiegend dunkle — Glimmer bald nur in isolirten, rundlichen oder unregelmässig umrandeten Blättchen, bald bei reichlicherer Anwesenheit in dünnen, schuppigen Häufchen erscheint, welche sich jedoch nie zu geschlossenen Glimmerhäuten zu verschmelzen vermögen. Auf dem Bruche senkrecht zur Parallelstructur tritt die Flaserung sehr deutlich zu Tage. Vgl. Tafel III, Fig. 2. Man gewahrt linsen- oder angenförmige, helle, aus Feldspath mit untergeordnetem Quarz bestehende Aggregate, welche durch schmale, vielfach unterbrochene, welllige Glimmerbänder von einander abgesondert werden, manchmal aber auch zu Streifen zusammenfliessen, deren von Glimmerblättchen bedeckte Oberflächen stets unregelmässig-wellig ausgebildet sind. Am meisten nähert sich die Flaserstructur des älteren Granites der schieferigen da, wo das Korn des Gesteines abnimmt, aber auch hier ist noch ein starker Gegensatz zum jüngeren Granit vorhanden.

Recht häufig ist im älteren Granit eine stängelige Structur ausgebildet, welche auf dem Querbruch des Gesteines (siehe Fig. 3, Tafel III) sich in der Anwesenheit heller, runder Quarz-Feldspathaggregate bemerkbar macht, die von dunklen Glimmerkränzen umgeben werden, eine Structur, die so charakteristisch im jüngeren Granit nie entwickelt ist.

Ebenso klar als der letztere zeigt auch der ältere Granit seine recht eruptive Natur durch die Führung zahlloser **Einschlüsse hochmetamorphosirter Schiefergesteine**, deren Grösse auch hier von den winzigsten Bröckchen bis zu gewaltigen Schollen schwankt. Ihre Vertheilung ist recht unregelmässig. In der Nähe grosser Schieferschollen oder der geschlossenen Schiefermassen ist der Granit ganz erfüllt von den Trümmern derselben, die theils noch als solche deutlich erkennbar sind, theils aber auch resorbirt worden zu sein scheinen. So entstehen denn manchmal Gesteinstypen, welche ganz dem „körnig-streifigen Gneiss" gleichen und es lassen z. B. der Einschnitt des Verbindungsweges von Wenig-Hösbach nach Feldkahl und ein kleiner Hohlweg, der von der „Feldstufe" zwischen Hösbach und Feldkahl auf den Weg nach Rottenberg führt, diese innige Durchdringung der Schiefer mit Granit — wenn auch nur in tief zersetztem Gestein — unzweifelhaft erkennen.

Andrerseits sind manche Gebiete des älteren Granites sehr arm an Schiefermaterial, wie z. B. die Aufschlüsse am Mainaschaffer Weinberg und an vielen Stellen des städtischen Strietwaldes bei Aschaffenburg oder die Klippen, welche nördlich von Stockstadt am linken Mainufer aus dem Diluvium aufragen.

Der **Gänge des jüngeren Granites**, welche in der Nähe der scharfen Trennungslinie zwischen diesem und dem älteren aufsetzen, ward schon oben gedacht; dieselben sind recht gut am Gottelsberge östlich von Aschaffenburg aufgeschlossen. Gewisse Partien des älteren Granites sind nun aber derartig von jüngeren Granitgängen durchschwärmt, dass sich bei der Aufnahme der Umgegend von Aschaffenburg der Maassstab von 1 : 25000 zu klein erwies, um sie alle besonders einzuzeichnen, sodass eine besondere Signatur in einer rothen, der Granitfarbe aufgedruckten Strichlage eingeführt werden musste, um die Durchtrümmerungszone wenigstens nach aussen abzugrenzen. Die Schürfe nördlich von Stockstadt, die Klippen am Sägewerk nördlich von Aschaffenburg unweit der Einmündung der Aschaff in den Main, und viele andere Stellen zeigen grossen Reichthum an solchen jüngeren Granitgängen. Vgl. z. B. Tafel II, Fig. 4. Dieselbe zeigt zwei quergeschnittene und daher linsenförmig erscheinende Gänge jüngeren Granites im älteren, am oberen Rande des Bildes aber eine förmliche Imprägnation des letzteren durch den jüngeren Granit, welcher sich durch sein weit kleineres Korn und seine hellere Farbe von jenem abhebt.

Eine recht bedeutende, im Ausstrich an 400 m breite Apophyse des jüngeren Granites dringt nördlich von Damm in den älteren Granit ein.

An mehreren Stellen findet man innerhalb solcher Gänge zweifellose Schollen und kleinere Fragmente des älteren Granites, so z. B. im Steinbruch am Fahrweg von Damm nach dem „Jägerhäusel" im städtischen Strietwalde bei Aschaffenburg und in dem Steinbruch am Bullenberge zwischen Aschaffenburg und Babenhausen. Sehr klar zeigten auch zur Zeit die Steinbrüche bei Stockstadt am Main die Einbettung von Fetzen des älteren Granites in die jüngeren Trümer, welche meist parallel zur Flaserung jener eingedrungen sind, häufig aber auch dieselbe in spitzem Winkel durchsetzen. Hierbei verästeln sie sich nicht selten, fliessen dann wieder theilweise zusammen und besonders an solchen Stellen sind losgelöste und vom jüngeren Granit rings umhüllte Fragmente des älteren häufig zu finden.

Wie in allen bisher besprochenen Stufen der Spessartgesteine sind auch im älteren Granit Pegmatitgänge recht verbreitet, besonders in der Gegend von Damm. Sehr interessant ist der Gang, welcher an „Dahlem's Buckel", etwa 1,5 km westlich von jenem Dorfe früher zur Gewinnung von Feldspath abgebaut wurde. Leider ist zur Zeit dieser Abbau nicht mehr im Betrieb und die Aufschlüsse sind theils verschüttet, theils mit Wasser erfüllt, sodass man sich über die dort herrschenden complicirten Lagerungsverhältnisse nur mit Hülfe der von Thürach (l. c. S. 183) gegebenen Abbildungen und der neben der alten Feldspatgrube sich findenden Bruchstücke ein Bild machen kann. Der Pegmatit durchsetzt in einer Breite von 5—6 m einen Amphibolschiefer, welcher als Scholle in der grossen Apophyse jüngeren Granites steckt, die oben erwähnt wurde. Wie Thürach's Figuren erkennen lassen, verästelt sich der Hauptgang im Amphibolit in zahllosen bis zu den feinsten Dimensionen herabsinkenden Aederchen. Durch Alles hindurch setzt ein Aplitgang, an Salbande äusserst feinkörnig, in der Mitte weit gröber struirt. Er umschliesst häufig Fragmente der Nebengesteine, namentlich solche von Pegmatit, und hat an der Grenze gegen diese bis 15 cm lange und bis 3 cm breite streifenförmig verzogene Biotitblätter ausgeschieden, die sich von der glimmerarmen Grundmasse scharf abheben.

An die Pegmatitgänge ist das Vorkommen einer Reihe interessanter Mineralien geknüpft, wie Turmalin, Apatit, Beryll u. s. w., von denen als Contactproducten jener Gänge weiter unten die Rede sein soll.

B. Glimmerschieferformation.

Nach Bücking's Gliederung zerfällt die Glimmerschieferformation des Spessarts in die beiden Stufen

4. glimmerreicher Gneiss und
5. Quarzit- und Glimmerschiefer,

von denen die erstere die liegenden, die zweite aber die hangenden Schichten der in zusammenhängenden Massen auftretenden Schiefergesteine des Gebietes umfasst. Es ist, wie schon oben betont, ein Zeichen für den sicheren geologischen Blick Bückings, dass er dieses Schiefergebiet den beiden anderen Gruppen der Spessartgesteine, die vorwiegend eruptives Material enthalten, als besondere Abtheilung gegenübergestellt, und dass er innerhalb derselben zwei Stufen unterschieden hat, deren eine die feldspathreicheren, die andere die quarzreichen Schiefer umfasst. Thürach dagegen hat die feldspathreichen Schiefer mit dem von Bücking als „Hauptgneiss" bezeichneten Gesteinscomplex als „Abtheilung der mittleren Gneisse" zusammengefasst und stellt nun diesen in völliger Verkennung ihrer geologischen Werthigkeit die feldspatharmen und feldspathfreien Schiefer als Abtheilung der Glimmerschiefer und Quarzitschiefer gegenüber, welche doch mit den feldspathreichen durch Wechsellagerung auf das engste verknüpft sind.

4. Der glimmerreiche Gneiss.

Das Hauptgestein dieser Stufe ist von vorwiegend mittlerem, bisweilen sogar fast von grobem Korn und besitzt meist eine wohl ausgeprägte Flaserstructur. Sehr häufig lassen sich Faltungen und complicirte Fältelungen beobachten, auch noch in den völlig zersetzten Gesteinspartien, welche durch Hohlwege, z. B. bei Wenig-Hösbach, Feldkahl und Johannesberg, bis zu mehreren Metern Tiefe aufgeschlossen sind. Durch die tiefgreifende Verwitterung, welcher diese Schiefergesteine anheimgefallen sind und durch den Mangel guter, fortlaufender Aufschlüsse im frischen Gestein, welche wohl auch mit durch die abgeschlossene Lage jener armen, vorwiegend Wald- und Ackerbau treibenden Gegend bedingt werden, ist es schwer, ein getreues Bild von der specielleren Zusammensetzung und Gliederung unserer Schiefergesteine zu erhalten. Es ist sehr wahrscheinlich, dass bei einer durch Schürfungen unterstützten Specialaufnahme des Gebietes gerade noch manche interessante, neue Gesteinstypen aufgefunden würden.

Auf den Schichtungsflächen der in Rede stehenden Schiefergesteine bildet der vorwiegend dunkle, oft aber auch mit viel hellem untermischte Glimmer zusammenhängende Häute oder doch ziemlich eng an einander gerückte schuppige Anhäufungen, welche die übrigen Gesteinsgemengtheile meist ganz verdecken. Nur die in vielen Schichten ausgeschiedenen **Staurolithe**, welche aber doch nicht so allgemein verbreitet sind, dass die Thürach'sche Bezeichnung der ganzen Gruppe als „Staurolithschiefer" gerechtfertigt wäre, treten häufig auch auf der Oberfläche der anstehenden Gesteinsblöcke zu Tage, wohl besonders in Folge ihrer Widerstandsfähigkeit gegen Verwitterung und durch äolische Einwirkung aus den umhüllenden Glimmerhäuten herauspräparirt, so nördlich von Wenig-Hösbach an der „Langen Hecke", am Haulhof bei Königshofen, an der Aumühle bei Daum u. s. w. Im Querbruche der Schiefer erkennt man die reichliche Anwesenheit von Feldspath und Quarz, daneben oft von Staurolith und Granat, gewöhnlich auch von reichlichem Magnetit.

Zwischen den mittelkörnigen Schiefern findet man nicht selten auch **kleinkörnige**, welche dann nicht faserige, sondern **ebenschieferige** Structur zeigen. In diesen treten die Staurolithe stark zurück oder fehlen auch ganz. Besonders in den nördlicheren (hangenden) Theilen des Gebietes herrschen derartige Gesteine vor, und es wird daselbst auch durch allmähliches Zurücktreten des Feldspathes ein Uebergang in die nächsthöhere Stufe vorbereitet.

Seinen ganzen Lagerungsverhältnissen und seiner mikroskopischen Beschaffenheit nach ist der „glimmerreiche Gneiss" als ein **contactmetamorphes Sedimentgestein** anzusprechen. Seine sedimentäre Entstehung ergibt sich auch aus seiner Wechsellagerung mit **metamorphen Sandsteinen und Kalksilicathornfelsen**. Ein hellröthlicher, an grossen Quarzkörnern reicher Sandstein mit umkrystallisirter Grundmasse findet sich am Sternberg bei Wenig-Hösbach und in der Nähe dieses Dorfes sind auch Kalksilicathornfelse verbreitet. Diese setzen sich aus theils dichten, theils mittelkörnigen, hell- bis dunkelröthlichgrauen Schichten zusammen, welche letzteren bis über centimetergrosse schwarze Hornblenden in grosser Menge führen. Diese Schichten sind ausserordentlich stark gefaltet, so dass die angewitterten Blöcke des Gesteines, die sich nördlich von Wenig-Hösbach finden, auf ihrer Oberfläche eine sehr eigenthümliche Zeichnung erkennen lassen. Siehe Tafel IV, Fig. 3. Auch im Einschnitte des Weges von Wenig-Hösbach nach Feldkahl treten solche Gesteine zu Tage, sowie am Nordrande des ersteren Dorfes, hier neben einem mittel- bis grobkörnigen, undeutlich schieferigen Gestein, welches vorwiegend aus Feldspath, Cyanit, Granat und Staurolith besteht, stellenweise auch Turmalin in mehrere Centimeter langen, schwarzen Säulen enthält. Nordwestlich vom Dorfe, in einem Steinbruch auf der in Bücking's Karte durch das Zeichen „q" markirten Stelle finden sich theils glimmerschieferartige, dunkle, unregelmässige Flecke zeigende, theils mehr zum Quarzitschiefer hinneigende Gesteine, die auch im Einschnitte des Weges nach Feldkahl aufgeschlossen sind.

Von grossem Interesse sind die Hornblendegesteine, welche besonders auch in der Umgegend des mehrerwähnten Dorfes Wenig-Hösbach vorkommen. Dieselben sind meist klein- bis feinkörnig und enthalten öfters helle, rechteckige Feldspäthe. Andere, von gröberem Korn, lassen theils reichliche Beimengung von Feldspath, theils aber auch dessen völlige Abwesenheit erkennen.

Dicht am Nordende des Dorfes liegen vereinzelte Blöcke eines sehr zähen, grobkörnigen Gesteines, dessen Grundmasse aus grünlichem Feldspath besteht und unregelmässig-zackig begrenzte, bis über decimeterlange und mehrere Centimeter breite tiefschwarze Hornblendestrahlen führt, die sich zu mannichfaltigen sternförmigen Figuren zusammensetzen. Siehe Tafel IV, Fig. 2. Zahlreiche Granatkrystalle sind durch das ganze Gestein vertheilt. Alle diese Amphibolgesteine sind von einer fast massigen Structur im Gegensatz zu den übrigen, deutlich geschieferten, welche z. B. bei Glattbach in einer weit in das Granitgebiet hineinragenden Scholle feldspathreichen Schiefers auftreten.

Die Grenze des Schiefers gegen den älteren Granit verläuft höchst unregelmässig und wird nach den Erfahrungen des Verfassers weit richtiger auf Bücking's Karte wiedergegeben, als auf Thürach's Skizze, welche letztere „Stockstädter Gneiss" und „Staurolithgneiss" in einer fast gerade verlaufenden Linie zusammenstossen lässt. Nach seinen Begehungen muss der Verfasser die stärksten Zweifel an der Trennung zweier Schieferpartien durch einen Streifen des älteren Granits hegen. Sicher ist wenigstens auf dem vom Verfasser kartirten Theile des Blattes Schaafheim-Aschaffenburg in der Umgegend von Damm Thürach's Darstellung ganz falsch. Es treten zwar bei jenem Dorfe am Galgenberge einzelne grosse Schieferschollen im Granit auf. Im Allgemeinen herrscht der letztere aber in dem ganzen, von Thürach als Staurolithgneiss aufgefassten Gebiete zwischen Damm, Goldbach und Glattbach unbedingt vor, allerdings stets reich an kleineren Schieferschollen und -brückchen,[1]) zugleich auch an Gängen des jüngeren Granites — darunter die oben

---

[1]) In Uebereinstimmung mit der Darstellungsweise, die auf den unter Mitwirkung des Verfassers bearbeiteten Blättern des Lausitzer Granitgebietes angewandt

erwähnte, etwa 400 m mächtige Apophyse — deren Existenz Thürach völlig entgangen ist. Bücking dagegen zeichnet in einer die Verbandsverhältnisse von Schiefer und Granit richtig charakterisirenden Weise bei Oberrufferbach, Glattbach, Breunsberg und Wenig-Höslach riffartige Vorsprünge des ersteren und isolirte Partien des letzteren. Dass im Grenzgebiet der ältere Granit zahllose Apophysen in das Schiefergebiet entsendet, ward schon oben erwähnt. Aber auch mitten im Schiefergebiet finden sich Granitgänge, so z. B. bei Königshofen; dieselben gehören aber z. Th. einer muscovitreichen Ausbildungsform (wohl durch endogene Contactmetamorphose erzeugt) des jüngeren Granites an, wie auch mehrere an der Strasse Wenig-Höslach—Feldkahl auftretende Trümer.

Sehr auffällig ist es, dass im „glimmerreichen Gneiss" echte Pegmatitgänge nur selten, äusserst verbreitet dagegen Quarz-Adern und -Linsen zu finden sind, deren Fragmente in grösster Verbreitung auf allen Feldern herumliegen und bei der Feldbestellung abgelesen und zusammengehäuft werden. Manchmal, so z. B. in einem Hohlweg im Dorfe Johannesberg, lässt sich verfolgen, dass ein aus Quarz, Feldspath und spärlichem hellen Glimmer zusammengesetzter Gang mit Pegmatitstructur linsenförmig anschwillt und dann lediglich aus Quarz besteht. Dies legt die Vermuthung nahe, dass alle jene zahllosen Quarzknauern des „glimmerreichen Gneisses" weder ursprüngliche Bestandmassen desselben sind, noch auch Secretionen aus demselben während seiner Metamorphose, sondern dass dieselben in engstem Zusammenhang mit den granitischen Eruptionen stehen.

Die abweichende Beschaffenheit der unteren und der oberen Schichten des in Rede stehenden Complexes muss auf ursprüngliche Verschiedenheiten derselben zurückgeführt werden, nicht aber auf graduelle Verschiedenheiten ihrer contactmetamorphen Beeinflussung durch den Granit. Dieser scheint überall nur in geringer Tiefe unter den Schiefern anzutreten, da er in so flachen Einschnitten, wie z. B. dem Kahlthal, durch die Erosion blosgelegt worden ist.

5. Quarzit- und Glimmerschiefer.

Der Uebergang der vorigen Stufe in diejenige der Quarzitschiefer wird vorbereitet durch das Auftreten eines von Oberwestern in südwestlicher Richtung

<small>wurde, ist auch auf Blatt Schaafheim—Aschaffenburg u. s. w. der Granit da, wo er sehr reich ist an Schiefereinschlüssen, mit einer besonderen Strichlage bedruckt worden, während grössere Hebungen durch eigene Farben und scharfe Grenzen abgehoben sind.</small>

bis nach Rückersbach zu verfolgenden Quarzitschieferzuges (Westerner Stufe Thürach's) im „glimmerreichen Gneiss". Die enge Zusammengehörigkeit beider Gesteinsgruppen ergiebt sich aber besonders aus der vielfachen Wechsellagerung beider in den unteren Theilen der Quarzitschiefergruppe. In dieser bilden die eigentlichen Quarzitschiefer das herrschende oder doch das am meisten hervortretende Gestein, da sie natürlich weit widerstandsfähiger gegen die Verwitterung sind als die glimmer- und feldspathreichen Gesteine. Erstere sind weiss, hellgrünlich, röthlich oder violett gefärbt, seltener dunkelröthlichgrau. Sie sind nicht fein- und ebenschieferig, zeigen aber auch deutliche Hinneigung zu stängeliger Structur. In Folge dieser und einer starken Zerklüftung, welche im Aufschluss die Quarzitschiefer in ein Haufwerk scharfkantiger polyedrischer Trümmer auflöst, ist es nicht leicht, gut formatisirte Handstücke zu schlagen. Sehr oft sind Klüfte quer zur Schieferung entstanden, welche auf starke Streckung derselben hindeuten oder Fältelungen und Runzelungen auf den Schichtenflächen.

Der Glimmer der Quarzite ist ausschliesslich hell gefärbt, bisweilen schwach grünlich und hat an vielen Orten ganz das Aussehen des Sericites.

Durch Anreicherung des Muscovites gehen die Quarzitschiefer in Quarzitglimmerschiefer und diese in echte Glimmerschiefer über. Hierbei nimmt zugleich auch im Allgemeinen die Grösse der Glimmerblättchen zu und ihre Umrisse werden regelmässiger. Feldspath ist in den eigentlichen Quarziten und Glimmerschiefern selten zu finden, häufig dagegen Granat. Als Zwischenlagen zwischen jenen ersteren Gesteinen finden sich in den tieferen Schichten der Stufe, so z. B. bei Hörstein noch feldspathführende Schiefer, die auch kleine Staurolithe enthalten.

Auch schieferige Amphibolite bilden mehrfache Einlagerungen in den Quarzitschiefern; am Absberge bei Hörstein sind sie gut aufgeschlossen, wie dies Thürach und Bücking ausführlich schildern. Daselbst treten auch kleine Granit- und Pegmatitäderchen auf und nach Bücking in den glimmerreichen Lagen zwischen Rothebergen und Hüttelngesässhof „grosse Quarzausscheidungen" mit radialstrahligen Turmalinaggregaten, welche den Quarzknauern der „glimmerreichen Gneisse" entsprechen.

C. Jüngerer Gneiss.

Die Abtheilung der „jüngeren Gneisse" des Spessarts überlagert nach Bücking's Auffassung concordant diejenige der Glimmerschieferformation, und enthält nach diesem Autor Gesteinstypen, „welche sonst nirgends im Spessart auftreten". Thürach dagegen ist geneigt, zwischen jenen beiden Abtheilungen eine grosse Verwerfung anzunehmen und die „jüngeren Gneisse" mit den „körnig-streifigen" zu parallelisiren.

Dieser letzteren Anschauung schliesst sich auch der Verfasser an, da sowohl in petrographischer als auch in topographischer Hinsicht die Quarzitschiefer vom jüngeren Gneiss scharf getrennt erscheinen. Denn es fehlen in dem letzteren alle Gesteine der Gruppe der Quarzit- und Glimmerschiefer mit Ausnahme von Hornblendeschiefern, die aber ja nur eine sehr untergeordnete und wenig charakteristische Rolle in dem Verbande der Quarzitschiefer spielen, während man doch erwarten müsste, falls wirklich Concordanz zwischen diesen und den jüngeren Gneissen herrschte, auch Quarzitschiefer als Einlagerung in jenen zu finden. Ferner setzen die Quarzitschiefer den höchsten Rücken des Vorspessarts zusammen, der im Hahnenkamm 437 m Meereshöhe erreicht, und stell nach NW zu einem flachwelligen Hügellande von 150—230 m Meereshöhe abfällt, in welchem der jüngere Gneiss auftritt. Sowohl Bücking als Thürach gliedern diesen letzteren in 2 Stufen,

6) Hornblendegneiss, wechsellagernd mit Biotitgneiss = Alzenauer Stufe (Thürach) und

7) Feldspathreicher Biotitgneiss = Trageser Stufe (Thürach).

Einen guten Aufschluss in den Gesteinen der unteren Stufe bietet ein grosser Steinbruch bei Kälberau. Daselbst sieht man in einem kleinkörnigen, meist deutlich parallelstruirten Gestein von hellgrauer oder hellröthlicher Farbe, welches völlig dem jüngeren Granit vom Wendelberg bei Aschaffenburg gleicht, zahlreiche Schollen dunkler, feinkörniger Biotitschiefer und, wo grössere Schollen fehlen, zahllose kleinste Schieferbrocken. Das ganze Gesteinsbild hat die grösste Aehnlichkeit mit manchen Partien des körnig-streifigen Gneisses. An anderen Stellen walten Hornblendeschiefer vor, wie bei Alzenau und zwischen Michelstadt und Albstadt, sowie südlich von Grossenhausen und Lützelhausen, während bei Neuses wieder Biotitschiefer herrschen.

Aus einem glimmerreichen Schiefer zwischen Grossenhausen und Bernbach beschreibt Thürach kleine Linsen von körnigem Kalk, welche er im Gegensatz zu Bücking als zweifellos primäre Bildungen und als Analoga der körnigen Kalke von Gailbach u. s. w. betrachtet. Auch der Verfasser muss sich nach den beim Besuche der Bernbacher Hohl gewonnenen Eindrücken dieser Ansicht Thürach's unbedingt anschliessen. Diese Beobachtung erhöht noch die Wahrscheinlichkeit der Auffassung Thürach's, dass der „jüngere Gneiss" dem „körnig-streifigen" entspricht und nur in Folge von Verwerfungen nochmals zu Tage tritt.

Die Granite und Schiefer werden an zahlreichen Stellen von Pegmatitgängen durchsetzt, deren Ausbildung genau dieselbe ist, wie in den Aufschlüssen bei Gailbach, Schweinheim u. s. w.

Es ist noch hervorzuheben, dass diejenigen Aufschlüsse im jüngeren Gneisse, welche der vermutheten Verwerfungsspalte am nächsten liegen, von zahlreichen, fein gestreiften Gleitflächen durchsetzt werden, wie man dies z. B. in dem erwähnten Steinbruch bei Kälberau sieht.

Die Biotitgneisse der oberen (Trageser) Stufe, so benannt nach dem Hofe Trages, in dessen Nähe sie gut aufgeschlossen sind, können unbedenklich als **jüngerer Granit** angesprochen werden, der hier ziemlich arm an Schiefereinschlüssen ist. Pegmatit- und Aplitgänge setzen auch hier auf, besonders oft die ersteren.

Auch Bücking ist geneigt, die jüngeren Gneisse für Granite und Syenite zu halten, welche zwischen Sedimente eingepresst, diesen nunmehr als Lager eingeschaltet erscheinen und welche durch Gebirgsdruck schieferig geworden sind.

Wichtig für die tektonische Auffassung des Spessarts ist das von Thürach constatirte Vorkommen von Geröllen der unteren Stufen des Grundgebirges im Rothliegenden des Schäfernberges nördlich von Alzenau, welche, wie er wohl mit Recht annimmt, nicht weither transportirt sind, sondern im Untergrunde anstehen. Auch dies würde sehr dafür sprechen, dass die jüngeren Gneisse nur durch Verwerfungen wieder zu Tage geförderte Theile der tieferen Abtheilungen des Spessarter Grundgebirges darstellen.

II. Uebersicht der Structurverhältnisse der krystallinen Spessartgesteine.

Wie aus den bisherigen Darlegungen hervorgehen dürfte, setzt sich das krystalline Grundgebirge des Spessarts zusammen aus einem System von **Schiefergesteinen**, welche später von **Graniten injicirt** und **metamorphosirt** worden sind. Es dürfte sich daher empfehlen, zuerst jene älteren

Gesteine zu betrachten und zu untersuchen, welche Rückschlüsse sich etwa aus ihrer gegenwärtigen auf ihre frühere Beschaffenheit ziehen lassen und dann erst die Intrusivgesteine zu betrachten.

A. Die Schiefergesteine.

Ihrem Auftreten nach lassen sich die Schiefergesteine des Spessarts in zwei Gruppen sondern, deren erste aus den geschlossenen Schiefermassen besteht, innerhalb deren sich zwar noch jüngere Injectivmassen finden, aber doch nur in untergeordneter Weise, während die zweite die isolirten, mitten im Eruptivgestein sitzenden Schieferpartien umfasst, welche in ihren Dimensionen von grossen, langgestreckten, viele Meter mächtigen Schollen bis zu winzigen, kaum mit blossem Auge erkennbaren Bröckchen herabsinken. Gewissermassen eine Zwischenstellung nimmt die von Thürach als „Schweinheimer Gneiss" bezeichnete Schieferzone ein, deren Ausstrich eine Breite bis zu 1000 m erreicht, was bei dem im allgemeinen sehr steilen Einfallen einer Mächtigkeit von mehreren Hunderten von Metern entspricht. Dieselbe wird auch beiderseits von granitischen Massen umgeben und randlich vielfach von ihnen durchtrümert, während sie im Innern nur wenig eruptives Material enthält.

Der petrographischen Ausbildung nach kann man die Schiefer unterscheiden in:

a) Quarzitschiefer und Quarzitglimmerschiefer,
b) Glimmerschiefer,
c) Glimmer- und feldspatbreiche Schiefer, z. Th. auch reich an Staurolith (Staurolithschiefer),
d) Kalksilicathornfelse,
e) Körnige Kalke,
f) Metamorphe Grauwacken und Sandsteine und
g) Amphibolgesteine (schieferige und massige).

Es soll nun jede dieser Gruppen für sich mit Bezug auf ihre petrographische Beschaffenheit unter besonderer Berücksichtigung ihrer Structurverhältnisse geschildert werden, wobei sich zugleich noch Gelegenheit finden wird, Einiges über die Verbandsverhältnisse nachzutragen. Bei dieser Betrachtung sollen geschlossene Schiefermassen und isolirte Einschlüsse in den Eruptivgesteinen nicht getrennt werden, da sich bei der späteren Besprechung der Eruptivgesteine etwaige Verschiedenheiten der isolirten Einschlüsse gegenüber den als geschlossene Massen auftretenden Schiefergesteinen noch besonders betonen lassen werden.

a) Quarzitschiefer und Quarzitglimmerschiefer.

In den senkrecht zur Schieferungsebene, besonders deutlich aber in den auch zugleich senkrecht zum Streichen der Gesteine angefertigten Schliffen erkennt man als hauptsächliche Gemengtheile Quarz und einen hellen Glimmer. Der Quarz bildet ein dichtgeschlossenes Aggregat kleiner, meist nach einer Dimension in die Länge gezogener Körnchen, welche nur in seltenen Fällen Krystallumrisse erkennen lassen, gewöhnlich aber mit welligen oder zackigen Begrenzungen in einander verzahnt sind. Siehe Tafel V, Fig. 2. Die Körnchen stossen meist ganz direct aneinander, sodass ihre Grenzen im gewöhnlichen Lichte nur schwer erkennbar sind. Man bemerkt zwar hier und da auf den Oberflächen der Körnchen trübe, schmutzigbraune Theilchen von äusserst winzigen Durchmessern — jedenfalls Eisenoxyde — wird dieselben aber wohl in den meisten Fällen als spätere Infiltrationen in die durch Temperaturveränderungen oder jüngere Gebirgsbewegungen aufgelockerten Gesteine betrachten dürfen.

Zwischen gekreuzten Nicols zeigen besonders die parallel zum Streichen des Gesteines angefertigten Schliffe oft eine auffällige Gleichförmigkeit in der optischen Orientirung der einzelnen Quarzkörnchen, sodass in gewissen Stellungen eine grosse Anzahl derselben gleichzeitig dunkel wird.

Das ganze Aggregat von Quarzkörnchen besitzt vollkrystallinen Charakter. Vergebens sucht man nach Körnern, welche durch eine abweichende Beschaffenheit, etwa zahlreiche fremde Einschlüsse u. dgl. der Hauptmasse gegenüber die Rolle klastischer Körner spielten. Man findet auch nirgends in den einzelnen Körnern etwaige Kerne, die sich gegen eine anders beschaffene Quarzhülle abheben, so wie dies in vielen Sandsteinen die klastischen, von „ergänzender" Kieselsäure umrandeten Quarzkörner zeigen. Da nun aber doch kaum anzunehmen ist, dass unsere Quarzitschiefer ursprünglich so abgelagert worden sind, wie sie sich gegenwärtig darstellen, muss man dieselben als vollständig umkrystallisirte Gesteine betrachten.

Hierfür spricht auch noch deutlich die Ausbildungsweise des Glimmers, welcher in dünnen, oft rundum regelmässig begrenzten Blättchen theils zwischen den Quarzkörnchen, theils aber inmitten derselben auftritt, oft so, dass eine Lamelle durch mehrere Quarze hindurchreicht. Die regelmässige Form lässt auch den Muscovit zweifellos als eine Neubildung erkennen, da die Glimmerblättchen dort, wo sie in klastischen Gesteinen als allothigene Elemente auftreten, stets recht unregelmässige Umrisse besitzen. Die Art aber, in welcher der Glimmer vom Quarz umschlossen wird, zeigt, dass er älter ist als dieser und dass erst nach seiner Ausscheidung das Quarzkörneraggregat krystallisirte. Die allotriomorphe Beschaffenheit dieses letzteren, die übereinstimmende optische Orientirung zahlreicher Körner und endlich die in undulöser Auslöschung sich äussernden Spannungserscheinungen, welche man vielfach im polarisirten Lichte beobachtet, erwecken die Vermuthung, dass die Krystallisation des Quarzes sich unter hohem Drucke vollzog, welcher wohl auch die parallele Richtung der Muscovitblättchen bedingte. Dieser Parallelismus herrscht übrigens nicht ganz streng vor, denn, wenn auch in Schliffen senkrecht zur Schieferung und parallel zum Streichen des Gesteines die Durchschnitte der Glimmerblättchen fast sämmtlich gleichgelagert erscheinen, so sieht man doch im Schliff quer zum Streichen manche Blättchen, welche schräge oder senkrecht zu den parallel verlaufenden anderen gerichtet sind. Es liegen somit zwar die basischen Endflächen der Glimmerblättchen parallel zum Streichen des Gesteines, bilden aber im Uebrigen mit der Hauptschieferungsebene desselben alle möglichen Winkel. Hierdurch wird nun eine fast an allen Stellen deutlich erkennbare stängelige Structur bedingt. Siehe Tafel V, Fig. 1.

Neben dem Muscovit erwähnt Thürach auch den Biotit als Gemengtheil mancher Quarzitschiefer, besonders der unteren Schichten. Verfasser konnte — ebenso wie Bücking — dies Mineral in den eigentlichen Quarzitschiefern nicht entdecken und möchte annehmen, dass Thürach's Angabe sich mehr auf die Glimmerschiefer bezieht, was allerdings aus seinen Worten nicht deutlich zu entnehmen ist. Dagegen kann er das Vorkommen von lebhaft grünem Glimmer, der nach Thürach chromhaltig ist, in manchen Quarzitschiefern von Huckelheim und Unter-Western bestätigen.

Unter den accessorischen Gemengtheilen ist Granat der häufigste. Er bildet theils rundliche Körnchen, theils gut ausgebildete Rhombendodekaëder. Zirkon ist fast überall vorhanden, allerdings nur in vereinzelten Kryställchen, viel häufiger aber Rutil in den bekannten braungelben, scharf ausgebildeten Nädelchen oder etwas gedrungeneren Krystallen.

Dagegen fehlt Turmalin in allen vom Verfasser gesammelten Handstücken und den daraus hergestellten Schliffen.

Häufig sind opake Eisenerzkörnchen und blutrothe Eisenglanzblättchen.

Sehr gewöhnlich ist das Auftreten von Flüssigkeitseinschlüssen, die auf deutlich erkennbaren Spaltrissen[1]) quer durch die Quarzkörnchen und Glimmerblättchen hindurchsetzen, hierdurch ihre Entstehung nach der Verfestigung der Quarzitschiefer documentirend. Oft treten dieselben auch in breiten Streifen auf, die manchmal in einander verschwimmen, so dass viele Stellen in den Schliffen durch deren Anwesenheit ganz trübe erscheinen. Selten aber sieht man in einzelnen Quarzkörnern kleine, rundliche Gruppen von Flüssigkeitseinschlüssen, welche anscheinend ringsum von Quarzsubstanz umgeben werden und primären Ursprunges sind.

An sehr vielen Stellen sind die Quarzitschiefer von so zahlreichen Gleitflächen durchsetzt, dass sie sich beim Anschlagen in lauter polyedrische Fragmente zertheilen. Präparate aus solchen Gesteinspartien lassen starke, nachträglich entstandene Pressungserscheinungen sehr deutlich wahrnehmen.

Die Quarzkörnchen sind daselbst zu einem sehr feinen Aggregat von ganz unregelmässig verzahnten Körnchen zerquetscht und lassen eine durch den Gebirgsdruck bewirkte gleichförmige Lagerung eines grossen Theils dieser Fragmente erkennen. Die Glimmerblättchen haben in solchen gequetschten Gesteinen ihre regelmässigen Begrenzungen eingebüsst und sind in ein Hanfwerk feiner Sericitschüppchen aufgelöst, die sich schon bei der Betrachtung mit blossem Auge deutlich von den intacten Glimmerblättchen unterscheiden lassen.

Die oben ausgesprochene Ansicht, dass der Quarzitschiefer ein contactmetamorphes Umwandlungsproduct eines Sandsteines darstelle, findet eine wesentliche Stütze durch die Beobachtungen von Barrois[2]) über die Umwandlungen des untersilurischen Scolithus-Sandsteins am Granit von Guémené in der Bretagne. Jener Sandstein nämlich ist bis auf etwa 400 m von der Granitgrenze in einen Biotitquarzit umgewandelt worden, der sich als völlig umkrystallisirt erweist, während in grösserer Nähe des Contactes Sillimanitquarzit und an der Grenze selbst feldspathführender Quarzit anstehen. Nun sind zwar granitische Injectionen in dem Quarzitschiefer anscheinend sehr selten, aber die von Thürach ausführlich geschilderte und auf dem Wege von Hörstein nach Hohl gut aufgeschlossene Wechsellagerung des Quarzitschiefers mit Hornblendegesteinen, Glimmerschiefern und feldspathführenden Staurolithschiefern, welche sich als zweifellos contactmetamorphe Gesteine zu

---

[1]) Dieselbe Ansicht hat schon Bücking ausgesprochen (l. c. R. 94 Anm.), nachdem er vorher der sogleich zu erwähnenden Pressungserscheinungen gedacht hat.

[2]) Ann. soc. géol. du Nord. Lille XI. 1884.

erkennen geben, beweist, dass auch die Umwandlung des Quarzitschiefers auf Contactmetamorphose zurückzuführen ist. Echt granitische Gänge konnte der Verfasser in dem von Bücking und Thürach beschriebenen Profil am Abisberge bei Hörstein erkennen und der auf Seite 145 von Thürach aufgeführte „glimmerarme bis glimmerfreie Gneiss" vom Stutz bei Hörstein mit 77,07% SiO, dürfte gleichfalls demselben zuzurechnen sein. Jedenfalls deuten auch diese Ganggesteine auf das Vorkommen von Granit in geringer Tiefe unter dem Quarzitschiefer hin.

Durch Zunahme des Glimmergehaltes gehen die Quarzitschiefer in Quarzitglimmerschiefer über, mit denen sie in unendlich oft wiederholter Wechsellagerung stehen, welche aber bei einer Durchwanderung des Gebietes unter den an der Oberfläche liegenden Lesesteinen ihrer leichteren Zerstörbarkeit wegen weniger auffallen. Im Uebrigen gilt von diesen mit Rücksicht auf ihre Structur und ihre mineralische Zusammensetzung das über die Quarzitschiefer Gesagte.

b. Glimmerschiefer.

Die Glimmerschiefer gehen aus den Quarzitglimmerschiefern durch noch stärkere Anreicherung des Glimmers hervor, beweisen aber ihre enge Zusammengehörigkeit mit jenen dadurch, dass sie oft, selbst innerhalb so kleiner Dimensionen, wie sie ein gewöhnlicher Dünnschliff besitzt, Einlagerungen von quarzitschieferartigen Bändern erkennen lassen, eine Structur, welche im Grossen das von Thürach Seite 145 abgebildete Profil bei Unterwestern darbietet, in welchem man linsenförmige Quarzitschiefermassen in regelmässigster Wechsellagerung mit Glimmerschiefern erblickt. Auch Bücking's Beobachtungen stimmen völlig mit dieser Anschauung überein. Aber auch in den tieferen Schichten der Staurolithschiefer finden sich noch echte Glimmerschiefer, manche noch mit recht quarzitischem Habitus wie in dem Steinbruch nordwestlich vom Dorfe Wenighösbach — an der von Bücking auf seiner Karte mit der Signatur „q" bezeichneten Stelle und im Einschnitt des Weges von jenem Dorfe nach Feldkahl.

An der Zusammensetzung der Glimmerschiefer betheiligen sich neben dem Muscovit mehr oder weniger reichlich Biotit, Quarz, von welchem letzterem das bei den Quarzitschiefern Gesagte gilt, oft recht viel Magneteisen, ferner Granat sowie ab und zu einige Feldspathkörner, Eisenglanz, Rutil, Zirkon, Apatit (sehr spärlich) und oft in grösster Menge winzige, opake, von Thürach als Graphitoïd bestimmte Partikel.

Bisweilen bestehen ganze Schliffe oder grosse Theile derselben aus dicht gedrängten Glimmerblättchen, zwischen denen nur spärliche, linsenförmige Quarzkörnchen liegen, während andere eine gleichmässigere Vertheilung von Glimmerblättchen in einem mosaikartigen Quarzaggregat zeigen. Sehr glimmerreich ist z. B. ein Schiefer aus einem Steinbruch am Westende von Glattbach, der dort mit typischem Staurolithschiefer wechsellagert.

Granat und Feldspath, ersterer meist in rundum ausgebildeten Krystallen, beide Mineralien aber sehr reich an rundlichen oder eckigen Quarzkörnchen, verleihen durch ihr gewissermassen porphyrisches Auftreten manchen Glimmerschiefern das Aussehen von Knoten- oder Fruchtschiefern, wie sie aus vielen Granitcontacthöfen bekannt sind. Sie drängen, oft noch von Quarzaggregaten ganz oder theilweise umgeben, die sich eng anschmiegenden Glimmerblättchen auseinander und erzeugen so eine schwach höckerige Beschaffenheit der Schichtungs- oder Schieferungsflächen.

Häufig zeigen die Glimmerschiefer eine äusserst complicirte Fältelung, wie z. B. ein solcher aus dem Thälchen, welches von den „sieben Wegen" östlich von Hörstein nach Wasserlos herabzieht. Das durch reichliches Graphitoid grau gefärbte Gestein enthält zahlreiche, bis 0,5 cm grosse Rhombendodekaëder eines meist schon ganz in Brauneisenerz umgewandelten Granates und quarzitische, allen Faltungen sich anschliessende Lagen.

Der vollständig unversehrte Zustand der Granatkrystalle zeigt deutlich, dass dieselben erst nach der Ausbildung der Falten auskrystallisirten, dass jedenfalls die Faltung nicht in dem völlig verfestigten Gestein vor sich ging.

Fig. 4, Tafel IV zeigt einen Querschliff dieses interessanten Schiefers.

Die oben erwähnten Glimmerschiefer aus dem Steinbruch nordwestlich von Wenighösbach und aus dem Einschnitte der Strasse von diesem Dorfe nach Feldkahl nehmen dadurch eine Mittelstellung zwischen dem eigentlichen Glimmerschiefer und den Gesteinen der folgenden Gruppe ein, dass sich in manchen ihrer Schichten auch Feldspath am Aufbau des Gesteinsgewebes betheiligt, nicht in knotenartig hervortretenden Körnern, sondern in solchen Individuen, welche mit den Quarzkörnchen ungefähr gleiche Grösse besitzen.

Aus dem kleinschuppigen Aggregat von Glimmerblättchen, das die Schichtflächen des Gesteines bedeckt, heben sich dunkle, unregelmässig oder rundlich umgrenzte, gewöhnlich schwach hervorragende Flecke ab, die ziemlich vereinzelt liegen. Im Querschliff erscheinen sie als lang-linsenförmige Körper, die aus einem äusserst feinschuppigen Haufwerk winziger Blättchen oder Nädelchen bestreben. Dieselben sind schwach grünlich gefärbt und bieten in ihrer ganzen Anordnung das Bild von Zersetzungsprodukten des Cordierits. Es konnten jedoch nirgends frische Reste des Minerals, aus dem sie entstanden sind, aufgefunden werden.

Dass der Schiefer nach seiner völligen Verfestigung noch Bewegungen ausgesetzt war, ergibt sich aus dem Vorhandensein äusserst feiner Querklüfte, die mit lebhaft grünen, oft zu radialstrahligen Aggregaten angeordneten Chloritblättchen erfüllt sind. Jedoch hat durch diese, jedenfalls nur sehr geringen Bewegungen, welche eine Streckung des Gesteins veranlassten, dessen Structur im Uebrigen keinerlei Veränderung erlitten.

c. Glimmer- und feldspathreiche Schiefer
(Staurolithschiefer z. Th.).

Die hierher gehörigen Schiefergesteine bauen einerseits in der Hauptsache die Bücking'sche Stufe des „glimmerreichen Gneisses" (= Staurolithgneiss Thürach's) auf, andererseits sind sie theils in Form gewaltiger Schollen (Schweinheimer Stufe Thürach's), theils in kleineren Massen, die bis zu Brückchen von fast mikroskopischer Kleinheit herabsinken, den Graniten eingebettet. Beide Gruppen lassen trotz grosser Uebereinstimmung in den Hauptzügen doch gewisse Verschiedenheiten in ihrer Structur und Zusammensetzung erkennen, die oft schon mit blossem Auge wahrgenommen werden können.

Sie bestehen aus Biotit, Muscovit, Feldspath und Quarz als Haupt- und Staurolith, Granat, Magnetit, Apatit, Turmalin, Eisenglanz, Rutil und Zirkon als Nebengemengtheilen. Stellenweise tritt noch Graphit hinzu. Sillimanit, den Thürach als überaus verbreitet in allen hier zu besprechenden Schiefern bezeichnet, ist nach den Beobachtungen des Verfassers lediglich auf den Contact der letzteren mit Pegmatitgängen beschränkt.

Als älteste Gemengtheile unserer Schiefer geben sich die Eisenerze, Rutil, Zirkon und Turmalin zu erkennen, da sie in ringsum wohlausgebildeten Kryställchen als Einschlüsse in den übrigen enthalten sind. In derselben Rolle treten auch Quarz, Biotit, Muscovit und Granat sehr häufig auf, wobei allerdings Quarz und Glimmer sehr oft, seltener der Granat nicht als scharfe Krystalle, sondern als kuglige oder elliptische Körnchen, beziehungsweise auch Blättchen, ausgebildet sind. Die nächst jüngeren Bildungen sind Apatit, Staurolith und Granat;

erst nach diesen krystallisirte die Hauptmenge des Glimmers aus, da zu beobachten ist, dass die grösseren Glimmerblättchen fast überall an jenen abstossen, nur selten aber in sie eindringen. Hierauf gelangte der Feldspath und zum Schluss der Quarz zur Ausscheidung. Es sind demnach die Gemengtheile unserer metamorphen Schiefer in derselben Reihenfolge fest geworden, wie die entsprechenden der Granite. Dabei ist aber die Structur der ersteren — trotz der beiden Gesteinsgruppen gemeinsamen, oft hoch entwickelten Parallelstructur — so verschieden von derjenigen der letzteren, dass im Dünnschliff, besonders im Querschliff, beide auf den ersten Blick durch das Mikroskop zu unterscheiden sind.

Der Glimmer gehört in der Hauptsache zum Biotit. Muscovit ist aber — wenigstens in der Gruppe der „glimmerreichen oder Staurolithgneisse" — fast stets neben jenem vorhanden, und beide sind häufig, theils mit den basischen Endflächen, theils in unregelmässiger Art, unter einander verwachsen.

Im Gegensatz zu den oben erwähnten kleinen Blättchen, die als Einschlüsse in den anderen Gesteinsgemengtheilen verbreitet sind, haben die grösseren, selbständig auftretenden Glimmerblättchen oft unregelmässige Begrenzungen in der Prismenzone. Als Einschlüsse in ihnen finden sich besonders Magnetitoktaëder, Hämatitblättchen, Zirkone, Rutil, Granat — bisweilen auch Turmalin — seltener Quarz. Um die Zirkone ist sehr häufig der bekannte dunkle Hof zu sehen.

Die Glimmerlamellen sind bald dicht gedrängt und in paralleler Stellung zu fortlaufenden Bändern geschaart, innerhalb deren sich allerdings auch recht häufig schräge oder quer gestellte Blättchen finden, bald treten sie nur gruppenweise, seltener ziemlich vereinzelt auf. Im ersteren Falle nähern sich die Schiefer in ihrem Aussehen dem Glimmerschiefer, im letzteren mehr dem „Gneiss".

Faltungen und Fältelungen unserer Schiefer — eine ausserordentlich verbreitete Erscheinung — geben sich besonders deutlich im Querschliff der Gesteine in der Anordnung der Glimmerlamellen zu erkennen. Fig. 5, Tafel II zeigt den Querschliff eines solchen gefältelten, glimmer- und staurolithreichen Schiefers, welcher an der Strasse von Wenighösbach nach Feldkahl ansteht, kurz bevor dieselbe ihren höchsten Punkt erreicht. Man erkennt hier ganz sicher, dass die sehr zahlreichen Glimmerblättchen des Schiefers zu jenen Sätteln und Mulden aufgestaucht sind, welche sich schon im Handstück dem blossen Auge bemerkbar machen; ebenso erkennt man, dass diese Faltungen nicht durch Schleppungen an Verwerfungsklüften bedingt sind. Denn einerseits weisen die Glimmerlamellen selbst keinerlei Zerreissungen auf und die von ihnen gebildeten Falten ebnen sich auf sehr kurze Entfernungen wieder aus, setzen aber nicht längs gerader Linien durch die ganze Gesteinsmasse fort, wie denn auch überhaupt keine Klüfte oder Spalten zu sehen sind. Dann sind aber auch andererseits häufig gerade unter den Scheitelpunkten der Fältchen langgestreckte Staurolithkrystalle, welche doch, falls die Faltung sich im völlig verfestigten Gestein vollzogen hätte, Zerbrechungen oder Zerreissungen zeigen müssten. Da dies nun aber nicht der Fall ist, vielmehr alle langgestreckten Staurolithe und Feldspäthe trotz ihrer Lagerung quer zur Mittellinie der Falten weder Zerstückelung noch auch — wie die Betrachtung im polarisirten Lichte zeigt — Beeinflussung in ihrer krystallographischen Orientirung, die doch in ungleichmässiger Auslöschung sich äussern würde, erfahren haben, so muss man annehmen, dass die Fältelungen des Schiefers vor seiner Verfestigung entstanden sind. Es lässt sich daher die Vorstellung nicht abweisen, dass die Schiefer zu jener Zeit sich in einem höchst plastischen Zustande befanden, und dass die dünnen, leicht beweglichen Glimmerblättchen in Folge desselben ihre gegenwärtige Lagerung einzunehmen vermochten, ohne zerbrochen oder zermalmt zu werden, während die Staurolithe, wohl in Folge ihrer grösseren Masse, sich mit ihren Verticalaxen in der Richtung jenes Druckes anordneten und zwar sehr häufig so, dass sich über ihnen kleine Glimmerfältchen aufbäumten.

Der Feldspath tritt in zwei verschiedenen Ausbildungsformen auf, nämlich einerseits in kleinen Körnern, die mit Quarz zusammen ein Aggregat bilden, welches in den mittelkörnigen Abarten des Schiefers als allotriomorph, in den feiner gekörnten dagegen als hypidiomorph bezeichnet werden muss, andererseits in grösseren, fast augenartig hervortretenden Individuen. Letztere kommen vorwiegend im Bereich des „Staurolithgneisses", also den Schiefern nördlich einer aus der Gegend von Aschaffenburg in nordöstlicher Richtung gezogenen Linie vor, während die südlich hiervon auftretenden Schiefer mit wenigen Ausnahmen gleichmässigeres und feineres Korn besitzen. Das Gleiche gilt auch von denjenigen glimmer- und feldspathreichen Schiefern, die nördlich von der auf Seite 192 angenommenen grossen Verwerfungslinie liegen, welche den Quarzitschiefer von dem „Jüngeren Gneiss" des Spessarts trennt. Auch diese Schiefer stehen in einem gewissen Gegensatze zu denen der Abtheilung des „glimmerreichen Gneisses", lassen dafür aber die grösste

Aehnlichkeit mit denjenigen aus der Gruppe des „Schweinheimer" und des „körnig-streifigen Gneisses" erkennen, eine Uebereinstimmung, welche gleichfalls in hohem Grade für die Richtigkeit der Ansicht Thürach's spricht, dass der „jüngere Gneiss" nur eine durch jene Verwerfung wieder zu Tage geförderte Masse des „körnig-streifigen Gneisses" darstellt.

Die Feldspathaugen erreichen manchmal in ihrer grössten Ausdehnung 2 cm und scheinen zum allergrössten Theil Plagioklase zu sein, deren hohe Auslöschungsschiefe auf die kalkreicheren Glieder der Reihe hindeutet.

Fast alle strotzen von Einschlüssen, unter denen solche von Quarz — in rundlichen oder auch eckigen Körnchen — unbedingt vorherrschen. Diesen zunächst an Häufigkeit stehen die Magnetitkörnchen, sodann Glimmerblättchen (besonders Biotit), dann, viel seltener, Zirkon und Granat. Bisweilen sind kleine Turmalinsäulchen sehr reichlich vorhanden, manchmal viele Einzel- oder Zwillingskrystalle von Rutil, diese aber stets in weit gedrungeneren Formen als die Rutilnädelchen der Thonschiefer; ein ziemlich grobkörniges Schiefergestein, das auf der Höhe zwischen Feldkahl und Königshofen ansteht, wimmelt von winzigen, blassrothen Granaten in Rhombendodekaëdern.

Im polarisirten Lichte bieten die Feldspathaugen in Folge dieser skelettartigen Ausbildungsform ein sehr buntes Bild dar. Die Einschlüsse sind oft so dicht gedrängt, dass ihre Substanz diejenige des Wirthes an Masse zu übertreffen scheint. Aus diesem Grunde ist auch die Zwillingsstreifung der Feldspathaugen meist nur in sehr dünnen Schliffen deutlich zu sehen. Siehe Tafel V, Fig 4 und 5.

Die Anordnung der Einschlüsse wird nicht durch die Krystallisation des Feldspathes bedingt; sie ist in vielen Fällen anscheinend ganz unregelmässig. Oft aber ordnen sich auch sämmtliche Einschlüsse mit ihren längsten Durchmessern in parallelen Reihen an von geradem oder gewundenem Verlauf, wie dies letztere Fig 6, Tafel V zeigt. Da in allen diesen Fällen, wie dasselbe Bild erkennen lässt, die Zwillingsstreifung des Feldspathes völlig unabhängig von der Richtung jener Einschlussreihen verläuft, und da sich besonders auch keine mechanischen Deformationen am Feldspath finden, kommt man wieder zu dem Schlusse, dass die Quarzkrystallchen, Erzkryställchen u. s. w. in einer plastischen, starkem Drucke ausgesetzten Masse sich ausschieden und dass die Krystallisation ihrer Wirthe erst später erfolgte. Jedenfalls ist auch diese eigenthümliche Structur keinesfalls auf die Wirkung des Gebirgsdruckes auf das völlig verfestigte Gestein zurückführbar, sondern spricht im Gegentheil dafür, dass nach der Verfestigung der Schiefer keine starken Druckwirkungen auf dieselben stattfanden.

Die Anschauung, dass die Schiefer während ihrer Metamorphose sich in einem plastischen Zustande befanden, wird durch die Beobachtung unterstützt, dass Glasröhren, welche man mit Wasser in geschlossenem Rohre längere Zeit erhitzt, durch diese Behandlung nicht nur zum Theil krystallin werden, sondern auch beträchtliche Aenderungen ihrer Form erfahren, sodass dieselben unter dem Einfluss des hohen Druckes und der hohen Temperatur eine Zeit lang plastisch geworden sein müssen. Es dürfte daher die Vorstellung nicht zu gewagt erscheinen, dass grosse Schiefermassen, welche der gewiss sehr hohen Temperatur ausgesetzt waren, die gewaltige, in sie hinein injicirte Granitmassen durch Zeiträume von enormer Länge bewahrten, und welche theils durch die ursprünglich auf ihren Schichtungsflächen und Spalten circulirenden Wässer, theils durch die aus dem Intrusivgestein stammenden wässerigen Mineralsolutionen durchtränkt wurden, unter dem Einfluss aller dieser Factoren und eines gewaltigen Druckes durch ihre ganze Masse hindurch — natürlich nach Aussen zu in abnehmendem Grade — eine Art von gelatinöser Beschaffenheit annahmen, sodass sich in ihnen eine völlige Neukrystallisation vollziehen, und dass zugleich die zuerst ausgeschiedenen Gemengtheile sich in der durch den immerfort wirkenden Gebirgsdruck vorgeschriebenen Weise unbehindert anordnen konnten.

Ganz analoge Structurverhältnisse zeigen nach E. Weinschenk[1]) die Einschlüsse von gefaltetem Gneiss im Centralgranit des Grossvenedigerstockes. „Man constatirt hier häufig, dass an einem neugebildeten Krystall von Feldspath, Turmalin, Glimmer oder Granat die gefalteten Schichten des umgebenden Gesteins nicht absetzen, sondern dass die Einschlüsse von Graphitoïd in dem Krystall selbst genau die Fortsetzung der Schichten mit all ihren Verbiegungen bilden, welche durch die Krystallisation des betreffenden Minerals in keiner Weise gestört erscheinen. Sie ziehen sich in Windungen und Faltungen durch die Krystalle hindurch und verlaufen am anderen Ende wieder in die normale Schichtung. Diese Gesteine waren also schon intensiv gefaltet, als die betreffenden Mineralien sich in ihnen ausbildeten, und da die Entstehung derselben nur der metamorphosirenden Einwirkung des granitischen Magmas zugeschrieben werden kann, so liefern sie den directesten Beweis dafür, dass das letztere erst nach dem Beginn der Faltung heraufgepresst wurde."

---

[1]) Beiträge zur Petrographie der östlichen Centralalpen. II. Abhandl. d. K. Bayer. Akademie d. Wissensch. II Cl. XVIII. Bd. III. Abth. S. 80 (739). München 1894.

Dass die Feldspathaugen jünger sind, als die **Glimmerlamellen**, ergiebt sich aus dem häufig zu beobachtenden Hineinragen **eines Theiles der letzteren** in jene Augen, während der grösste Theil diese umschmiegt, so dass es den Anschein gewinnt, als habe der Feldspath bei seiner Krystallisation die Glimmerblättchen auseinandergedrängt. Diese Verhältnisse werden deutlich veranschaulicht durch Fig. 4, Tafel V, welche auch die unregelmässige Form der schmalen Seiten des Feldspathes erkennen lässt; die in der Ebene des Schliffes ungefähr dreiseitig umgrenzten Räume zwischen diesen schmalen Feldspathflächen und den das ganze Feldspathauge umgebenden Glimmerlamellen werden von einem unregelmässigen Quarzfeldspathhaufwerk von derselben Ausbildungsweise wie in der Grundmasse des Gesteins ausgefüllt.

Im Gegensatz zu den grossen Feldspäthen ermangeln die kleineren des skelettartigen Habitus, wenn sie auch durchaus nicht selten ein oder mehrere fremde Körnchen umschliessen.

Auch die kleineren Feldspäthe der Grundmasse scheinen zum grösseren **Theil Plagioklase** zu sein. Da Thürach Seite 123 gerade die gegentheilige Ansicht vertritt, wurden zur näheren Untersuchung dieser Frage aus dem Pulver eines Schiefers vom Galgenberge bei Damm durch Methylenjodid Quarz und Feldspath von den übrigen Gesteinsgemengtheilen getrennt. Zur Entfernung des noch beigemischten Glimmers wurde das Pulver noch in kleinen Portionen wiederholt über glattes Schreibpapier gleiten gelassen. Das so fast völlig von Biotit- und Muscovitschüppchen befreite Material enthält nach der Bestimmung der Grossh. chem. Prüfungsstation zu Darmstadt

$K_2O : 0{,}37$ %
$CaO : 2{,}57$ „
$Na_2O : 3{,}84$ „

sodass sich also die Mengen von $K_2O : CaO : Na_2O$ verhalten wie

$1 : 6{,}95 : 10{,}38.$

Durch diese Bestimmung dürfte das entschiedene Vorwalten der **Plagioklase** vor dem Orthoklas in den betreffenden Schiefern wohl zweifellos erwiesen sein.

Thürach selbst theilt Seite 126 die von Schwager ausgeführte Analyse eines glimmerreichen Schiefers aus einem kleinen Steinbruch im Thale nordwestlich von Glattbach mit; er bezeichnet dasselbe ebenso wie dasjenige vom Galgenberge bei Damm als typisch. Ihm gegenüber möchte jedoch der Verfasser bemerken, dass das Gestein aus dem anscheinend von Thürach gemeinten Bruche auffällig reich an hellem Glimmer, dagegen arm an Biotit,

Feldspath und Staurolith ist und sich wesentlich von demjenigen vom Galgenberge unterscheidet, welches letztere mit weit grösserer Berechtigung als ein Typus seiner „Staurolithgneisse" bezeichnet werden kann.

Schwager fand:

SiO_2	60,98
Al_2O_3	16,40
Fe_2O_3 FeO }	8,83
TiO_2	1,40
CaO	0,90
MgO	1,64
K_2O	5,48
Na_2O	0,52
Li_2O	Spur
Glühverlust	1,40
	100,62

Der hohe Kaligehalt des Gesteines und im Gegensatz dazu die geringen Mengen von Magnesia, Kalk und Natron scheinen die vom Verfasser geäusserte Ansicht über die ungewöhnliche Zusammensetzung des Glattbacher Schiefers zu bestätigen.

Der Quarz ist im Allgemeinen weit ärmer an Einschlüssen wie der Feldspath und enthält auch nur in wenigen Fällen primäre Flüssigkeitseinschlüsse, öfters aber solche auf jüngeren, das Gestein durchquerenden Spältchen. Wo der Quarz als selbständiges Korn auftritt, ermangelt er — wie schon erwähnt — fast stets der gesetzmässigen Begrenzung, indem er die vom Feldspath übrig gelassenen Räume erfüllt. Manchmal findet man auch kleine, höchstens einige Millimeter starke schmitzen- oder linsenförmige Ansammlungen unregelmässig in einander verzahnter Quarzkörnchen. Wenn nun aber Thürach l. c. Seite 123 sagt: „Der Quarz ist meist ziemlich feinkrystallinisch, bildet aber sehr häufig ½—1 cm dicke Butzen, welche grösser werdend bis zu mehrere Meter mächtigen, meist linsenförmig umgrenzten Massen von derbem Quarz anschwellen, die im Gebiet des Staurolithgneisses ungemein verbreitet auftreten", so zeigt dieser Satz recht deutlich, wohin es führen kann, wenn ein Beobachter keinerlei Rücksicht auf die genetischen Beziehungen der von ihm untersuchten Gesteine nimmt. Denn, welche Meinung man auch über die Entstehung jener Quarzlinsen haben mag, die der Verfasser Seite 190 in Beziehung mit den pegmatitischen Gängen setzen zu müssen glaubte, wird man sich doch klar machen müssen, dass dieselben ein dem Schiefer, in welchem sie auftreten, völlig fremdes Element darstellen, das darum niemals mit den kleinen Quarzkörnchen der Schiefergrundmasse verglichen werden darf.

Unter den accessorischen Gemengtheilen nimmt der Staurolith den hervorragendsten Platz ein. Er findet sich fast ausschliesslich in solchen Individuen, welche schon mit blossem Auge wahrnehmbar sind und welche bis 2 cm lang und über centimeterbreit werden können. In den vom Verfasser untersuchten Schliffen bildet er nur einfache Krystalle, sodass die Zwillingskrystalle, die man ab und zu aus dem Verwitterungsschutt der Schiefer auslesen kann, doch im Ganzen ziemlich stark gegen jene zurückzutreten scheinen. Die Umrisse der Staurolithe sind selten ganzrandig, vielmehr meist ganz zerrissen und unregelmässig. Man kann überall nachweisen, dass sie dieselben dann den oft ausserordentlich zahlreichen Einschlüssen von Quarzkörnchen zu verdanken, infolge deren viele Staurolithkrystalle nur als Krystallskelette ausgebildet sind. An manchen Individuen, wie z. B. an dem in Fig. 3, Tafel V abgebildeten, sind zwar die Krystallumrisse streckenweise ganz deutlich und scharf ausgebildet, streckenweise aber durch jene Einschlüsse auch völlig verwischt. Trotzdem zeigen alle diese unregelmässig umrandeten und von Einschlüssen strotzenden Individuen, zwischen gekreuzten Nicols völlig einheitliche Orientirung. Bei dieser Zerrissenheit der Form ist es nicht zu verwundern, dass öfters im Schliff kleine Staurolithkörnchen oder häufiger noch Gruppen solcher angetroffen werden, welche vielleicht Thürach's Ansicht hervorgerufen haben, der Staurolith trete auch in mikroskopisch kleinen Körnchen auf (l. c. S. 124); es ist aber viel wahrscheinlicher, dass dieselben nur Theile grösserer, durch den Schliff aber nur eben berührter Individuen bilden. Jedenfalls fehlt in denjenigen Gesteinen, in welchen makroskopisch kein Staurolith nachzuweisen ist, derselbe auch in mikroskopischen Körnchen, so z. B. in gewissen Schichten der Schiefer vom Glasberg bei Schimborn, der Rückersbacher Schlucht und den Weinbergen bei Kleinostheim, während er oft dicht daneben wieder sehr reichlich auftritt. In den Schiefergesteinen südlich von einer nordöstlich über Aschaffenburg verlaufenden Linie, also besonders denen der Stufe des „Schweinheimer Gneisses" und des „körnig-streifigen Gneisses" scheint er nirgends vorhanden zu sein, ebensowenig auch in der Zone des „jüngeren Gneisses".

Ausser Quarz umschliesst der Staurolith noch besonders häufig Magnetit, seltener Granat, Turmalin und Biotit. Letzterer ist dann meist in regelmässig umrandeten Täfelchen ausgebildet, die, wie schon erwähnt, mit zu den ältesten Ausscheidungen der Schiefer gehören. Dagegen sieht man nur in seltenen Fällen (vgl. Tafel V, Fig. 3) die grösseren Biotittafeln in den Staurolith eindringen, meist vielmehr scharf an ihn abstossen, sodass also letzterer in der Hauptsache älter ist als der Biotit. (Siehe Tafel III, Fig. 5.)

Noch allgemeinere Verbreitung besitzt der **Granat**, wenn er auch für gewöhnlich nicht in so grosser Menge auftritt, wie der Staurolith. Er wird im Dünnschliff mit hellröthlicher Farbe durchsichtig und erweist sich in allen Schliffen als isotrop und frei von Spannungen. Seine Durchschnitte besitzen theils rundliche, theils regelmässig vier- oder sechsseitige Form, wie man denn auch an den mit blossem Auge sichtbaren Granaten stets das Rhombendodekaëder erkennt. Dieselbe Form haben auch öfters mit Gas- oder Flüssigkeit erfüllte Hohlräume. Sonst enthält er sehr häufig massenhafte Quarzkörnchen, neben denen auch Magnetit, Biotit, ab und zu auch Turmalin, Zirkon und Rutil auftreten. In manchen Schliffen ist die Zersetzung des Granates zu Brauneisenerz deutlich zu verfolgen; in anderen wandelt er sich um in schuppige Aggregate kleiner Chloritblättchen.

Der **Turmalin** ist ein sehr unregelmässig auftretender Gemengtheil, welcher vielerorts den Schiefern völlig fehlt. Mehrere Präparate enthalten ihn aber sehr reichlich und zwar nur in Form winziger, blaugrauer Säulchen. Die grösseren Turmaline, welche Thürach S. 124 als sehr häufig, fast in jedem Aufschluss vorhanden, erwähnt, sind wie der Sillimanit an den **Contact mit Pegmatitgängen** gebunden.

Recht spärlich ist der **Apatit** vorhanden und zwar vorwiegend in rundlichen Körnern, seltener in gut ausgebildeten Krystallen.

Alle hier beschriebenen Gemengtheile der in Rede stehenden Schiefer erweisen sich als **Neubildungen**; klastische Körner konnten nirgendswo in ihnen erkannt werden. Wie aus den obigen Schilderungen hervorgehen dürfte, ist demnach die Structur unserer Schiefer eine echt contactmetamorphe, welche die grösste Uebereinstimmung mit derjenigen von grobkörnigen Contactschiefern besitzt, z. B. den „Andalusitgneissen" und „Andalusitglimmerschiefern" der Umgegend von Strehla i. S., obwohl sie in ihrer mineralischen Zusammensetzung von diesen Gesteinen nicht unwesentlich abweichen.[1])

Hier möge noch- im Anhange kurz ein interessantes grobkörniges, undeutlich schieferiges Gestein besprochen werden, das am Nordende des Dorfes

---

[1]) Erläuterungen zu Sect. Hirse-Strehla der geologischen Specialkarte des Königreichs Sachsen, S. 8. Zeitschrift d. Deutschen geolog. Gesellschaft. 1892. S. 560.

Wenighösbach am Wege nach Feldkahl ansteht. Das von Thürach auf S. 127 abgebildete Profil, welches das Auftreten dieses Gesteines veranschaulicht, ist in Folge der hochgradigen Zersetzung der meisten Bestandtheile desselben zur Zeit fast ganz verstürzt. Wie aber aus Thürach's Abbildung und Beschreibung hervorgeht, bildet jenes Gestein eine anscheinend concordante Einlagerung in den vielfach gefälteten staurolithreichen Schiefern, die von älterem, porphyrischem (b in Thürach's Profil) und von jüngerem Granit (gn) gangförmig injicirt werden. In der erwähnten Figur sind die Gänge jüngeren Granites, welche im Querschnitt erscheinen, in stark schematisirter Weise als Linsen dargestellt.

Das hier zu besprechende, im Handstück dunkelgrau, mit schwarzen Flecken erscheinende Gestein zeigt in einer Grundmasse von grossen Feldspäthen (vorwiegend Plagioklasen) zahlreiche Biotitlamellen, Granatkrystalle, Staurolithe und Disthen in bisweilen büschelartig angeordneten Prismen, welche mehrere Centimeter lang und über centimeterbreit werden können. Fig. 3, Tafel II stellt einen Dünnschliff des Gesteines in ca. 4 facher Vergrösserung dar. Derselbe zeigt als auffallendste Erscheinungen Biotitsäume um den oft sehr einschlussreichen Granat, Staurolithkörner von bedeutender Grösse und sehr unregelmässiger Form und Disthen. Unter dem Mikroskop erscheint dieser fast farblos mit blauen, verschwommenen Flecken. Auch schwarze, mehrere Centimeter lange Turmalinsäulen treten in diesem Gesteine auf. Da beide Mineralien, Turmalin in grossen Krystallen und Disthen, sonst nur in unmittelbarer Nachbarschaft der Pegmatitgänge aufsetzen, liegt die Vermuthung nahe, dass auch hier ein Pegmatitgang vorhanden ist (vielleicht die in Thürach's Profil mit f bezeichneten Stellen). In enger Verbindung mit dem granat- und staurolithreichen Gestein steht daselbst ein grünlichgraues, ebenfalls fast grobkörniges, feldspathreiches Gestein, in welchem aber Staurolith, Cyanit und Turmalin fehlen. Es enthält viele Magnetitkrystalle, die schon mit blossem Auge wahrgenommen werden können und erweist sich unter dem Mikroskop als sehr reich an Epidot in unregelmässigen Körnern. Die von zahllosen Einschlüssen erfüllten Feldspathkörner haben sehr unregelmässige Begrenzungen und gehören anscheinend sämmtlich zu den Plagioklasen.

Es ist nicht unwahrscheinlich, dass von diesem Gestein ein allmählicher Uebergang in die später zu beschreibenden Kalksilicathornfelse stattfindet, wie denn auch in Thürach's Abbildung ein Hornblendegestein in der unmittelbaren Nähe desselben anstehend gezeichnet ist.

Schon mehrfach wurde im Vorhergehenden der Gegensatz betont zwischen den in geschlossenen Massen auftretenden Schiefern der Abtheilung des „glimmerreichen Gneisses" und den nördlich und südlich hiervon gelegenen, welche als Schollen oder kleinere Fragmente im Granit auftreten und am Aufbau der Abtheilungen des „jüngeren Gneisses" und der „älteren Gneisse" theilnehmen, besonders an dem des „körnig-streifigen Gneisses". Es ward auch schon hervorgehoben, dass die Schiefer der letzteren Gruppe sich von denen der ersteren durch feineres und gleichmässigeres Korn unterscheiden, sodass in jenen die einschlussreichen Feldspathaugen des „glimmerreichen Gneisses" fehlen oder doch nur in sehr untergeordneter Weise auftreten. Hierzu kommt noch das völlige Fehlen des Staurolithes und des Turmalins, sowie das starke Zurücktreten des Muscovits. Während man nämlich den „glimmerreichen Gneiss" als „zweiglimmerigen, feldspathreichen Schiefer" bezeichnen kann, werden die übrigen Schiefer besser „feldspathreiche Biotitschiefer" genannt. Zwar findet sich auch in ihnen nicht selten heller Glimmer, aber derselbe erweist sich theils aus den bei der Besprechung des älteren Granites anzuführenden Gründen als ausgebleichter Biotit, theils ist er an den Contact mit den Pegmatiten gebunden und dann als primärer Muscovit anzusprechen.

Die Biotitblättchen haben oft recht unregelmässige Formen und meist viel kleinere Dimensionen als in den zweiglimmerigen Schiefern. Die Feldspäthe, welche auch hier sich zum grossen Theil als Plagioklase erweisen, sind vielfach recht einschlussarm. Dass ihre Umrisse mit dem abnehmenden Korn des Gesteines an Regelmässigkeit gewinnen, ward schon oben besprochen. Auf der anderen Seite aber sieht man recht häufig auch rundliche Körner, bei deren Vorherrschen das Gestein sich sehr dem weiter unten zu beschreibenden Grauwacken nähert. Indessen spricht die grosse Frische der Feldspäthe, ihre Verwachsung mit dem Biotit und ihre Führung von Einschlüssen — die trotz deren relativer Spärlichkeit doch ihren Wirthen ein ganz charakteristisches Aussehen verleihen — dafür, dass sie nicht als klastische Reste, sondern als Neubildungen anzufassen sind. Aus demselben Gründen muss man dies auch von den Quarzen annehmen, unter denen sich keine sicher erkennbaren klastischen, oder besser gesagt, allothigenen Körner nachweisen lassen. In manchen Biotitschiefern ist der Granat recht verbreitet und verleiht denselben dann häufig das Aussehen von Knotenschiefern, wie sie z. B. an der Strasse von Gailbach nach Aschaffenburg zwischen jenem Dorfe und der Dimpelsmühle bei Schweinheim vielfach anstehen. Manche durch ihre dunkle Färbung auffallenden Schiefer (so z. B. in der Böschung der

Weges, der von der Strasse Aschaffenburg—Gailbach nach den Elterhöfen (Ohrt) sind reich an Graphit in runden oder sechsseitigen Blättchen. Nach Thürach kommt auch im Gebiet dieser Schiefer Graphit in kleinen Lagern (Laufach) und isolirten Knollen vor.

Sowohl die zweiglimmerigen als die Biotitschiefer sind nach den vorhergehenden Ausführungen als hochmetamorphosirte und gänzlich neukrystallisirte Gesteine zu betrachten, über deren ursprüngliche Beschaffenheit aus ihrer jetzigen Structur keinerlei sichere Schlüsse zu ziehen sind, während aber ihre Lagerungs- und Verbandsverhältnisse sie als umgewandelte Sedimentgesteine erkennen lassen. Dass die besprochenen Verschiedenheiten in ihrer mineralischen Zusammensetzung und ihrer Structur auf ursprüngliche Verschiedenheiten der betreffenden Gesteine vor ihrer Umwandlung zurückzuführen sind, nicht aber auf einen verschieden hohen Grad der letzteren, geht theils aus der vielfachen Wechsellagerung dieser Gesteine unter einander hervor, theils auch aus der Analogie mit anderen Contacthöfen um Granitmassive, so z. B. im Bereiche des Lausitzer Granites.

d) Kalksilicathornfelse.

Die Kalksilicathornfelse der Gegend von Wenighösbach setzen sich aus feinkörnigen bis dichten, schwarzen, grauen oder röthlichgrauen und aus kleinbis mittelkörnigen Schichten zusammen, in denen zahllose schwarze Hornblendekrystalle meist von 2—5, ab und zu aber auch bis 10 mm Länge ausgeschieden sind. Diese verschiedenartigen Lagen sind nun in der verschiedenartigsten Weise gefaltet, manchmal auch förmlich durcheinandergeknetet, sodass grössere Blöcke dieser Gesteine im frischen Anbruch ein äusserst auffallendes Bild geben. Fig. 3 auf Tafel IV stellt ein Handstück dieses Hornfelses in etwa natürlicher Grösse dar.

Unter dem Mikroskop lassen die feinkörnigen grauen oder röthlichen Lagen ihre Zusammensetzung aus Quarz und Epidot nebst Granat als Hauptgemengtheilen erkennen. Die Quarze zeigen nicht selten recht regelmässig sechsseitige Umrandung und verleihen dadurch dem Gestein eine typische Hornfelsstructur. Sie sind oft ganz dicht erfüllt mit winzigen Körnchen und Säulchen von Epidot. Dieser letztere hat in seinen grösseren Körnern meist ganz unregelmässige Begrenzung.

Die Granate, denen manche Gesteinslagen ihre röthliche Färbung verdanken, sind im Dünnschliff fast farblos; sie haben häufig zonar angeordnete winzige Einschlüsse von Quarz- und Epidotkörnchen. Sehr gewöhnlich sind ihre Durchschnitte sechseckig, nicht selten aber auch rund. An manchen Stellen ist recht reichlich **Magnetit** anwesend, meist in sehr unregelmässigen Körnern, seltener in scharfen Oktaëdern. Hier und da finden sich auch Hämatitblättchen.

Diese hellen Lagen gehen theils allmählich, theils ganz unvermittelt in dunkle hornblendereiche über. Die **Hornblendekrystalle** zeigen oft in der Prismenzone scharfe Umrandung, sind aber an den Enden gewöhnlich sehr unregelmässig zackig gestaltet. Die Farbe der basischen Schnitte wechselt bei der Untersuchung mit dem Polarisator von einem hellen, bräunlichen Gelb bis zu tiefem Grünbraun; die Schnitte parallel zur Verticalaxe zeigen hierbei gelblichgrüne bis tief bläulichgrüne Färbung. Besonders die grösseren Hornblenden sind oft ganz durchsetzt von Quarz- und auch Epidotkörnchen.

Feldspath scheint den feinkörnigen und dichten Lagen völlig zu fehlen, stellt sich dagegen in den klein- und mittelkörnigen oft recht reichlich ein. Er ist gewöhnlich so erfüllt von Quarz- und Epidotkörnern, dass man seine wahre Natur nur an den dünnsten Stellen der Schliffe zu erkennen vermag. Dieselben zeigen dann stets eine vielfache Zwillingsbildung.

In ihrer ganzen Structur ähneln die feinkörnigen Schichten der eben beschriebenen Gesteine den „Epidothornfelsen" des Lausitzer Granitgebietes in hohem Maasse, unterscheiden sich aber von ihnen durch das Fehlen von Titanit und Biotit, sowie die sehr reichliche Betheiligung der Hornblende.

Wahrscheinlich sind auch diejenigen Gesteinslagen, welche die sogleich zu besprechenden körnigen Kalke umgeben, zum Theil zu den Kalksilicathornfelsen zu stellen; leider aber sind in den gegenwärtigen Aufschlüssen gerade diese Massen so zersetzt, dass eine mikroskopische Untersuchung derselben zu wenig Erfolg zu versprechen schien.

c) Körniger Kalk.

Die meist reinweissen, körnigen Kalke der Umgebung von Gailbach, Hailbach und Laufach zerfallen im polarisirten Licht unter dem Mikroskop in ein Aggregat unregelmässig umrandeter, meist vielfach verzwillingter Körner, die nicht selten Durchmesser von mehr als 1 cm erreichen, so dass also diese Marmore als recht grobkrystallinisch zu bezeichnen sind. Thürach und Böcking zählen eine ganze Reihe von Mineralien aus dem Marmor auf, unter denen die wichtigsten Phlogopit und Serpentin sind.

Sehr verbreitet ist in diesen körnigen Kalken eine recht deutliche Kataklasstructur, indem Aederchen von kleinen Kalkspathkörnchen die grösseren Körner nach den verschiedenen Richtungen durchsetzen. Auch zeigen sich oft zwischen den grossen Körnern Säume von mosaikartig angeordneten kleinen, und nicht selten sind Verbiegungen der Zwillingslamellen zu beobachten. Diese Structur im Verein mit der starken Zerklüftung, welche soweit die Aufschlüsse zu beobachten gestatten, alle Lagen des körnigen Kalkes erfasst hat, deuten auf Verschiebungen nach der Krystallisation des Marmors.

In ihrem ganzen Auftreten und ihrer Structur zeigen die Marmorlager des Spessarts grosse Aehnlichkeit mit denen des Odenwaldes, speciell auch mit den bekannten Lagern von Auerbach an der Bergstrasse. Wie an diesem Orte im grossen, so scheinen auch in den Spessarter Marmoren in kleinerem Maassstabe Bruchstücke von Schiefergesteinen aufzutreten, eine höchst befremdliche, von den bisherigen Beobachtern noch nicht erklärte Erscheinung. Da zu hoffen steht, dass durch die ihrem Abschlusse nahen Untersuchungen von C. Chelius über die Bergsträsser Marmore die genetische Bedeutung derselben erkannt werden wird, beabsichtigt der Verfasser später im Anschluss an jene Untersuchungen nochmals näher auf die Spessarter Marmorlager einzugehen.

f) Metamorphe Sandsteine und Grauwacken.

α) Metamorphe Sandsteine.

Am Sternberg nordöstlich von Wenighösbach finden sich im Felde zahlreiche Blöcke und Fragmente eines ziemlich brückeligen, röthlichen Sandsteines, der zwar nicht anstehend zu beobachten ist, jedoch nach der Art des Auftretens jener Bruchstücke daselbst jedenfalls als Einlagerung in den glimmerreichen Schiefern vorkommt. Das Gestein besteht aus einer kleinkörnigen Grundmasse, in welcher zahlose helle Glimmerblättchen aufleuchten und ist höchst auffällig durch das reichliche Vorhandensein runder oder linsenförmiger grauer Quarzkörner, die bis 5 mm Durchmesser besitzen. Es zeigt eine nicht sehr deutliche, durch die Glimmerblättchen hervorgerufene Schichtung.

In Schliffen quer zu derselben sieht man, dass der grösste Theil der Glimmerblättchen aus Muscovit besteht, ein kleinerer aus Biotit, welcher meist stark ausgebleicht ist. Viele der Blättchen sind ringsum regelmässig begrenzt, während ein Theil in der Prismenzone unregelmässige Contouren zeigt. Beide enthalten häufig kleine Quarzkörnchen, bisweilen auch Hämatitblättchen und Zirkone, Granatkryställchen, Magnetitkörnchen und Rutilnädelchen.

Ausser aus Glimmer besteht die Grundmasse des Gesteines aus einem unregelmässigen Aggregat von Quarzkörnchen, denen auch nicht wenig Feldspathkörner beigemengt sind — in der Hauptsache Plagioklase. Die Durchmesser der Quarzkörnchen bleiben meist unter 0,5 mm, ebenso die der Feldspäthe; doch sieht man auch einige grössere (1—3 mm) im Durchmesser haltende Plagioklase, die ganz von Quarzkörnchen und Glimmerschüppchen erfüllt sind.

Gleicht nun hierdurch diese Grundmasse ganz derjenigen der oben beschriebenen glimmer- und feldspathreichen Schiefer, so heben sich um so schärfer von ihr die grossen Quarzkörner ab. Ihre Umrisse sind sämmtlich gerundet, wie diejenigen der klastischen Körner in Sandsteinen, und genau so verhalten sie sich auch der Grundmasse gegenüber. Nirgendswo ist eine Verwachsung der Bestandtheile der letzteren mit den grossen Quarzkörnern zu sehen, sodass diese als völlig fremde Elemente des Gesteines erscheinen. Nur da, wo dieselben von Klüften durchsetzt werden, an denen Verschiebungen stattgefunden haben, drängen sich dünne, keilförmige Partien der Grundmasse zwischen die Bruchstücke der Quarze ein.

Im polarisirten Lichte zerfallen sie sämmtlich in mehrere Theilkörner. Sie sind zum grossen Theil erfüllt von streifenartig oder auf schmalen Rissen angeordneten Flüssigkeitseinschlüssen. Ueberall schneiden diese scharf am Rande der Quarzkörner ab. Ausserdem enthalten diese letzteren oft Eisenglanztäfelchen, bisweilen auch Glimmerblättchen und in grosser Menge manchmal äusserst dünne, lange Nädelchen, deren Natur nicht bestimmbar ist.

Dies ganze Verhalten charakterisirt die Quarzkörner als klastische Elemente und lässt vermuthen, dass sie die letzten, vermuthlich wegen ihrer relativ bedeutenden Grösse einer Umkrystallisirung entgangenen Reste eines Sandsteines sind, dessen ganze übrige Masse durch die contactmetamorphe Einwirkung des Granites völlig umgelagert und in ein vollkrystallines Gemenge von Quarz, Feldspath und Glimmer verwandelt wurde.

Ein zweiter umgewandelter Sandstein, der noch klastische Körner enthält, fand sich als Einlagerung in einer vom jüngeren Granit umschlossenen Scholle glimmerreichen Schiefers. Dieselbe steht an in einem kleinen Steinbruch in der Nähe des bei der Eckertsmühle südlich von Aschaffenburg gelegenen Bahnwärterhäuschens der Aschaffenburg-Miltenberger Eisenbahn. Dieser metamorphe Sandstein gleicht äusserlich im höchsten Grade manchen Quarzitglimmerschiefern der Umgegend von Hörstein. Im Dünnschliff zerfällt er in ein Aggregat unregelmässig begrenzter Quarzkörnchen, zwischen denen zahlreiche Feldspathkörner liegen — meist Plagioklase mit vielen Quarzeinschlüssen. Das Gestein ist reich an Muscovitblättchen, welche ihm eine sehr deutliche Schieferung verleihen, enthält aber auch viele, meist ausgebleichte Biotite. An anderen Gemengtheilen, wie Eisenerzen, Zirkon und Rutil ist es recht arm.

Zahlreiche, von kleinen Flüssigkeitseinschlüssen erfüllte Spalten durchqueren den ganzen Schiefer, oft durch eine grosse Anzahl von Quarz- und Feldspathkörnchen oder Glimmerblättchen hindurchsetzend. Ausserdem enthalten aber viele Quarzkörnchen unregelmässig vertheilte oder zu kleinen Gruppen versammelte Flüssigkeitseinschlüsse, die sich von denen, welche auf den eben besprochenen, jedenfalls erst nach der Verfestigung des Gesteines entstandenen Spältchen liegen, durch ihre etwas grösseren Dimensionen unterscheiden.

Nicht selten nun bemerkt man, dass diese Häufchen von grösseren Flüssigkeitseinschlüssen in ihrer Mitte scharfbegrenzte, von Einschlüssen ganz freie Quarzpartien umgeben, die bei geeigneter Beleuchtung auch eine zarte Contour besitzen und zwischen gekreuzten Nicols sich als anders optisch orientirt erweisen, wie die umgebende Quarzsubstanz. Manchmal wird auch die Grenze der kleinen Quarzkörner durch allerlei trübe, winzige Partikelchen oder durch kleine Glimmerschüppchen, welche sich ihr eng anschmiegen, noch besser hervorgehoben. Dadurch dass die grösseren Quarzkörner des Gesteines an ihren Verwachsungsstellen niemals jene Erscheinungen zeigen, und dass ausserdem ihre Umrisse fast stets buchtig oder zackig, die der kleinen Quarzkörnchen aber ganz vorwiegend rundlich, jedenfalls aber von viel einfacherer Gestalt sind, treten diese letzteren in starken Gegensatz zu den übrigen Quarzen und man wird sie wohl als Analoga der grossen Quarzkörner in dem vorher beschriebenen Sandstein, also als klastische Körner auffassen dürfen.

Bisweilen liegen diese kleinen Körnchen mitten in einem grösseren; in anderen Fällen bilden sie aber ein Centrum, um das sich mehrere grosse Quarzkörner angeordnet haben. In den Figuren 1 und 2 auf Tafel VI ist ein solches klastisches Korn abgebildet, in Fig. 1 im gewöhnlichen Lichte, um den sehr einfach gestalteten Rand zu zeigen, in Fig. 2 dagegen zwischen gekreuzten Nicols, um darzustellen, wie dasselbe an der Grenze von 3 Quarzkörnern liegt, die mit sehr unregelmässigen Umrissen in einander eingreifen und von denen das eine, da es ungefähr senkrecht zu der Ebene des Schliffes zu liegen scheint, nur mit einer kleinen Zacke in denselben hineinragt. Ausserdem zeigt Fig. 2

die unregelmässig zackigen Contouren der neugebildeten Quarze, die vielfach in einander eingreifen, Liebte an der Grenze zweier solcher Körner durch das Uebereinandergeschobensein ihrer verschiedenartig orientirten Randpartien Säume von abweichender optischer Wirkung entstehen.

Es könnte vielleicht auffallen, dass wenn wirklich die besprochenen kleinen Körner klastischen (allothigenen) Ursprungs sind, sich die umgebende Quarzsubstanz nicht in der Art und Weise, wie es in manchen „krystallisirten" Sandsteinen geschehen ist, in derselben optischen Orientirung wie jedes einzelne dieser Körner abgelagert hat, also in der Form, welche der Verfasser „ergänzendes Kieselsäurecäment" benannt hat. Dagegen ist aber zu bemerken, dass erstens durchaus nicht in allen Sandsteinen die neugebildete Kieselsäure sich in ihrer Orientirung nach den klastischen Körnern gerichtet hat („selbständig orientirtes Kieselsäurecäment") und dass die Ablagerung der „ergänzenden" Quarzsubstanz jedenfalls sehr langsam aus stark verdünnten Lösungen erfolgte, wie die feinen Anwachsstreifen solcher ergänzten Quarzkörner zeigen, während in dem vorliegenden metamorphen Sandstein die Quarzsubstanz wohl eher sich ziemlich schnell abschied, sodass die klastischen Körnchen ihrer geringen Masse wegen es nicht vermochten, die Orientirung der umgebenden Quarzsubstanz zu bestimmen.

β) Metamorphe Grauwacken.

Das in Fig. 1 und 2, Tafel II in ungefähr der natürlichen Grösse abgebildete Gesteinsstück stammt aus dem Kersantitbruch am SW-Abhang des Grauberges bei Schweinheim (Nr. X auf Goller's Karte) aus der Grenzregion des Hornblendegranites gegen den normalen älteren Granit. Dieser letztere ist in seiner porphyrischen Ausbildungsweise auf der rechten Seite der Figur zu sehen. Auf ihn folgt ein dichtes, tiefschwarzes, 1—2 cm breites Band von schieferiger, metamorpher Grauwacke, welches nach links zu scharf gegen andere Schiefergesteine abschneidet. Unter dem Mikroskop besitzt das schwarze Band, wie die Abbildung Fig. 3 auf Tafel VI erkennen lässt, echte Grauwackenstructur, bedingt durch den Gegensatz zwischen einem äusserst feinkörnigen Cäment und darin vertheilten fremden Mineralkörnern. Das Cäment setzt sich zusammen aus winzigen Biotitschüppchen und Quarzkörnchen in innigstem Gemenge und besitzt zweifellos vollkrystalline Beschaffenheit. Es umschliesst zahlreiche, theils rundliche, theils mehr splitterförmige Feldspäthe (ganz vorwiegend Plagioklase) und Quarze, welche letzteren aber gegen die Feldspäthe zurücktreten. Diese sind von

einer so auffälligen Frische, dass man sie trotz ihrer ganz mit den Gestalten
allothigener Gemengtheile übereinstimmenden Form dennoch auch für Neubildungen, allerdings unter Bewahrung jener klastischen Contouren, ansehen
möchte. Im Cäment finden sich ausserdem zahlreiche grüne Hornblenden
mit meist recht unregelmässiger Umrandung und oft ganz erfüllt von rundlichen Quarzkörnchen. Ferner erkennt man mehrfach trübe, gelbe oder braune
Körnchen, die zersetzter Orthit zu sein scheinen, welcher auch in dem benachbarten Granit ab und zu auftritt.

Ganz ähnliche Gesteine finden sich auch noch in einem kleinen Küppchen
südlich von Schweinheim am Nordfusse des Erbiberges, das auf den
Karten von Bücking und Thürach nicht angegeben ist. Sie wechsellagern daselbst mit feldspathreichem Biotitschiefer und Hornblendeschiefern und werden
sämmtlich von Granit in zahllosen Aederchen injicirt.

Die Gründe, aus denen diese Gesteine als echte, später metamorphosirte
Grauwacken, nicht aber etwa als Zertrümmerungsprodukte granitischer Massen
betrachtet werden müssen, sollen später bei Besprechung des älteren Granites
angeführt werden (S. 235).

g) Amphibolgesteine.

Die theils als isolirte Schollen im Granit, theils als Einlagerungen in
den Schiefergesteinen auftretenden Amphibolite sind entweder massig ausgebildet und dann ihrer äusseren Erscheinung nach feinkörnigen oder
porphyrischen Dioriten und Diabasen täuschend ähnlich, theils
besitzen auch sie deutlich entwickelte Schieferstructur. Wie es scheint,
bestehen zwischen beiden Gruppen enge genetische Zusammenhänge;
aber leider sind die bis jetzt dem Verfasser bekannt gewordenen Vorkommen
der Amphibolgesteine so wenig genügend aufgeschlossen, dass es ihm vorläufig nicht möglich ist, bestimmte Anschauungen über jene Beziehungen zu
äussern. Der Verfasser hofft indess, gerade mit Bezug auf die Amphibolite
des Spessarts seine Beobachtungen in Bälde ergänzen und erweitern zu
können, um dann nach Vergleichung des gesammelten Materials mit analogen
Gesteinen anderer Gebiete eine ausführlichere Darlegung ihrer Zusammensetzung, ihrer Structur und ihrer genetischen Beziehungen zu geben, wes-
wegen er bittet, die folgenden Mittheilungen nur als vorläufige betrachten zu
wollen.

Die schieferigen Amphibolite haben in ihrer Structur grosse
Aehnlichkeit mit derjenigen der zweiglimmerigen und der Biotitschiefer.

Manche sind, wie die letzteren, gleichmässig kleinkörnig, andere ähneln den ersteren durch das Auftreten grösserer Feldspäthe, die im Querbruch des Gesteines sich als runde oder elliptische Flecke von der dunklen, kleiner gekörnten Grundmasse sehr deutlich abheben. Diese Feldspäthe scheinen sämmtlich Plagioklase zu sein, deren Zwillingsstreifung aber meist durch zahllose Einschlüsse stark verwischt wird. Auch hier ist zu bemerken, dass zwischen der Anordnung der Einschlüsse und der Zwillingsstreifung des Feldspathes kein Zusammenhang besteht und dass, wie die Verwachsung der letzteren mit den Hornblenden der Grundmasse lehrt, die grossen Feldspäthe jünger sind als diese, also genau dasselbe Verhältniss, welches die grossen Feldspäthe der zweiglimmerigen Schiefer gegen die Glimmerlamellen zeigen. Um die Feldspathaugen dringen sich, tangential angeordnet, die Hornblendesäulen. Diese sind zwar oft in der Prismenzone, sehr selten dagegen in der verticalen Endigung regelmässig umgrenzt. Ihr optisches Verhalten entspricht ganz demjenigen der Hornblenden in den oben beschriebenen Kalksilicathornfelsen und mit diesen theilen sie auch meist den Reichthum an Einschlüssen, welcher ihnen ein skelettartiges Aussehen verleiht. Neben der Hornblende tritt manchmal ziemlich reichlich Biotit auf, öfters nur in vereinzelten Blättchen; nicht selten fehlt er auch vollständig.

Die von den bisher besprochenen Gemengtheilen übrig gelassenen Räume werden von einer kleinkörnigen, oft auch sehr feinkörnigen Grundmasse eingenommen, die aus Plagioklas, Quarz, kleineren Hornblendesäulen und ganz unregelmässigen Hornblendefetzen, Epidot, Titanit, Apatit und Rutil besteht. Zirkon scheint sehr spärlich aufzutreten und auch Apatit ist meist recht selten.

Die Feldspäthe der Grundmasse sind zum Theil regelmässig umrandet, vielfach aber auch in höchst unregelmässigen Linien mit einander und den übrigen Gemengtheilen verwachsen. Auch sie strotzen oft noch von Einschlüssen, unter denen die häufigsten runde Quarzkörnchen sind, ferner Hornblendesäulchen, oft von recht regelmässiger Gestalt, und Epidotkörnchen. Sehr wechselvoll ist die Betheiligung des Quarzes, der in manchen Amphibolschiefern fast nur in Form jener runden Einschlusskörnchen im Feldspath und der Hornblende auftritt, im extremen Fall aber in der Grundmasse des Feldspath an Menge überwiegt. Fast stets sind die Umrisse der als selbständige Körner auftretenden Quarze durch die Contouren der übrigen Gesteinsgemengtheile bedingt und nur selten besitzen sie die für die „Hornfelsstructur" charakteristischen sechsseitigen Durchschnitte. Der Epidot hat nur in seinen kleinsten Individuen ringsum ausgebildete Krystallformen; die grösseren sind stets rundlich oder zackig umrandet. Dasselbe gilt vom Titanit, der meist nur in kleinen, aber oft zu dichten Haufen aneinandergedrängten Körnchen ausgeschieden ist, selten in grösseren Körnern, deren Gestalt aber auch fast nie an die gewöhnlichen Krystallformen dieses Minerals erinnert. Oft findet man opake Erzkörnchen, wahrscheinlich Titaneisenerz oder titanhaltigen Magnetit, von Titanit umsäumt. Manche Amphibolite sind sehr reich an Pyrit, welcher aber auch nur selten die regelmässige Krystallform besitzt, die er so oft in Diabasen erkennen lässt.

Zwischen den quarzreichen und den quarzarmen bis quarzfreien Amphibolschiefern, ebenso auch zwischen den reinen Hornblendegesteinen und solchen mit vielem Biotit lassen sich im Aufschluss und im Schliff alle möglichen Uebergänge nachweisen, und ebenso stehen auch die feinkörnigen bis dichten Hornblendeschiefer in engstem Zusammenhange mit denen, welche grössere Feldspathaugen enthalten. Sehr bemerkenswerth ist es ferner, dass durch Zurücktreten und schliessliches Verschwinden der Hornblende die Amphibolschiefer in die nur Glimmer enthaltenden Schiefer übergehen, welchen sie concordant eingelagert erscheinen. Es ist somit ein Theil der Spessarter Amphibolite zweifellos sedimentären Ursprungs; ob man in denselben umgewandelte Tuffe von Diabasen oder verwandten Gesteinen zu erblicken hat, ist allerdings vorläufig nicht mit Sicherheit zu sagen.

In den Amphibolschiefern finden sich mehrfach auch pyroxenreiche Gesteine eingelagert, welche ganz allmählich in die ersteren übergehen. Dieselben enthalten theils einen hellgrünen Augit (Malakolith), theils auch einen farblosen rhombischen Pyroxen (wohl Enstatit). Solche pyroxenreiche Gesteine sind z. B. bei Schweinheim mehrfach aufgeschlossen (Küppchen am Nordabhange des Erbigberges, Weg nach dem Grauberg) und werden von Bücking und Thürach noch von mehreren anderen Orten erwähnt.

Die massigen Amphibolite sind fein- bis mittelkörnige, sehr zähe, meist tiefschwarze, manchmal durch das Hervortreten von weissen Feldspathflecken porphyrisch ausgebildete Gesteine, die theils mitten im Granitgebiet, theils in den glimmerreichen Schiefern auftreten. Im Granit liegen z. B. die Vorkommen vom Ostabhange des Maiensschaffer Weinberges und von einem Küppchen südlich vom „Jägerhäusel" im städtischen Strietwalde bei Aschaffenburg; im Bereiche der Schiefer diejenigen aus der Umgegend von Wenigbisbach und Feldkahl.

Diese massigen Amphibolite stimmen zwar in ihrer mineralischen Zusammensetzung im Wesentlichen mit den schieferigen überein, unterscheiden sich aber von ihnen durch eine völlig richtungslose Structur oder doch nur ganz schwach angedeuteten Parallelismus ihrer Hauptgemengtheile, Plagioklas und Hornblende.

Die Feldspäthe sind theils regelmässig, theils aber ganz unregelmässig umrandet. Letztere greifen mit ihren Rändern vielfach so eng in einander ein, dass man die Grenzen der einzelnen Körner erst zwischen gekreuzten Nicols erkennen kann. Fast alle sind überaus reich an demselben Einschlüssen, wie die Feldspäthe der schieferigen Hornblendegesteine. Bisweilen macht sich ein gewisser Gegensatz bemerklich zwischen einzelnen grösseren, dann gewöhnlich regelmässig umrandeten Plagioklaskörnern und einem aus zahlreichen kleinen, unregelmässigen Individuen bestehenden Aggregat, an dessen Zusammensetzung manchmal auch ziemlich viel Quarz betheiligt ist.

Die dunkelgrüne, oft in's Bläuliche spielende Hornblende ist vielfach fast nur in ganz zerfetzten Individuen ausgeschieden, neben denen aber öfters auch regelmässigere, besonders in der Prismenzone geradlinig umgrenzte Durchschnitte zu beobachten sind. Auch sie strotzt häufig von kleinen Einschlüssen, besonders solchen von Quarz.

Infolge der unregelmässigen Ausbildung dieser Hauptgemengtheile, besonders aber durch die zahllosen Hornblendefetzen und die kleineren Hornblendesäulen, welche durch das ganze Gestein vertheilt sind, bieten massige Amphibolite im Mikroskop ein sehr schwer zu beschreibendes, äusserst unruhiges Bild dar. Anklänge an ophitische Structur konnten in keinem der hier besprochenen Gesteine entdeckt werden.

Unter den im Hornblendegranit („Dioritgneiss") eingeschlossenen Hornblendegesteinen wurden besonders am Grauberge und Stengerts, sowie im Bessenbacher Thal undeutlich schieferige Massen beobachtet, die nach C. Chelius mit den Dioriteinschlüssen des Odenwälder Hornblendegranites grösste Aehnlichkeit besitzen. Die Zugehörigkeit derselben zum Diorit ergiebt sich dort, so z. B. am Felsberg, unzweifelhaft aus den geologischen Beobachtungen im Felde, obwohl die mikroskopische Beschaffenheit der Dioriteinschlüsse wesentlich von derjenigen des durch Contactmetamorphose nicht beeinflussten Diorites abweicht.

Die in Rede stehenden Dioriteinschlüsse des Spessarts setzen sich ganz vorwiegend aus Plagioklas und Hornblende zusammen. Quarz nimmt in selbstständigen Körnern nur wenig Theil am Aufbau des Gesteines, ist aber sehr oft in Form kleiner Einschlusskörnchen in der Hornblende, manchmal auch im Feldspath zu finden. Die Hornblenden, welche im normalen Diorit sich durch idiomorphe Umrisse auszuzeichnen pflegen, sind in diesen umgewandelten Dioriten randlich meist stark zerfetzt. Die Plagioklase ergeben öfters annähernd rechteckige, aber nicht leistenförmige, sondern eher quadratische Durchschnitte. Apatit ist manchmal ziemlich reichlich anwesend, öftern in langgestreckten Säulen. Titanit findet sich ziemlich häufig in runden Körnchen. Neben der Hornblende erscheint auch Biotit, stets jedoch in untergeordneter Menge.

Die Auffindung dieser Dioritoinschlüsse im Spessartgranit ist sehr interessant, da sie beweist, dass der Diorit, welcher besonders im Bergsträsser Odenwalde eine so grosse Verbreitung besitzt, auch im Grundgebirge des Spessarts auftritt, obwohl die mächtigen Buntsandsteinmassen, unter welchen im Süden des Vorspessarts das krystalline Grundgebirge verschwindet, grössere Dioritmassen nicht zu Tage treten lassen.

Neben dem oben erwähnten massigen Amphibolit, der in grossen, runden tiefschwarzen Blöcken, die bis über 1 m Durchmesser erreichen, am Südsaume des städtischen Strietwaldes bei Aschaffenburg ansteht, finden sich in engumgrenztem Bezirk ausser zahlreichen Fragmenten schieferigen Amphibolites auch gefleckte, theils hornblendeführende, theils hornblendefreie Gesteine, an deren Zusammensetzung sich Epidot in grosser Menge betheiligt. Die Hauptmasse des Gesteines besteht aus einem Aggregat kleiner, sehr unregelmässig gestalteter Quarzkörnchen, neben denen oft auch Plagioklas auftritt. In diesem Aggregat nun liegen zahllose Epidotkörnchen, meist ohne scharfe Krystallumrisse. Die hellen, kreisrunden, elliptischen oder auch ganz unregelmässigen Flecke zeichnen sich lediglich durch ihren Armuth an Epidot aus. Das Aussehen dieses grünlichen, weissgefleckten Gesteines erinnert sehr an manche umgewandelte Diabase der Gegend von Darmstadt.

Anhangsweise soll hier auch noch ein auffälliges Hornblendegestein von Wenigkümbach erwähnt werden (Tafel IV, Fig. 2), das sich in losen Blöcken im Einschnitt der Strasse nach Feldkahl findet und durch seine grossen, breitstrahligen Hornblenden, sowie durch seinen Reichthum an rothem Granat in hornblendeidiomorphem auffällt. Dieser letztere ist so reich an Einschlüssen, dass im polarisirten Lichte manche Durchschnitte desselben fast ganz hell erscheinen. In manchen Schliffen übertrifft der Granat den Feldspath ganz bedeutend an Masse. Ueber die genetischen Beziehungen dieses Gesteines kann vorläufig noch keine Vermuthung geäussert werden.

Die chemische Zusammensetzung der Amphibolgesteine ergiebt sich aus folgenden Analysen:

a) schieferige Amphibolite.

I. Abtsberg bei Hörstein. Analysirt von der Grossh. Prüfungsstation zu Darmstadt.
II. Abtsberg bei Hörstein. Analysirt von Schwager. (Thürach l. c. S. 147).
III. Burg in Alzenau.
IV. Hornblende aus III.
V. Labradorit aus III.
VI. Steinbruch in Alzenau oberhalb der Strasse nach Kahl. Glimmerarm.
VII. Hornblende aus VI, vorwiegend breit säulenförmig ausgebildet.

Analysirt von Schwager. (Thürach l. c. S. 155).

	I.	II.	III.	IV.	V.	VI.	VII.
SiO_2	52,32%	46,06%	51,63%	47,32%	58,86%	49,30%	48,15%
Al_2O_3	13,83	16,19	13,48	10,19	23,71	16,56	8,46
Fe_2O_3	7,25	} 13,47	} 11,79	6,31	} 1,81	3,36	7,20
FeO	3,32			9,00		6,96	9,60
TiO_2	0,26		1,58	—	—	0,54	0,88
MnO	—	—	—	—	—	0,12	0,18
Cr_2O_3	—	—	Spur	—	—	Spur	Spur
CaO	7,47	13,08	10,77	13,21	8,42	12,85	12,16
MgO	5,62	8,09	7,17	11,21	0,99	7,18	11,59
K_2O	0,35	0,84	0,81	1,28	1,03	0,82	0,57
Na_2O	5,59	2,52	3,72	2,09	5,90	2,66	1,05
P_2O_5	2,34	—	—	—	—	—	—
FeS	0,49	—	—	—	—	—	—
Chem. geb. H_2O	0,60 } Glühverlust	} 2,53	0,63	0,25	0,39	0,45	0,72
Mech. H_2O	0,16						
Summe	100,14%	101,38%	100,00%	100,86%	100,91%	100,80%	100,38%
Spec. Gew.	—	—	2,977	3,1856	2,706	2,983	3,189

b) massige Amphibolite.
(Analysirt von der Grossh. Prüfungsstation zu Darmstadt.)

I. Nordende von Wenighösbach. (Seite 221).
II. Diorit, Birkendelle im Dammenbacher Thal.
III. Diorit, Felsberg, westl. gegen Dalkhausen, grobkörnig.
IV. Mittelkörniger Amphibolit, nordöstl. von Wenighösbach am Sternberg.

	I.	II.	III.[1]	IV.
SiO_2	37,46%	46,51%	44,23%	47,76%
Fe_2O_3	9,15 „	8,54 „	3,47 „	6,07 „
FeO	5,60 „	2,04 „	1,65 „	9,96 „
Al_2O_3	23,04 „	15,97 „	19,01 „	17,98 „
TiO_2	0,30 „	0,38 „	0,05 „	0,09 „
CaO	12,31 „	9,23 „	16,91 „	10,48 „
MgO	2,21 „	7,89 „	6,09 „	7,99 „
K_2O	1,27 „	1,72 „	0,35 „	0,69 „
Na_2O	5,77 „	4,74 „	1,22 „	2,43 „
P_2O_5	0,88 „	1,00 „	1,61 „	1,84 „
FeS	0,36 „	0,17 „ (SO_3)	0,35 „	0,17 „
Chem. geb. H_2O	1,29 „	1,30 „	2,65 „	0,80 „
Mech. geb. H_2O	0,27 „	0,34 „	0,37 „	0,06 „
Summe	99,87%	99,83%	99,96%	100,27%

D. Intrusivgesteine.

Da im Spessart, wie im ersten Theil dieser Arbeit auseinandergesetzt wurde, ganze mächtige Gesteinszonen aus einer innigen Durchdringung von Schiefer- mit Intrusivgesteinen bestehen, ist es nöthig, die eigentliche Beschaffenheit dieser letzteren zuerst an solchen Punkten zu untersuchen, an denen sich durch makroskopische Betrachtung das Fehlen der ersteren erkennen lässt. Erst wenn man sich so mit der mineralischen Zusammensetzung und der Structur der reinen Magmen genügend vertraut

---

[1] Analyse III wurde mitgetheilt von C. Chelius (Notizblatt d. V. f. Erdkunde u. d. geol. L. A. zu Darmstadt 1894, IV. Folge, Heft 15, S. 36—37). In der Analyse wurde der S-Gehalt des Greisens als SO_3, nicht als FeS, bestimmt. Am angegebenen Orte theilt Chelius noch mehrere Kieselsäurebestimmungen an Dioriten mit, die einen SiO_2-Gehalt von 46,51% bis 45,55% ergaben.

gemacht hat, wird man dazu übergehen dürfen, die Veränderungen zu studiren, welche sie bei der Aufnahme von Schiefermaterial erlitten. Dieser Gang der Untersuchung soll denn auch im Folgenden festgehalten werden.

Wenn hier von Intrusivgesteinen, nicht aber von Eruptivgesteinen schlechthin die Rede ist, geschieht dies, um den Gegensatz der nun zu besprechenden Gesteine zu betonen gegen jene zum Theil den Schiefern gleichalterigen und mit ihnen später umgewandelten Effusivgesteine, welche wir vermuthlich in manchen der oben besprochenen Amphibolite zu erkennen haben.

Das älteste unter den Spessarter Intrusivgesteinen ist der von Bücking „zweiglimmeriger, körnig-flaseriger Gneiss" genannte Granit, den wir als älteren Granit benennen wollen. Derselbe geht nach Südosten zu durch magmatische Resorption der zahlreichen dort in ihm eingeschlossenen Amphibolite in einen porphyrischen Hornblendegranit (Dioritgneiss Bücking's) über. In diesem älteren, mittelkörnigen Granit setzt ein jüngerer, kleinkörniger auf (Bücking's körnig-flaseriger Biotitgneiss = Hailmeher Gneiss Thürach's), der einerseits in Form eines gewaltigen Daules, anderseits in zahllosen, bis zu sehr geringen Dimensionen herabsinkenden Apophysen den ersteren durchsetzt. In beiden Graniten treten jüngere Nachschübe auf, Pegmatite und Aplite. Erst nach Erstarrung aller dieser granitischen Gesteine scheinen die Kersantite emporgedrungen zu sein.

Der Quarzporphyr von Sailauf, welcher wohl noch später erumpirt ist, soll hier, da er für die genetischen Beziehungen der Spessartgesteine keine neuen Gesichtspunkte darbietet, ausser Betracht bleiben.

a) Der ältere Granit.

In den Aufschlüssen nördlich von Stockstadt, am Mainaschaffer Weinberge, in den Klippen am Westsaume des städtischen Strietwaldes, sowie auch bei Goldbach hat der ältere Granit sehr reine Beschaffenheit, und nur selten entdeckt man hier in ihm Schieferfragmente. Seine Hauptgemengtheile an diesen Stellen sind Orthoklas, Plagioklas, Quarz und Biotit, seine accessorischen Apatit, Magnetit, Zirkon. Feldspath und Quarz scheinen sich ungefähr die Waage zu halten und bilden die Hauptmasse des Gesteines; der Glimmer tritt in der normalen Ausbildungsform des Granites stark gegen Quarz und Feldspath zurück. Dieser ist vorwiegend Orthoklas, manchmal als Mikroperthit ausgebildet; gitterstreifige Mikrokline kommen in allen Schliffen vor. Die Plagioklase besitzen geringe, auf Oligoklas deutende Auslöschungsschiefe. Der Feldspath ist im Allgemeinen arm an Einschlüssen, beherbergt aber ab und zu ein oder mehrere rundliche oder angenähert sechseckige Quarzkörnchen; seine Begrenzungen sind nur zum Theil regelmässig. Ganz unregelmässige Umrisse hat aber der Quarz, dessen grössere Körner oft noch im polarisirten Licht in eine Anzahl unregelmässig verzahnter Theilkörner zerfallen. Er ist die jüngste Ausscheidung des Magmas und erfüllt so die zwischen den übrigen Gemengtheilen, besonders den Feldspäthen übrig gebliebenen Räume, hier und da auch mit letzteren in den bekannten mikropegmatitischen Verwachsungsformen. Der Glimmer tritt vorwiegend in dunklen Blättchen auf, die häufig kleine Zirkonsäulchen mit dunklem Hof und runde Apatitkörnchen umschliessen. Neben dem dunklen erkennt man aber in allen Schliffen einen hellen Glimmer, der aber wohl nur als ausgebleichter Biotit zu deuten ist. Dieser zeigt stets noch eine ganz schwache, aber doch wahrnehmbare Absorption, besonders in ganz verwaschenen Höfen um die Zirkone, und zwischen gekreuzten Nicols nimmt er ein schwach gespreakeltes Aussehen an, das auch die im Beginn der Ausbleichung stehenden Biotite zeigen. Endlich findet man dunkle, ganz unregelmässige Fetzen noch an vielen Stellen mit den hellen Blättchen verwachsen, welche ersteren wohl nur bis jetzt noch unausgebleichte Reste ursprünglich völlig dunkler Blättchen darstellen. Alle diese Umstände zusammenfassend, wird man wohl den älteren Granit für einen echten Biotitgranit, also einen „Granitit" halten müssen. Der Biotit ist nach Thürach magnesiaarmer Kali-Eisenglimmer. Seine Lamellen sind in der Prismenzone nur selten regelmässig begrenzt.

Die accessorischen Gemengtheile bieten nichts Charakteristisches dar.

Fast überall ist im Granit eine deutliche Parallelstructur vorhanden, welche, wie schon die Betrachtung mit blossem Auge, besser noch diejenige der Dünnschliffe unter dem Mikroskop bei schwacher Vergrösserung lehrt, hauptsächlich den Glimmerblättchen zu verdanken ist. Dass diese Anordnung eine ursprüngliche, bereits vor der Verfestigung des Gesteines vollzogene ist, geht mit Sicherheit daraus hervor, dass die meisten Glimmerblättchen keinerlei mechanische Deformationen zeigen, wie sie dies nothwendig thun müssten, wenn sie erst nach der völligen Erstarrung des Granites aus einer ursprünglich verworrenen in ihre jetzige parallele Lagerung gepresst worden wären. Zudem sieht man, dass sie oft in ganz unverletzten Quarzen oder Feldspäthen völlig oder theilweise eingebettet sind, was ja auch spätere Verschiebungen ausschliesst. Wenn man nun auch nicht selten Verbiegungen oder Knickungen einzelner Glimmerblättchen bisweilen auch förmliche Knäuel derselben wahrnimmt, so ergiebt sich doch auch hier aus der Art ihrer Verwachsung mit den übrigen Gesteinsgemengtheilen, dass Bewegungen im noch nicht erstarrten, sondern erst zum Theil auskrystallisirten Magma die Ursache dafür sein müssen. Ebenso muss die Ursache für die schon erwähnte Zerpressung grösserer Quarze in mehrere Theilkörner mit undulöser Auslöschung, sowie die weit seltenere Zerbrechung von Feldspäthen oder die Verbiegung der Zwillingslamellen im Plagioklas und die Losreissung kleiner Bruchstücke vom Rande der Quarz- und Feldspathkörner auf solche magmatische Bewegungen zurückgeführt werden, sobald die Lagerungsverhältnisse der betreffenden Gesteinspartien das Vorhandensein späterer Verschiebungen ausschliessen. Brögger[1]) hat diese durch Bewegungen im Magma hervorgerufenen Druckerscheinungen an den Norwegischen Syenitpegmatitgängen als „Protoklasstructur" bezeichnet, eine Name, welcher vorzüglich für dieselbe geeignet erscheint, da er einerseits die Aehnlichkeit der beschriebenen Structur mit der durch Verschiebungen im festen Gestein entstandenen „kataklastischen" andeutet, andererseits aber die Ursprünglichkeit jener ersteren betont. Sodann hat kürzlich Weinschenk (l. c. S. 91) dieselben Structureigenthümlichkeiten an den Graniten der Grossvenedigergruppe beobachtet und als Piëzokrystallisation beschrieben.

Schon dem blossen Auge geben sich die Spuren magmatischer Bewegungen im Granit vielerorts durch Fältelungen zu erkennen, welche zur Zeit am besten in einem kleinen Steinbruch südlich vom Bahnhof Kleinostheim aufgeschlossen waren. Vergl. Tafel III, Fig. 4. Ebenso muss die im älteren Granit sehr häufige stängelige Structur (s. Tafel III, Fig. 3) als Resultat von Druckwirkungen auf das Magma betrachtet werden, die einerseits nicht stark genug waren, um einen völligen Parallelismus der Glimmerblättchen herbeizuführen, andererseits auch wohl zum Theil durch die ziemlich grobkörnige Erstarrungsform der Granitquarze und Feldspäthe darin behindert wurden.

Während bei allen diesen magmatischen Bewegungsvorgängen, wie schon erwähnt, die Glimmerblättchen wenig oder gar nicht in ihrer Form verändert wurden, giebt sich eine Bewegung, die an Verwerfungsspalten im festen Gestein stattfand, vor Allem in Zerreissungen oder überhaupt Formveränderungen der Glimmerblättchen zu erkennen, auch in denjenigen Fällen, in

---

[1]) Die Mineralien d. Pegmatitgänge d. Südnorwegischen Augit- und Nephelinsyenite. Zschr. f. Krystallogr. 16. Bd. S. 105.

welchen nur sehr geringe Verschiebungen stattfanden, während erst bei stärkeren Bewegungen auch die Quarze und Feldspäthe beeinflusst erscheinen. Derartige Pressungserscheinungen, die sich in festem Granit ausgebildet haben, wurden von sehr zahlreichen Stellen und von den verschiedensten Autoren beschrieben, so z. B. im Bereiche des Lausitzer Granites durch R. Beck, J. Hazard, O. Herrmann, E. Weber und den Verfasser.

Im Gegensatz zu den normalen, einschlussfreien Graniten lassen diejenigen, in welchen schon das blosse Auge rundliche oder eckige dunkle, glimmerreiche Stellen wahrnimmt, die im Querbruche entweder als lang ausgezogene Streifen oder auch als mehr rundliche Flecke erscheinen, im Dünnschliff zahlreiche Feldspäthe mit Skelettstructur erkennen. Dieselben gleichen durch ihren Reichthum an kleinen Krystallen oder Körnchen von Quarz, Glimmer und Eisenerzen denjenigen der contactmetamorphen Schiefer im höchsten Grade. Aus dem Umstande, dass diese Feldspäthe stets in jenen dunklen glimmerreichen Flecken oder in deren unmittelbarer Nähe auftreten, muss man aber schliessen, dass diese letzteren selbst umgewandelte Fragmente von Schiefergesteinen darstellen, die isolirten Feldspäthe aber aus kleinsten, zersprutzten Schieferfragmenten hervorgegangen sind. Vorzügliche Aufschlüsse in solchen einschlussreichen Graniten bieten z. B. die Felsen unter dem Sägewerk dar, welches etwa 1,5 km weit von Aschaffenburg an der Hanauer Landstrasse liegt, unweit der Stelle, wo die Aschaff in den Main mündet, besonders aber der alte Steinbruch an der Aumühle bei Damm. In diesem liegt zur Zeit der auf Tafel II. Fig. 4 abgebildete Block. Die dunklen, parallelen Streifen, welche die Photographie deutlich hervortreten lässt, gleichen makroskopisch und mikroskopisch vollständig den staurolithführenden Schiefern aus Rücking's Zone des „glimmerreichen Gneisses" und lassen häufig bis über centimeterlange Staurolithe erkennen, welche als Typen für die „Skelettstructur" gelten können.

Von diesen deutlich abgesetzten Schieferschollen, deren Identität mit dem in geschlossenen Massen auftretenden staurolithführenden Schiefer Niemand bestreiten und die man deshalb auch keinesfalls als „basische Ausscheidungen" aus dem Magma betrachten kann, finden sich alle denkbaren Uebergänge zu undeutlich abgesetzten dunklen, glimmerreichen Streifen und Flecken, die in ihrer Structur völlig mit jenen ersteren übereinstimmen. Die Figur zeigt, besonders unter der Lupe, wie manche Stellen des Granites arm, andere dagegen enorm reich an solchen Schieferfragmenten sind. Zugleich kann man auch an demselben Orte die Aufblätterung, Durchtrümerung und Zersprutzung der Schieferschollen durch den Granit sowie bei vielen der kleineren Fragmente die Art ihrer Losreissung von grösseren verfolgen, und es ergiebt sich hieraus die Nothwendigkeit, das von uns als älteren Spessartgranit bezeichnete Gestein als echt eruptiv anzuerkennen, obwohl es eine hoch ausgebildete Parallelstructur besitzt. Giebt man dies aber zu, so hat man auch nicht nöthig, für diese Granitart einen besonderen Namen zu suchen und durch Anwendung der Benennung „Gneiss" seine genetische Stellung zu verdunkeln, ebensowenig als man es für nöthig gefunden hat, andere mit Parallelstructur behaftete Eruptivgesteine, wie etwa die Oberfläche von Quarzporphyrdecken den „Gneissen" zuzurechnen.

Auch am Galgenberge bei Damm am ganzen West- und Südabhange des Pfaffenbergs, im Einschnitt der Strasse von Wenigböabach nach Feldkahl und an vielen anderen Orten im nördlichen Contacte des Granites mit den Schiefern sind ähnliche einschlussreiche Stellen im letzteren anstehend zu beobachten.

Ganz analoge Verhältnisse herrschen an der Grenze der gewaltigen, von Schweinheim nach Laufach streichenden Schieferscholle gegen den älteren Granit, welcher letztere in einer 1000—1500 m breiten Zone ganz erfüllt ist von kleinsten bis über 50 m dicken Schiefermassen, welche selbst wieder zahllose Granitgänge und -bänder enthalten. Die Art und Weise der Injection wird ersichtlich aus den Figuren 5 und 6 auf Tafel VI und Fig. 4 auf Tafel IV.

Erstere Figuren zeigen einen von Granit imprägnirten Schiefer vom Küppchen am Nordfusse des Erbigberges bei Schweinheim in ungefähr zehnfacher Vergrösserung, Fig. 6 zwischen gekreuzten Nicols, Fig. 5 dagegen bei ausgeschaltetem Analysator. Besonders in Fig. 5 heben sich die dunklen, biotitreichen Schieferblätter sehr scharf von den hellen, biotitarmen, meist sogar fast biotitfreien Granitadern ab. Das schon im Aufschluss mit blossem Auge festzustellende Verhältniss, dass das Eruptivgestein fast stets parallel zur Schieferung der Sedimente eingedrungen ist, also in der Richtung des geringsten Widerstandes ist auch im Dünnschliff unverkennbar, ebenso wie die Aufblätterung des Schiefers in Lamellen von äusserster Dünne.

Im polarisirten Lichte zerfallen die Granitadern in ein sehr kleinkörniges Aggregat, dessen Theilkörner noch dazu vielfach undulöse Auslöschung erkennen lassen, sodass sie ganz von einer hochgradigen Kataklasstructur beherrscht zu sein scheinen. Man könnte daher leicht auf die Annahme verfallen, dass die ganze hier geschilderte Structur entstanden sei durch Wirkung des Gebirgsdruckes auf das verfestigte Gestein oder richtiger durch Verschiebungen desselben längs zahlloser Spalten, wobei die hellen Adern spätere Infiltrationen oder Neubildungen vorstellen würden. Indessen ist eine solche Annahme, der sich übrigens der Verfasser anfangs theilweise zuneigte und welche er auch in den Erläuterungen zu Blatt Schaafheim-Aschaffenburg zum Ausdruck brachte, aus verschiedenen Gründen unhaltbar. Denn erstens lässt sich durch die Betrachtung von Handstücken und von Aufschlüssen in den fraglichen Gesteinen ein unzweifelhafter Zusammenhang jener hellen Adern mit grösseren, sicher eruptiven nachweisen, sodass hiermit die Deutung derselben als spätere Neubildungen wegfällt. Zweitens geht, wie schon S. 173 erwähnt, aus der im Aufschluss zu beobachtenden Art der Verbandsverhältnisse zwischen jenen Granitadern und den Schieferschollen hervor, dass nach der Injection der ersteren keine späteren Verschiebungen im Gestein mehr eingetreten sind, da sonst der überall noch vorhandene Zusammenhang der eruptiven Gebilde zerstört sein müsste. Drittens endlich würde man bei der grossen Breite der in Rede stehenden Gesteinszonen zur Erklärung ihrer Structur durch spätere Verschiebungen so zahllose und so dicht aneinander gedrängte Verwerfungsspalten annehmen müssen, dass dies allein schon jene Theorie unhaltbar machen müsste.

So müssen wir denn die Trümmerstructur, welche der Granit überall da zeigt, wo er in feinen Adern den Schiefer injicirt, auf Wirkung des Druckes setzen, welcher das auskrystallisirende, vielleicht schon zum Theil verfestigte Magma in die Sedimentmassen hineinpresste und gleichzeitig deren Faltung und Aufblätterung bewirkte. Wir gelangen also für den Spessart zu denselben Anschauungen, die Brögger für das Christianiagebiet entwickelte.[1])

Besonders klar geben sich die Wirkungen des Gebirgsdrucks auf das auskrystallisirende Magma an den grösseren Feldspäthen des Granites zu erkennen. Dieser letztere nämlich hat in der ganzen Zone, welche südlich von der grossen Schweinheimer Schieferscholle liegt, überall eine Tendenz zu porphyrischer Ausbildung, bedingt durch das Hervortreten grösserer Feldspäthe. Man sieht sehr häufig, dass feine granitische Adern sich plötzlich bauchig erweitern und dass solche Ausbauchungen dann fast ganz von einem grossen Feldspath eingenommen werden. Dieser hat aber nicht, wie sonst die porphyrischen Feldspäthe gewöhnlich zeigen, regelmässig geradlinige Umrisse,

---

[1]) Die Mineralien der Nyenltpegmatitgänge der Südnorwegischen Augit- und Nephelinsyenite, Zeitschr. f. Krystallographie, Bd. XVI. S. 5ff. „. . . . geht bestimmt hervor, dass die Faltung zum grossen Theile mit der Bildung der grossen syenitischen und granitischen Lakkolithe in Verbindung steht." „Die Einsenkung der aufgehorsteten Platten, sowie das Aufdringen der Eruptivmassen, welche Platz haben mussten, haben die Faltung hervorgebracht."

sondern ist vielmehr meist ellipsoidisch oder fast kugelig gestaltet. Diese Form verdankt er aber einer Losreissung kleiner Theilchen von seinem Rande, die nun als kleinkörniges, wirr gelagertes und oft mit Quarzkörnchen vermengtes Aggregat ihn randlich umgeben und sich besonders oft an den beiden Enden des Krystalles angehäuft haben, wo die granitische Ader sich wieder verengert. Fig. 4 auf Tafel IV zeigt einen Schliff aus dem oben erwähnten, von Granit in stärkstem Maasse imprägnirten Schiefer vom Nordfusse des Erbigberges bei Schweinheim in etwa 4facher Vergrösserung. Man kann in der Abbildung sehr zahlreiche Feldspäthe erkennen, welche in bauchigen Erweiterungen der Granitäderchen liegen, die sich scharf von den dunklen, zerfetzten und aufgeblätterten Schieferlagen abheben.

Diese eigenthümlichen gerundeten Feldspäthe verleihen den von zahlreichen feinen Granitadern injicirten Biotitschiefern ein höchst charakteristisches Aussehen, indem sie auf den Spaltflächen des Gesteines als Knoten oder Buckel, oft noch überkleidet von einer aus feinen Biotitschüppchen bestehenden dünnen Haut hervortreten. Im Querbruch des Gesteines erkennt man mit blossem Auge die Granitäderchen, in deren bauchigen Erweiterungen diese Feldspäthe liegen, ihrer grossen Feinheit wegen oft nur schwierig, so dass erst der quer zur Schieferung ausgeführte Dünnschliff Aufklärung bringt und zeigt, dass hier nicht isolirte, zum Schiefer gehörige Feldspäthe vorliegen. Sehr schön sind derartige grossknotige Schiefer aufgeschlossen in der Kuppe am Nordfusse des Erbigberges[1]) bei Schweinheim, an der Strasse von Gailbach nach Aschaffenburg zwischen dem Dorfe und der Dimpelsmühle und an vielen anderen Orten. Stellenweise finden sich im Granit an der Südgrenze der grossen Schweinheimer Schieferscholle (Gnusberg u. s. w.) ziemlich häufig hell- bis braunrothe Granate vor (nach Thürach stets manganhaltig). Da, wie oben erwähnt, die Biotitschiefer oft recht reichlich ganz ähnliche, knotenförmig hervortretende Granate enthalten, so wird man wohl auch die im Granit isolirt auftretenden aus dem Schiefer herleiten können. Man braucht hierbei nicht anzunehmen, dass dieselben durch Zerspratzung des Gesteines aus dem Schiefer herausgelöst seien, wird vielmehr dieselben eher als kleine, ganz umkrystallisirte Schieferfragmente deuten können.

---

[1]) Auf dem Blatt Schaafheim-Aschaffenburg hat dies Köpfchen aus Versehen die Farbe des jüngeren Granites (Gr. II) mit Schieferstrichelung erhalten statt der Farbe des älteren Granites (Gr. I). Auch möge hier nachgetragen werden, dass es in den Erläuterungen zu jenem Blatt S. 7 heissen sollte: »Der körnig-streifige Gneiss besteht aus älterem und jüngerem Granit, welche ....« statt „besteht aus jüngerem Granit".

Soweit die Granitadern in Biotitschiefern aufsetzen, unterscheiden sie sich in ihrer mineralischen Zusammensetzung nur durch ihre grosse Armuth an Biotit, welche ihnen aplitischen Charakter verleiht, von derjenigen des normalen Granites. Dies Verhältniss ändert sich aber sofort da, wo hornblendeführende Gesteine als Einschlüsse im Granit auftreten. Hier tritt stets neben dem Biotit eine dunkelgrüne Hornblende als wesentlicher Gemengtheil des Granites auf, nicht selten in der Prismenzone gut contourirt, an den Enden dagegen ausgefranzt; viele Individuen ermangeln übrigens auch rundum einer regelmässigen Begrenzung. Sehr häufig sind die Hornblenden reich an rundlichen Einschlüssen, besonders solchen von Quarz. Zugleich tritt neben dem Orthoklas, der im normalen Granit den Plagioklas stark überwiegt, der letztere mehr hervor und die Menge des Quarzes nimmt zugleich etwas ab. So entsteht denn ein von dem gewöhnlichen älteren Spessartgranit nicht unwesentlich abweichendes Gestein, ein Hornblendegranit, der aber mit jenem durch zahllose Uebergänge aufs engste verknüpft ist.

Sehr gut ist das Gebundensein des Hornblendegranites an hornblendehaltige Einschlüsse am Grauberg bei Schweinheim zu beobachten, wo durch zahlreiche kleine Schürfe theils einschlussarme oder nur Biotitschiefer umschliessende Biotitgranite, theils Hornblendegranite, die dann stets Amphibolgesteine in grösseren oder kleineren Fragmenten enthalten, enthüllt sind.

Fast noch überzeugender sind die Aufschlüsse bei Hain (an der Bahnlinie Aschaffenburg—Heigenbrücken—Würzburg). Dort stehen in der Nachbarschaft des Dorfes, besonders westlich, zum Theil aber auch noch östlich von demselben, Gesteine an, welche sich von der porphyrischen Ausbildungsform des älteren Biotitgranites in nichts unterscheiden und welche mehr oder weniger reichlich Schollen von Biotitschiefer umschliessen. Wo aber Hornblendeschiefer an Stelle dieser letzteren eintreten, wird der Biotitgranit zum Hornblendegranit und damit völlig gleich dem Hornblendegranit, welcher weiter nach Südosten ansteht. Ein Steinbruch in dem Thälchen, das von N kommend im Dorfe Hain ausmündet, lässt dies Verhältniss sehr klar erkennen.

Die stets zu beobachtende Abhängigkeit des Hornblendegranites von dem Auftreten von Amphibolgesteinen lässt sich wohl nur durch eine Resorption des Materiales der letzteren durch das granitische Magma erklären, aus welchem dann später bei der Erstarrung Hornblende ausgeschieden ward und welches gleichzeitig einen basischeren Charakter annahm, der in dem Zurücktreten des Quarzes und der stärkeren Betheiligung der triklinen Feldspäthe zum Ausdruck kommt. (Vgl. die Analysen auf S. 237).

Zu denselben Anschauungen über die Resorption hornblendehaltiger Gesteine (Diorite etc.), welche in granitischen Gesteinen eingeschlossen wurden und in diesen letzteren die Ausscheidung von Hornblende, sowie eine Erhöhung der Basicität des Granites bewirkten, ist C. Chelius[1]) für sein Arbeitsgebiet im Odenwalde gekommen. Er weist darauf hin, dass in Granitporphyren und in Basalten zweifellose Abschmelzungen von Einschlüssen fremder Gesteine und im Verein damit Veränderungen in der Zusammensetzung der betreffenden Eruptivgesteine stattgefunden haben. Wenn man dies nun für Gesteine zugiebt, welche, wie besonders der Basalt, doch jedenfalls relativ rasch erstarrt sind, wird man sich wohl nicht gegen die Annahme einer weit bedeutenderen Resorption von basischen Gesteinsfragmenten durch das saure Granitmagma sträuben dürfen, welches doch jedenfalls unendlich viel längere Zeit zu seiner Verfestigung brauchte als jene. Man vergleiche hierzu auch die Ausführungen Dröggers über die Resorptionserscheinungen an den von ihm beschriebenen Pegmatitgängen (l. c. S. 129) und diejenigen von A. G. Högbom.[2])

Auf die Zone, in welcher der Granit vorwiegend Biotitschiefer, weniger Amphibolgesteine führt und in welcher daher Biotitgranit über den Amphibolgranit vorherrscht, folgt nach Süden zu ein breiter Streifen, mit gerade dem umgekehrten Verhältniss. In diesem letzteren Gebiete waltet also der Hornblendegranit unbedingt vor dem normalen Granit vor. Wie schon mehrfach betont wurde, neigt hier überall der Granit stark zu porphyrischer Ausbildung, welche im Verein mit dem starken Hornblendegehalt die früheren Bearbeiter des Spessarts veranlasste, den Hornblendegranit als **Dioritgneiss** (Bücking und Goller) oder als **Plagioklashornblendegneiss** (Thürach) scharf gegen die übrigen „gneissartigen" Gesteine abzugrenzen, obwohl in der That ein ganz allmählicher Uebergang zwischen denselben stattfindet. Die petrographische Beschaffenheit des Hornblendegranites ist durch Goller, Bücking und Thürach eingehend beschrieben worden. Es möge hier nur erwähnt werden, dass Orthit, der nach Thürach ein fast ebenso häufiger Gemengtheil des „Plagioklas-Hornblendegneisses" sein soll wie der Titanit, in etwa 20 Schliffen des Verfassers nicht nachzuweisen war. Um aber in dieser Sache ganz sicher zu gehen, ward ein an Titanit reiches Handstück des Hornblendegranites aus dem Steinbruch am Westende des Dorfes Gailbach gepulvert und mit Methylenjodid von etwa 3,2 spec. Gew. be-

---

[1]) Notizblatt d. V. f. Erdkunde und d. geol. L. A. zu Darmstadt. 1894. IV. Folge. Heft 15. Seite 21.
[2]) Ueber das Nephelinsyenitgebiet auf der Insel Alnö. (Geol. Fören.) Stockholm Förhandl. Bd. 17, 1895, Heft 2. S. 114.

handelt und darauf die schwersten Theile des Gesteines nochmals durch weitere Trennung mit Methylenjodid vom spec. Gew. 3,35 abgesondert. In dieser Portion fanden sich zwar zahllose Fragmente von Titanit sowie viele Zirkone, aber nur ein zweifelhaftes Orthitkörnchen. Jedenfalls beruht also Thürach's Angabe auf einer Täuschung. Am wahrscheinlichsten ist es, dass er hier das Auftreten von Orthit in pegmatitischen Trümern im Auge hat, welche stellenweise den Hornblendegranit in grosser Anzahl durchschwärmen und in denen in der That Orthit nicht selten ist. Wie die Figuren 4, 5 und 7 in seiner Abhandlung beweisen, betrachtet Thürach diese Pegmatittrümer als „Differenzirungen des Plagioklashornblendegneisses" und ist so wohl zu der irrigen Angabe über die allgemeine Verbreitung des Orthites gelangt.

Die Gemengtheile des Hornblendegranites haben, wie schon Goller und Hücking betonen, häufig eine starke mechanische Beeinflussung erlitten. Wir werden aber nicht fehl gehen, wenn wir auch hier die Herausbildung der Trümmerstructur und die Störung der einheitlichen optischen Orientirung in den Quarzen und Feldspäthen in die Zeit vor der Verfestigung des Gesteines verlegen. Denn wie schon auf Seite 173 auseinandergesetzt wurde, sprechen die auf Tafel I, Fig. 1 und 2 abgebildeten Profile gegen die Möglichkeit späterer Verschiebungen in diesen Gesteinspartien. Wenn man aber sich vorstellt, wie das auskrystallisirende Magma zwischen die zahllosen Schieferschollen eingepresst wurde, von denen übrigens ja nur die grösseren in jenen Abbildungen hervortreten, so wird man die Existenz jener Trümmerstructur leicht begreifen. Auch Fig. 6 auf Tafel IV, welche eine Stufe typischen Hornblendegranites in etwa ½ der natürlichen Grösse zeigt, lässt deutlich erkennen, wie ungemein zahlreich die kleinen Schieferschollen durch das ganze Gestein vertheilt sind und wie deshalb die Gemengtheile des Granites durch dieselben unter dem Einfluss des Gebirgsdruckes einerseits zu paralleler Anordnung bei ihrer Ausscheidung gezwungen, andererseits aber in ihrer regelmässigen Ausbildung behindert wurden. Ausserdem beweist aber das mikroskopische Bild des Hornblendegranites durch die Art der Verwachsung von Hornblende und Biotit mit Feldspath und Quarz, dass die beiden ersteren Gemengtheile ihre gegenwärtige Form und Lagerung vor der Ausscheidung der letzteren erhalten haben müssen. Die Trümmerstructur im Hornblendegranit ist daher als Protoklas-, nicht als Kataklasstructur zu bezeichnen. In Fig. 4 auf Tafel VI sehen wir zwei grössere Hornblendeindividuen von unregelmässiger Umrandung, an denen man ganz gut verfolgen kann, wie von ihren Rändern kleine Theilchen losgerissen und verschleppt worden sind. Diese Theilchen stecken zum Theil in einem kleinkörnigen Aggregat von Quarz- und Feldspathtrümmern, zum Theil aber ragen sie hinein in unzerbrochene Quarze oder Feldspäthe oder werden von denselben ganz umhüllt. Die Abtrennung dieser Hornblendetheilchen muss also erfolgt sein, ehe sich alle Quarze und Feldspäthe des Gesteines ausgeschieden und ihre heutige Lagerung angenommen hatten. Das abgebildete Präparat stammt von einem grobporphyrischen Hornblendegranit („Augengneiss") vom Grauberge bei Schweinheim und ist unter Anwendung nur des unteren Nicols in etwa zehnfacher Vergrösserung aufgenommen.

Ganz anders sehen Dünnschliffe von solchen Stellen des Hornblendegranites aus, an welchen Verwerfungen durch ihn hindurchsetzen. So ist er z. B. im Bessenbacher Thale bei der Einmündung des „Engen Grundes" auf weite Erstreckung hin von zahlreichen Klüften durchsetzt, in deren Nähe das Gestein eine völlig abweichende Beschaffenheit angenommen hat. Man erkennt hier mit blossem Auge unzählige gestreifte Gleitflächen, auf denen Eisenoxyd, oft in deutlichen Krystallen später abgesetzt worden ist. Von Hornblende oder Biotit sieht man nichts mehr; dagegen erkennt man zahllose dunkelbraune, völlig dichte Streifen, welche theils parallel, theils unter den verschiedensten Winkeln gekreuzt, das ganze Gestein durchtrümern, oft mitten durch grössere, ursprünglich jedenfalls einheitliche Feldspäthe hindurchsetzend. Unter dem Mikroskop erblickt man keine Hornblende und keinen Biotit mehr — soweit dieselben nicht in noch erhaltenen Feldspäthen oder Quarzen eingeschlossen sind — sondern nur trübe schmutzigbraune Striemen, welche durch die Zerreibung und gleichzeitige Zersetzung jener Gemengtheile gebildet worden sind. Ferner sieht man in einer sehr kleinkörnigen, aus lauter scharfeckigen Quarz- und Feldspathtrümmern bestehenden Grundmasse noch undulös auslöschende, oft linsenförmige Quarzkörner, die häufig wieder in mehrere Fragmente von verschiedener Orientirung zerpresst sind und oft von Aederchen eines kleinkörnigen Trümmeraggregates durchzogen werden, sowie Feldspäthe, deren Zwillingsstreifung vielfach starke Verbiegungen erkennen lässt.

Die Zusammensetzung und Structur der Schieferschollen im Hornblendegranit ward schon oben beschrieben. Hier soll nur noch kurz das in Fig. 1 u. 2, Tafel II abgebildete Gesteinsstück besprochen werden, das in dem Kernstitbruch am Südwestabhang des Grauberges gesammelt wurde. Fig. 1 auf derselben Tafel stellt den mittleren Theil eines grossen Dünnschliffs parallel zu der abgebildeten Fläche in etwa 4facher Vergrösserung dar. Die Mitte beider Figuren nimmt ein dunkles, dichtes Band ein, welches das auf S. 216 besprochene Gestein mit Grauwackenstructur darstellt. Rechts davon liegt

Hornblendegranit, der, wie Fig. 1 zeigt, reich ist an abgeblätterten Grauwackenschüppchen. Links von der Grauwacke erblickt man zwei andere Lagen geschieferter Gesteine, welche allmählich in einander übergehen, aber haarscharf an der Grauwacke abstossen. Das hellere Gestein besteht vorwiegend aus einem Aggregat von Plagioklasen, innerhalb dessen dunkle, aus Granat, Hornblende und Biotit bestehende Streifen ausgeschieden sind. Das dunklere ist ein feldspathreicher, hornblendeführender Quarzbiotitschiefer. Der metamorphe Grauwackenschiefer schneidet, wie Fig. 2 zeigt, die Schichten der beiden anderen Schiefergesteine discordant ab. Die Grenzlinie ist aber durchaus nicht ebenflächig, sondern die grösseren Feldspäthe des hellen, granatführenden Schiefers haben sich in das Grauwackengestein eingedrückt; auch sind kleine Fetzen des letzteren losgelöst und in den hellen Schiefer randlich eingebettet worden. Alle diese Verhältnisse sprechen dafür, dass die Grauwacke und die beiden anderen Schiefergesteine ursprünglich zwei isolirte Fragmente innerhalb des Hornblendegranites bildeten, welche durch die Bewegungen des Magmas aneinandergepresst wurden, wobei sie sich jedenfalls in plastischem Zustande befanden. Für dies letztere zeugt das Eindringen der Feldspäthe des hellen Schiefers in die Grauwacke und die Ablösung kleiner Fetzen von dieser und deren Einbettung in jenen.

Die chemische Zusammensetzung des älteren Granites ward an einer nach makroskopischer Untersuchung einschlussfreien Probe vom Gottelsberg, östlich von Aschaffenburg, ermittelt (analysirt von der Grossh. Prüfungsstation zu Darmstadt):

	I	II
SiO_2	74,19 %	74,79 %
Fe_2O_3	2,11 »	
FeO	1,17 »	
Al_2O_3	12,80 »	
TiO_2	0,06 »	
CaO	1,01 »	
BaO	0,02 »	
MgO	0,50 »	
K_2O	4,48 »	
Na_2O	2,49 »	
P_2O_5	0,65 »	
Chem. geb. H_2O	0,30 »	
Mech. » »	0,04 »	
	99,82 %	

Weitere Bestimmungen des Kieselsäuregehaltes ergaben:

	III	IV	V
SiO_2	73,76	74,29	72,66

III. Aelterer Granit vom Mainaschaffer Weinberg.
IV.   „   „   aus einem Schurf südlich vom Bahnhof Kleinostheim.
V.   „   „   aus einem Steinbruch nördlich von Stockstadt a. M.

Zum Vergleiche mögen hier die Analysen einiger älterer Granite des Odenwaldes angeführt werden[1]):

VI	VII	VIII	IX	X	XI	XII	XIII	XIV	
72,80	71,39	69,61	64,89	68,71	68,11	67,71	64,54	64,38	SiO_2
								14,09	Al_2O_3
								6,10	Fe_2O_3
								3,68	FeO
								4,51	CaO
								2,04	MgO
								3,72	K_2O
								0,55	Na_2O
								—	P_2O_5
								—	TiO_2
								0,82	H_2O {chem. geb. / mech.
								100,22	

VI. Aelterer Granit, grobkörnig, von Lichtenberg, Bergweg.
VII.   „   „   porphyrisch, vom Spitzenstein bei Nonrod. (Das Gebiet vom Spitzenstein ist arm an Dioriten und Diabasen; der Granit enthält fast keine Einschlüsse von Diorit).
VIII.   „   „   porphyrisch, vom Rodensteiner Weg bei Nonrod. ⎫
IX.   „   „   porphyrisch, vom Felsberg.   ⎬ Arm an Einschlüssen von Hornblendegesteinen.
X.   „   „   körnig, vom Felsberg.   ⎪
XI.   „   „   porphyrisch, vom Mühlberg bei Steinau.   ⎭

---

[1]) Ausgeführt von der Grossh. chem. Prüfungsstation für die Gewerbe in Darmstadt (Dr. W. Sonne). Mitgetheilt von C. Chelius.
Analysen VI—XIII, Notizblatt d. Vereins f. Erdkunde und d. Grossh. geolog. Landesanstalt zu Darmstadt. IV. Folge, 15. Heft, S. 34—35.
Analyse XIV, Erläuterungen zu Blatt Gross-Umstadt, S. 44—45.

XII. Aelterer Granit, porphyrisch, von Stettbach (umhüllt Diabasschollen).

XIII. " " körnelig, von Messbach (Grenzgestein gegen eine grössere Schieferscholle).

XIV. " " von Bockenrod.

Die Analyse des Granites vom Gottelsberg lässt durch die niedrigen Werthe von Na_2O und CaO im Vergleiche zu K_2O das Ueberwiegen des Orthoklases über den Plagioklas erkennen. Der niedrige Werth von MgO bestätigt Thürach's Ansicht, dass der Biotit des Gesteines magnesiaärmer Kali-Eisenglimmer ist. Im Vergleich zu den älteren Graniten des Odenwaldes erscheinen diejenigen des Spessarts sehr sauer; wie aber die den Analysen der ersteren beigefügten Bemerkungen von C. Chelius erkennen lassen, kommen in fast allen diesen mehr oder weniger reichliche Einschlüsse von Schiefer- oder basischen Eruptivgesteinen vor, durch deren Resorption der Kieselsäuregehalt des Granites so stark heruntergedrückt worden sein dürfte. Der auffällig kieselsäurearme, grobkörnig-porphyrische Granit von Bockenrod lässt zwar keine fremden Einschlüsse erkennen, ist aber sehr reich an Biotit. Noch niedriger werden die Werthe der Kieselsäure in den Hornblendegraniten. Es folgen hier die Analysen eines Hornblendegranites („Dioritgneisses") vom Stengerts[1]) und diejenigen mehrerer Odenwälder Hornblendegranite[2]):

I. Dioritgneiss vom Stengerts.

II. Dunkler, alter Granit mit Hornblende von Heubach bei Gross-Umstadt.

III. Aelterer Granit vom Oberwald bei Steinau; enthält etwas Hornblende.

IV. " " vom Felsberg gegen Reedenkirchen, körnig. Dieser und der vorhergehende Granit sind nach C. Chelius reicher an Dioriteinschlüssen als die oben angeführten Granite (Analysen VIII bis XII, Seite 236).

---

[1]) Ausgeführt von R. Toussaint; mitgetheilt von E. Goller (l. c. S. 491).

[2]) Ausgeführt von d. Gr. chem. Prüfungsstation in Darmstadt. Mitgetheilt von C. Chelius. Notizbl. d. Vereins f. Erdkunde etc. IV. Folge, Heft 16, S. 34—35 und Erläuterungen zu Blatt Gross-Umstadt, S. 44—45.

V. Aelterer Granit, von Beedenkirchen, Hornblendegranit.
VI. " " vom „Alten Roth" am Felsberg, Hornblendegranit.
VII. " " vom „Felsenmeer" am Felsberg, Hornblendegranit.
VIII. " " von der Annaliushöhe bei Hochstädten, Hornblendegranit.
IX. " " vom Teufelsberg am Felsberg,
Hornblendegranit (enthält besonders grosse Hornblenden
und sehr frischen Feldspath).

Diese Granite
sind erfüllt von
zahlreichen Ein-
schlüssen, die
stets beträcht-
liche Resorptio-
nen vermuthen
lassen.

	I	II	III	IV	V	VI	VII[*)]	VIII	IX
SiO_2	56,68	56,56	63,86	62,18	58,55	56,40	55,58	51,10	51,07
TiO_2	2,08	0,14		0,03			0,18		
Al_2O_3	12,23	12,88	17,87				16,58		
Fe_2O_3	5,12	3,77	1,24				5,03		
FeO	4,96	3,77	2,84				2,72		
MnO	0,73	—	—				—		
CaO	6,05	5,48	3,33				8,16		
MgO	0,44[1)]	5,01	0,99				4,56		
K_2O	3,99	3,96	3,56				1,66		
Na_2O	6,75	3,60	4,10				3,02		
P_2O_5	—	3,29	0,65				1,43		
H_2O { chem. geb.	1,03	0,65	0,84				0,69		
mechan.		0,25	0,17				0,18		
	100,06	99,72	99,52				99,78		

b) Der jüngere Granit.

In seiner mineralischen Zusammensetzung weicht der jüngere Granit nur wenig vom älteren ab. Der wesentlichste Unterschied besteht darin, dass im ersteren der Orthoklas nicht so stark über den Plagioklas dominirt, als im letzteren. Apatit ist meist nur in sehr geringer Menge vorhanden.

[1)] Gößer bezweifelt die Richtigkeit der hier mitgetheilten Zahl für MgO und hält dieselbe für zu niedrig.
[2)] Enthält noch 0,15% SO_3; S ist jedoch wahrscheinlich als FeS vorhanden.

Von der Ausbildungsweise der einzelnen Gemengtheile und ihrer gegenseitigen Anordnung ist nichts anderes zu sagen, als beim älteren Granit. Nur ist meist der Parallelismus der Biotitblättchen ein vollkommenerer, so dass im jüngeren Granit mehr eine **schieferige** Structur entsteht im Gegensatz zur Flaserstructur des älteren.

Dass die parallele Lagerung der Biotite auch hier durch einen auf das erstarrende Magma ausgeübten Druck bewirkt wurde, welchem letzteren auch die häufig zu beobachtenden mechanischen Deformationen an Quarz und Feldspath zuzuschreiben sind, sowie die oft zu beobachtende undulöse Auslöschung, braucht nach den früheren Auseinandersetzungen hier nicht mehr ausführlich dargelegt zu werden.

Am reinsten scheint das Magma des jüngeren Granites in den zahllosen Trümern ausgebildet zu sein, welche den älteren Granit durchsetzen. Hier hat dasselbe stets eine hellröthliche Färbung. Meist erscheint aber der jüngere Granit mehr **röthlichgrau**, so z. B. in den Aufschlüssen am Wendelberg und Hermesbuckel. Hier lässt es sich deutlich verfolgen, dass diese grauen Partien des Granites durch **Resorption von Schiefermaterial** entstanden sind, denn in diesen findet man nicht nur deutlich als solche noch erkennbare, zum Theil sogar recht beträchtliche Schieferreste, sondern es ist auch der ganze Granit erfüllt mit Feldspäthen von auffälliger Skelettstructur. In solchen an resorbirtem Schiefermaterial reichen Stellen tritt auch Muscovit nicht selten auf, wahrscheinlich als eine Art endogenes Contactproduct. Die grauen Granitpartien werden oft, wie dies Fig. 1 auf Tafel III zeigt, von den röthlichen förmlich durchtrümert, so dass schon hieraus auf Fluctuationen im Magma vor seiner Erstarrung geschlossen werden kann. Die Grenze zwischen grauem und röthlichem Magma ist aber nirgends so scharf, dass man etwa letzteres für ein bedeutend jüngeres Eruptionsstadium halten müsste.

Ebenso wie der ältere Granit dort, wo er Hornblendegesteine umschliesst, durch deren partielle Resorption zum Hornblendegranit wird, thut dies auch der jüngere. Besonders gut ist dies zu verfolgen in den nördlichsten Zonen des Grundgebirges im Spessart, also in denjenigen der „jüngeren Gneisse." Wo dort in dem jüngeren Granit Biotitschiefer enthalten sind, da ist er als Biotitgranit ausgebildet (so bei Kälberau, Albstadt, Hof Trages, Lützelhausen u. s. w.), wird aber sofort zum Hornblendegranit, wo Amphibolgesteine von ihm eingeschlossen oder durchtrümert werden, so z. B. bei Grossenhausen („Auf der Rube").

Wie der ältere, so folgt auch der jüngere Granit bei seinen Injectionen in die Schiefer im Allgemeinen deren Parallelstructur. Wo die Schiefer gefaltet sind, macht er alle Windungen dieser Falten mit, setzt jedoch nicht selten auch, wahrscheinlich vorhandene Discontinuitäten benützend, quer durch.

Die Faltung der Schiefer und der sie injicirenden Granitgänge ist nun sicher nicht jünger als die Verfestigung des Gesteines, wie sich dies z. B. durch das auf Tafel IV, Fig. 1 abgebildete (ungefähr nat. Gr.) Handstück deutlich nachweisen lässt. Dasselbe stammt aus dem Hessenbacher Thale, ungefähr von der „Birkendelle". Dort wird der Hornblendegranit mit seinen Schieferschollen von jüngerem Granit (Granitgneiss Bücking, körniger Gneiss Thürach) theils in gewaltigen Apophysen, theils in schmalen Trümern durchädert. In einer jener Schieferschollen waren zur Zeit kleine Schürfe angelegt, welche sehr zierliche Trümer jüngeren Granites in dem Biotitschiefer aufgeschlossen hatten. Die Untersuchung eines grossen Dünnschliffes parallel zu der abgebildeten Fläche zeigte, dass weder der Schiefer noch auch der Granitgang mechanische Deformationen erlitten haben, wie man doch erwarten müsste, sie zu treffen, wenn die Faltung an dem schon völlig erstarrten Gesteine vor sich gegangen wäre. Nun zeigt zwar der Granit überall Druckerscheinungen an seinen Feldspäthen und Quarzen; aber aus den bei Besprechung des älteren Granites angeführten Gründen muss man auch hier diese Structur als protoklastisch, nicht als kataklastisch bezeichnen. Wäre der Granit als starre Masse gefaltet worden, dann müssten sich die stärksten Pressungen an den Umbiegungsstellen der Trumer finden. Dies ist aber nicht der Fall. Und so muss man denn schliessen, dass der Granit entweder in die schon gefalteten Schiefer eindrang, oder, dass sich die Faltung wenigstens gleichzeitig mit dem Eindringen, jedenfalls noch vor der völligen Verfestigung des Granites vollzog.

Die chemische Zusammensetzung des jüngeren Granites ist nicht so sehr verschieden von der des älteren. Im Allgemeinen ist aber der Kieselsäuregehalt des jüngeren etwas höher und die Menge des Natrons bleibt nur wenig hinter der des Kali zurück oder übertrifft sie gar.

Analyse I ist die eines jüngeren Granites vom Hermesbuckel östlich von Aschaffenburg, der nach seiner grauen Farbe und seiner Führung von Skelettfeldspäthen resorbirtes Schiefermaterial enthält;

II. Gang von jüngerem Granit im älteren. Goldbach bei Aschaffenburg.
III. Desgl. Stockstadt a. M.
IV.[1]) Jüngerer Granit vom Oberwald bei Steinau (enthält mehr Biotit als gewöhnlich).
V. „ „ „ Felsberg.
VI. „ „ „ Lindenstein bei Heppenheim (roth gefärbt).
VII. „ „ „ Lindenstein, weniger frisch als der vorhergehende, weiss.

	I	II	III	IV	V	VI	VII
Si O$_2$	72,63%	73,07%	74,82%	71,05%	73,55%	76,44%	75,49%
Ti O$_2$	0,07 „	—	—	—	—	—	—
Al$_2$O$_3$	13,49 „	—	—	—	—	13,78 „	—
Fe$_2$O$_3$	2,17 „	—	—	—	—	0,97 „	—
Fe O	1,04 „	—	—	—	—	0,07 „	—
Ca O	1,05 „	—	—	—	—	0,75 „	—
Mg O	0,69 „	—	—	—	—	0,34 „	—
K$_2$O	2,62 „	—	—	—	—	3,50 „	—
Na$_2$O	3,86 „	—	—	—	—	2,76 „	—
P$_2$O$_5$	0,26 „	—	—	—	—	0,51 „	—
S O$_3$	0,34 „	—	—	—	—	0,25 „	—
H$_2$O chem. geb.	0,31 „	—	—	—	—	0,38 „	—
„ mech.	0,23 „	—	—	—	—	0,33 „	—
	99,20%	—	—	—	—	100,08%	—

c. Pegmatite.

Die pegmatitartigen Bildungen im Grundgebirge des Spessarts tragen, wie schon Thürach erkannte, theils mehr den Charakter von Füllmassen drusenartiger Hohlräume in den Graniten, theils haben sie alle Eigenschaften echter Eruptivgänge, indem sie entweder parallel zu den Schieferungsflächen der Gesteine oder schräg zu denselben und oft sehr scharf gegen ihre Umgebung abgesetzt, eingedrungen sind und mehrfach dieselbe in deutlicher Weise verändert haben.

Sehr verschiedenartig sind auch die Formen ihrer inneren Structur und der Lagerung ihrer Gemengtheile. Während manchmal sich eine bilateral-

[1]) IV—VII. Jüngere Granite des Odenwaldes. Analysen mitgetheilt von C. Chelius, Notizblatt d. Vereins f. Erdkunde u. d. geol. Landesanstalt z. Darmstadt. IV. Folge, Heft 16, S. 34—36.

symmetrische Anordnung der letzteren nicht verkennen lässt (z. B. in dem Gange im jüngeren Granit an der Feldstufe bei Feldkahl) herrscht meist ganz richtungslose Structur. Vielfach ist eine schöne Schriftgranitstructur ausgebildet (Dahlem's Buckel, Grauer Stein), während sehr häufig die Gemengtheile in ganz merkwürdiger Weise von einander gesondert auftreten. So nimmt man oft wahr, dass sich der Glimmer an den Salbändern concentrirt hat und dort dickschuppige Aggregate bildet. Bauchige Erweiterungen dünner Adern bestehen oft fast nur aus derbem Quarz, während Verengerungen von Gängen vielfach ausschliesslich von Feldspath zusammengesetzt werden. Die Gründe für diese merkwürdigen Differenzirungen, besonders auch für die bei der Besprechung der glimmerreichen Schiefer erwähnte Thatsache, dass in deren Bereich so enorm häufig Quarzgänge und Quarzlinsen, seltener eigentliche Pegmatite auftreten, obwohl beide in engen genetischen Beziehungen zu stehen scheinen, sind bis jetzt noch in keiner Weise aufgeklärt.

Die echt eruptive Natur eines grossen Theiles der Pegmatite wird durch die von ihnen ausgeübte contactmetamorphe Beeinflussung des Nebengesteins erwiesen. Besonders macht sich hier die Neubildung von Kaliglimmer und von Sillimanit bemerklich. Bei der Untersuchung der Schweinheimer Schiefer ist stets nachzuweisen, dass ihr **Muscovitgehalt** nach den Salbändern der zahllosen Pegmatitgänge zu, welche in ihnen aufsetzen, ganz bedeutend zunimmt und dass am Contact selbst vielfach alle andern Schiefergemengtheile durch den Muscovit verdrängt werden. Noch deutlicher ist die Abhängigkeit des **Sillimanits** von der Nachbarschaft der Pegmatite. Sehr oft ist auch in ihrer Nähe das Nebengestein stark turmalinisirt, ein Verhältniss, das zur Zeit in einem Steinbruch an der Bergmühle bei Damm (am Nordabhange des Galgenberges) vorzüglich aufgeschlossen war. Ueberall, wo man in den Grundgebirgsgesteinen des Spessarts Turmalin in makroskopisch wahrnehmbaren Prismen findet, kann man sicher sein, in der unmittelbaren Nähe einen Pegmatitgang zu entdecken. Der Contact der Pegmatitgänge mit dem Nebengestein und zwar, wie es scheint, fast ausschliesslich der mit **Schiefergesteinen** ist der Fundort für die schönen Cyanite, Apatite, Beryile, Granate u. s. w., welche früher besonders an der Bergmühle bei Damm und der Aumühle daselbst gesammelt wurden. Gerade dort werden aber die Granite, welche zahlreiche Schieferschollen umschliessen, von vielen Pegmatiten durchsetzt und auf der Grenze dieser Gesteine haben sich, wie die Stufen der Aschaffenburger und anderer Sammlungen beweisen, jene schönen Mineralbildungen vollzogen.

Die Formen der Pegmatitgänge sind höchst mannichfaltig und können an den von Thürach mitgetheilten Figuren, in welchen die Pegmatite allerdings meist nicht als solche, sondern als „Differenzirungsformen" der verschiedenen „Gneisse" bezeichnet sind, gut erkannt werden. Sehr oft nimmt man die complicirtesten Verästelungen wahr, in die sich stärkere Pegmatitgänge auflösen. In anderen Fällen wieder sieht man sie allen Faltungen der von ihnen injicirten Schiefergesteine folgen. Einen sehr interessanten Pegmatitgang stellt Fig. 7, Tafel IV dar. (Maasstab etwa 1:12 d. nat. Gr.). Derselbe setzt auf in einem Block älteren Granites, der am linken Mainufer etwa 500 m südlich von Kleinostheim liegt. Die merkwürdig gewundene Form dieses Ganges, der an einer Stelle wieder in sich selbst zurückläuft, ist unmöglich durch eine spätere Faltung zu erklären. Er muss vielmehr zu einer Zeit in den Granit injicirt worden sein, als dieser noch eine gewisse Plasticität besass und durch den Widerstand seiner Masse das eindringende Pegmatitmagma in die jetzt vorliegende auffällige Form zwang. Ganz ähnliche Gestalten kann man erhalten, wenn man aus einer Injectionsspritze, wie sie bei zoologischen Arbeiten gebraucht wird, in eine zähflüssige Masse, (etwa Kleister) eine selbst etwas zähe, abweichend gefärbte Flüssigkeit einpresst.

Sehr oft umschliessen Pegmatitgänge Fragmente des Nebengesteines. Dass sie auf diese auch resorbirend eingewirkt haben, beweist der Umstand, dass in sehr vielen Pegmatiten, welche in Hornblendegesteinen aufsetzen, grosse Hornblendekrystalle ausgeschieden sind, welche den übrigen Gängen, die im Granit oder im Biotitschiefer liegen, stets fehlen. Sehr deutlich kann man diese Wiederausscheidung resorbirter Hornblende beobachten in den Steinbrüchen bei Langstadt (südlich von Babenhausen) — hier auch Titanit — bei Grossenhausen und Alzenau, an Dahlen's Buckel bei Aschaffenburg u. s. w. Dies Verhalten der Pegmatitgänge spricht einerseits für ihren echt eruptiven Charakter und giebt andererseits eine Analogie für die oben behauptete Entstehung des Hornblendegranites durch Resorption hornblendeführender Schieferfragmente.

d) Aplite.

Die Aplite unterscheiden sich vom jüngeren Granit durch ein im Allgemeinen noch kleineres Korn und ihre grosse Armuth an Biotit, welcher nur in vereinzelten kleinen Flitterchen ausgeschieden ist. Trotzdem ist manchmal noch eine Parallelstructur in diesen Gängen angedeutet, welche sich nach dem Salband richtet. Auch protoklastische Structur ist öfters gut zu erkennen.

Der S. 186 besprochene Aplitgang, welcher an Duhlem's Buckel den Amphibolit und den Pegmatit durchsetzt, umschliesst mehrfach Fragmente dieser Gesteine. An den Stellen, wo er den Pegmatit berührt, haben sich häufig schwarze über centimeterbreite und bis über decimeterlange Biotitlamellen ausgeschieden, die senkrecht zur Grenzfläche stehen. An manchen Stellen des Ganges ist ein deutlicher Uebergang des sonst so kleinkörnigen Gesteines in Massen von fast mittelkörniger Structur wahrzunehmen.

e) Kersantite.

Die petrographische Beschaffenheit der Kersantite ist von Chelius, Bücking, Thürach und besonders von E. Goller so ausführlich untersucht worden, dass hier nichts Neues über dieselbe gesagt werden kann. Nur einige Bemerkungen über das Verhältniss derselben zu den Graniten mögen hier Platz finden. Zuerst muss betont werden, dass durch Thürach (l. c. S. 103) die Unfälligkeit der Behauptung Gollers erwiesen wurde, dass die Kersantite nur auf das Gebiet des „Dioritgneisses" beschränkt seien. Da wir oben versucht haben, den Nachweis zu führen, dass der „Dioritgneiss" nicht ein selbständiges Eruptivgestein darstellt, sondern aus dem gewöhnlichen älteren Granit durch Ausscheidung von resorbirter Hornblende der eingeschlossenen Amphibolgesteine hervorgeht, kann uns dies nicht Wunder nehmen.

Ueber die genetischen Beziehungen zwischen den Kersantiten und dem von ihnen durchsetzten Granit („Dioritgneiss") hat Goller zwei Vermuthungen aufgestellt (l. c. S. 568) nämlich: „entweder Dioritgneiss und dioritischer Lamprophyre hängen substantiell von einander ab, d. h. der dioritische Lamprophyr ist nichts weiter als umgeschmolzener, modificirter Dioritgneiss" oder „der Dioritgneiss verdankt sein charakteristisches Aussehen, sein individuelles Gepräge den nämlichen Ursachen, welche die Lamprophyre ins Dasein riefen; mit anderen Worten: der Dioritgneiss ist ein metamorphosirtes Gestein; seine Umwandlung und die Lamprophyrergüsse stehen in directem Zusammenhange." Nach unseren Darlegungen über den Hornblendegranit und seine Abhängigkeit vom Auftreten hornblendehaltiger Schiefergesteine ist die letztere der beiden von Goller aufgestellten genetischen Anschauungen wohl ohne weiteres als unhaltbar zu bezeichnen. Was aber die Deutung des Lamprophyrs als umgeschmolzener Dioritgneiss betrifft, so weisen die von Goller mitgetheilten Analysen zwar ungefähr denselben Kieselsäuregehalt nach, zugleich aber auch Abweichungen von mehreren Procenten bei Thonerde, Eisen, besonders Magnesia u. s. w. Die Umschmelzung scheint Goller für eine Wirkung desselben

Druckes zu halten, welcher die Spalten aufriss, zu denen die Lamprophyre zu Tage traten, eine Vorstellung, welche von den sonst geltenden Anschauungen über die Entstehung gangförmiger Eruptivgesteine stark abweicht.

Jedenfalls deutet das bei vielen jener Lamprophyrgänge vorhandene dichtere **Salband** darauf hin, dass die Erstarrung des Ganggesteines sich relativ **schnell** vollzog, dass demnach der Hornblendegranit zu jener Zeit bereits völlig **erstarrt** und erkaltet war. Hierfür sprechen auch die Fragmente von Hornblendegranit, jüngerem Granit, Pegmatit und (? Aplit), welche sich local ziemlich häufig in den Lamprophyren finden. Alle diese Gesteinsfragmente zeigen genau die Ausbildungsweise der in der Umgebung anstehenden. Es erscheint nach Allem viel natürlicher, die dioritischen Lamprophyre des Spessarts nicht als ein Umschmelzungsprodukt ihres Nebengesteines, sondern vielmehr als **selbständige eruptive Bildungen** zu betrachten.

Abgesehen von den oben genannten Fragmenten der Nebengesteine und deren zweifellos durch Zerspratzung isolirten Gemengtheilen, führen noch manche jener Lamprophyrgänge **Quarzdihexaëder** und **grosse Orthoklase**, welche von Goller, Bücking und Thürach als Ausscheidungen des Magmas und nicht als fremde, aus dem Nebengestein stammende Einschlüsse betrachtet werden.

Dass die Quarzdihexaëder aus keinem der Nebengesteine stammen können, ist ohne weiteres zuzugeben. Da sich aber neben ihnen nicht selten gerundete, im pol. Licht in mehrere Theilkörner zerfallende Quarze finden, sowie grössere, offenbar aus Pegmatitgängen stammende Brocken derben Quarzes, ist es wohl am einfachsten, die Quarzkrystalle als Ausscheidungen des Magmas anzusehen, das sich local durch starke Resorption von Einschlüssen des Nebengesteins mit **Kieselsäure** überladen hatte und diese später in Form jener Krystalle wieder abschied. In einem noch späteren Stadium der Erstarrung corrodirte dann das Lamprophyrmagma die Krystalle wiederum und setzte um dieselben den charakteristischen grünen Saum von Hornbleudesäulchen ab.

Was nun die grossen Orthoklase anbetrifft, von denen Goller und Bücking nachgewiesen haben, dass sie ihrer abweichenden chem. Zusammensetzung — und auch ihrer bedeutenderen Grösse wegen — nicht aus den „Augengneissen" stammen können, so möchte Verfasser vermuthen, dass dieselben aus den **Pegmatitgängen** durch Zerspratzung isolirt und dann im Lamprophyr durch Corrosion abgerundet worden sind. Leider fehlte es dem Verfasser an Zeit, durch specielle Untersuchung der Pegmatitfeldspäthe den Beweis hierfür zu versuchen.

Ebenso möchte der Verfasser die Frage aufwerfen, ob nicht die Verschiedenheiten in der Zusammensetzung der Lamprophyre, die zwar vorwiegend als eigentliche Kersantite, z. Th. aber auch als Camptonite ausgebildet sind, wobei sogar beide Formen an verschiedenen Stellen desselben Ganges auftreten, durch Aufnahme von Material aus dem Nebengestein erklärt werden können, wobei die Verschiedenartigkeit des Nebengesteines, theils Schiefer, theils Granit, stark zur Geltung gekommen sein könnten.

Am Grauberge bei Schweinheim, ungefähr in der nördlichen Fortsetzung des von Goller als Nr. X bezeichneten Lamprophyrganges, finden sich Granitstücke, welche durch eine eigenthümliche schwarze Streifung auffallen. Bei flüchtiger Betrachtung könnte man die oft noch nicht millimeterbreiten Streifen für Anhäufungen feinster Glimmerschüppchen halten, sieht aber unter dem Mikroskop sofort, dass dieselben aus dünnen vielfach verästelten Kersantittrümchen bestehen. Dieselben sind äusserst feinkörnig, so wie die dichtesten Stellen der Salbänder der grösseren Gänge, und oft ausserordentlich erzreich. In ihnen nun finden sich zahlreiche zersprengte Gemengtheile des Granites; Quarze, zum Theil stark corrodirt und sehr häufig von grünen Hornblendesäulchen umsäumt, Biotite, welche ganz trübe und durch Ausscheidung von Eisenverbindungen opak geworden sind, und Feldspäthe, deren optische Eigenschaften stärkste Beeinflussung erfahren haben.

Schlussbemerkungen.

Am Ende unserer Darlegungen über die Gesteine des krystallinen Grundgebirges im Spessart sei es gestattet, die gewonnenen Resultate nochmals kurz zusammenzustellen.

Die „Gneisse" des Spessarts zerfallen in zwei — besonders in genetischer Hinsicht — scharf gesonderte Gesteinsgruppen, für welche daher am besten der Name „Gneisse" ganz aufgegeben wird, um nicht die Vorstellung gleichartiger Entstehung derselben zu erwecken.

Die eine, ältere Gruppe setzt sich zusammen aus einem System von Schiefergesteinen, denen wahrscheinlich Effusivgesteine und deren Tuffe eingeschaltet sind. Sämmtliche Glieder dieser Gruppe befinden sich im Zustande einer sehr starken Umwandlung, welche ihre frühere Beschaffenheit in vielen Fällen gar nicht, in anderen nur annähernd erkennen lässt. Wahrscheinlich sind die Quarzitschiefer aus Sandsteinen hervorgegangen, die körnigen Kalke aus dichten Kalksteinen; die glimmer- und feldspathreichen Schiefer lassen infolge einer völligen Umkrystallisation keine Andeutung ihres Urzustandes erkennen. Dass sie aber echte Sedimente — vielleicht von grauwackenähnlicher Beschaffenheit — waren, wird wahrscheinlich gemacht durch ihre Wechsellagerung mit Gesteinen, die entweder noch deutliche klastische (allothigene) Körner enthalten, oder in ihrer Structur noch gewisse Uebereinstimmung mit Grauwackengesteinen besitzen.

Eine ganz eigenthümliche Gesteinsgruppe, welche sich aber in tektonischer Hinsicht völlig als Glied des Schiefergebirges verhält, stellen die dunklen, hornblendereichen Gesteine dar, die theils massig ausgebildet sind und wahrscheinlich als umgewandelte Diorite, Gabbros oder Diabase, theils schieferig struirt, und dann wohl als metamorphe Tuffe dieser Effusivgesteine angesprochen werden dürfen. Die schieferigen Hornblendegesteine stehen durch zahllose Uebergänge in engster Wechselbeziehung zu den glimmerreichen Schiefern, in welchen sie eingelagert sind, und auch die Kalksilicathornfelse bilden Zwischenglieder beider Gesteinsarten.

Das geologische Alter dieses Systems von Schiefer- und Effusivgesteinen ist derzeit aus Mangel an allen organischen Resten in den ersteren nicht mit Sicherheit zu ermitteln. Es lässt sich in dieser Hinsicht lediglich die Vermuthung aussprechen, dass, wie im Schwarzwald und den Vogesen, mit denen Odenwald und Spessart in tektonischer Hinsicht ein Ganzes bilden, auch hier umgewandelte paläozoische Schichten, deren jüngste culmisches Alter besitzen können, vorliegen mögen.

Dieselben Kräfte, welche die Aufrichtung jener paläozoischen Schichten im Schwarzwald und den Vogesen bewirkten, haben auch die alten Sedimente des Spessarts in eine Anzahl nordöstlich streichender Falten zusammengeschoben und zwar, wie der Gebirgsbau des Schwarzwaldes lehrt, wahrscheinlich nach Ablagerung des productiven Carbons.

Durch die Faltung ward der feste Zusammenhang der Sedimente gelockert und gleichzeitig der Raum geschaffen, in welchen durch denselben Gebirgsdruck, der die Faltung bewirkte, Eruptivmassen eingepresst wurden.

Diese zweite Hauptgruppe der krystallinen Gesteine des Spessarts besteht aus Intrusivgesteinen von der mineralischen Zusammensetzung und der Structur von Graniten. Nur insofern weicht letztere von der gewöhnlichen, richtungslose Granitstructur ab, als an den meisten Stellen im Spessart sich eine mehr oder minder deutliche **Parallelstructur** des Granites ausgebildet findet, daneben auch vielfach eine hochentwickelte **Trümmerstructur**. Es ist oben versucht worden, aus der mikroskopischen Beschaffenheit der Granite unter gleichzeitiger Berücksichtigung ihrer Lagerungsverhältnisse den Nachweis zu liefern, dass sowohl die parallele Anordnung der Granitgemengtheile — besonders der Glimmer — als auch die Trümmerstructur, welche die Granite namentlich dort zeigen, wo sie in schwachen Aederchen auftreten, einem Drucke zuzuschreiben sind, welcher vor der völligen Erstarrung des Magmas in Wirksamkeit war und dass demnach beide primäre Erscheinungen bilden. Die Trümmerstructur der Spessartgranite entspricht daher in den allermeisten Fällen der „**Protoklasstructur**" Brögger's, während eine durch Pressung des völlig verfestigten Gesteines erzeugte **Kataklasstructur** im Verhältniss zu jener stark zurücktritt.

Der echt eruptive Charakter der Spessartgranite ergiebt sich daraus, dass die Schiefergesteine von jenen in der mannichfaltigsten Art **injicirt, zertrümmert und zerfetzt**, zum Theil auch aufgelöst und sämmtlich **contactmetamorphisch** beeinflusst worden sind. Die isolirten Fragmente geschieferter Gesteine, welche von den Graniten umschlossen werden, dürfen wegen der Mannichfaltigkeit ihrer mineralischen Zusammensetzung und wegen ihrer völligen Uebereinstimmung mit den als selbständige Gebirgsglieder auftretenden Schieferzonen **nicht als „basische Ausscheidungen"** aus dem Magma betrachtet werden. Aus denselben Gründen darf man aber auch **die Granite nicht als Theile der Erstarrungskruste der Erde** auffassen.

Innerhalb der Spessarter Granitmasse kann man zwei grössere Eruptionsphasen unterscheiden, deren Producte im Vorhergehenden als **älterer** und als **jüngerer Granit** bezeichnet wurden. Man wird sich vorstellen können, dass die Eruption des jüngeren Granites nach einer Ruhepause durch erneute Gebirgsbewegungen bedingt wurde und zwar zu einer Zeit, als der ältere Granit noch nicht vollständig erstarrt und erkaltet war, da eine so intensive Durchäderung desselben durch den jüngeren, wie wir sie im Spessart finden, nur unter dieser Voraussetzung denkbar ist. Anderfalls, wenn man annehmen wollte, der jüngere Granit sei erst nach der völligen Erstarrung des älteren emporgedrungen, müssten sich überall längs der Trümer jüngeren Granites im älteren die stärksten mechanischen Deformationen zeigen, entstanden bei der Aufreissung der Spalten, welche jenem das Aufsteigen ermöglichten. Da dies aber nicht der Fall ist, muss bei der Eruption des letzteren der ältere Granit noch eine gewisse Plasticität besessen haben. Dasselbe ist auch, wie S. 243 ausgeführt wurde, für die jüngeren granitischen Gänge anzunehmen, die Pegmatite und Aplite.

Die Umwandlung der Schiefergesteine, welche deren meist vollständige Neukrystallisation bewirkte, ist als reine Contactmetamorphose zu bezeichnen. Denn einerseits stimmen ja die isolirten Schieferfragmente der Granite völlig mit den geschlossenen Schiefermassen überein, andererseits aber wurde nachgewiesen, — aus der Anordnung der Einschlüsse in den Feldspäthen der Schiefer u. s. w., — dass sich diese Gesteine während ihrer Metamorphose in einem hochplastischen Zustand befanden und dass die Wirkungen des Gebirgsdruckes auf die in der Umwandlung begriffenen Schiefer vor der völligen Ausbildung ihrer gegenwärtigen Structur aufhörten, dass aber die Injection der Granite gleichzeitig mit der Faltung der Schiefer stattgefunden haben muss.

Hätten die Spessartschiefer schon vor der Eruption der Granite durch Dynamo- oder Regionalmetamorphose ihre gegenwärtige Structur erlangt gehabt, so wäre es nicht zu verstehen, dass die mitten im Granit steckenden kleinsten Fragmente derselben sich in keiner Weise von den geschlossenen Schiefermassen unterscheiden, dass mithin jede Spur von Contactwirkungen fehlte. Eine Umwandlung der Schiefer durch Gebirgsdruck als Hauptagens nach der Injection der Granite ist aber deshalb nicht denkbar, weil die Lagerungsverhältnisse der Granitgänge und die Structurverhältnisse des granitischen Magmas überhaupt beweisen, dass kein Gebirgsdruck auf den Granit nach seiner Verfestigung eingewirkt hat — abgesehen natürlich von den jüngeren Verwerfungen, an denen dann aber auch deutliche Kataklase, aber stets nur auf ganz beschränktem Gebiete, zu beobachten ist.

Der allmähliche Uebergang des normalen älteren — sowie manchmal auch des jüngeren Granites in Hornblendegranit von basischerer Zusammensetzung beweist im Verein mit ähnlichen Erscheinungen in Pegmatitgängen, dass sehr bedeutende magmatische Resorptionen der Schiefergesteine im Granit stattgefunden und dessen Zusammensetzung wesentlich beeinflusst haben, Erscheinungen, die man von jüngeren Eruptivgesteinen (Basalten u. a.) schon längst kennt.

Die Gleichförmigkeit der Umwandlung, welche die einzelnen Glieder des Schiefergebirges durch ihre ganze Masse erkennen lassen, spricht dafür, dass die Dicke desselben nur eine relativ sehr geringe ist und dass daher die äusseren, schwächer oder gar nicht umgewandelten Theile des Contacthofes um den Spessartgranit, durch Erosion abgetragen sein müssen. Auch das Hervortreten des Granites im Kahlthale, sowie die in allen Theilen des Schiefergebietes aufsetzenden granitischen Gänge beweisen die geringe Mächtigkeit der noch erhaltenen Schieferhülle.

Die Tektonik des Schiefergebirges ist in Folge der gewaltigen Erosion, welche dasselbe betroffen hat, gegenwärtig wohl nur sehr schwierig festzustellen und wird wohl auch durch die sorgfältigsten, mit besonderer Rücksicht auf diese Frage unternommenen Specialaufnahmen nie völlig klar werden. Nur so viel scheint festzustehen, dass sich zwischen den Quarzitschiefern und den jetzt in ihrem Hangenden auftretenden Massen eine bedeutende Dislocation befindet, welche die gegenwärtig tief im Liegenden von jenen auftretenden Schieferschichten (der Zone des „körnig-streifigen Gneisses") wieder zu Tage gefördert hat.

Die oben entwickelte Vorstellung von der Entstehung des krystallinen Spessarts durch Faltung eines Schiefergebirges und Einpressung granitischer Massen in die hierbei sich bildenden Hohlräume, wobei das eindringende Magma den Weg nahm, auf dem sich ihm die geringsten Widerstände boten, also parallel zur Schieferung der Sedimente und parallel zur Axe der Falten, ist auch allein im Stande, den regelmässigen Aufbau des Spessarts aus einer Anzahl anscheinend concordant sich überlagernder Gesteinsmassen zu erklären, welche sich tektonisch fast so verhalten, wie Schichtengruppen echter Sedimente, obwohl die nähere Untersuchung keinen Zweifel an der reichlichen Betheiligung echter Eruptivmassen aufkommen lässt. Besonders die Bildung so auffälliger Gesteinscomplexe, wie sie in den von Granit förmlich durchtränkten Biotitschiefern der südlichen und nördlichsten Zonen sich finden („körnig-streifige Gneisse" und „jüngere Gneisse") dürfte auf keine andere Art zu erklären sein.

Zwischen dem im Spessart und dem im Odenwalde zu Tage tretenden Grundgebirge bestehen viele Uebereinstimmungen, besonders in den granitischen, aber nur theilweise auch in den Schiefergesteinen. Während die bis jetzt aufgefundenen Odenwälder Schiefer denjenigen, welche in den südlichen Gesteinszonen des Spessarts und nördlich von der oben genannten Verwerfung auftreten, sehr ähnlich, vielfach auch ganz gleich sind, fehlen die Gesteinsarten, welche das geschlossene Schiefergebiet des Spessarts aufbauen, die Quarzit- und Quarzitglimmerschiefer, sowie die staurolithführenden Schiefer dem Odenwalde, so weit bis jetzt bekannt, völlig. Man müsste dies übrigens auch schon den Lagerungsverhältnissen nach erwarten, da, gleichsinnig fortlaufendes Streichen vorausgesetzt, die oben genannten Schiefer in der Gegend nördlich von Darmstadt, also etwa unter dem Rothliegenden des Messeler Plateaus, wieder auftreten würden.

Andererseits fehlen dem Spessart die gewaltigen Massen von Diorit, Gabbro und Diabas des Odenwaldes.

Die im Vorangehenden vom Verfasser entwickelten genetischen Auseinandersetzungen stimmen in vieler Hinsicht mit den Resultaten überein, welche Brögger bei der Untersuchung des Christianiagebietes gewann. Ebenso bieten aber auch andere Granitgebiete, so besonders das unter Mitwirkung des Verfassers untersuchte Lausitzer Massiv, manche Analogien mit dem Spessart dar, und die Arbeiten von C. Chelius über den Odenwald ergeben fast genau dieselben Gesichtspunkte.

Der Verfasser ist sich zwar der Unvollständigkeit seiner Untersuchungen völlig bewusst, hofft aber doch, dass seine Ausführungen nicht nur als Beiträge zur Kenntniss der krystallinen Gesteine des Spessarts im Speciellen, sondern auch zur Kenntniss des krystallinen Grundgebirges im Allgemeinen nachsichtige Beurtheilung von Seiten der Fachgenossen finden mögen.

Inhaltsübersicht.

	Seite
Einleitung	168
I. Uebersicht der Lagerungsverhältnisse der einzelnen Gneissonen im Anschluss an die Gliederung von Bücking (und Thürach)	169
A. Aelterer Gneiss	171
1. Dioritgneiss und Granitgneiss	171
2. Körnig-streifiger Gneiss	177
3. Hauptgneiss	180
a) Schweinheimer Stufe (Thürach)	182
b) Haibacher Stufe (Thürach)	183
c) Körnigstreifige Goldbacher und Stockstadter Stufe (Thürach)	184
B. Glimmerschieferformation	187
a. Glimmerreicher Gneiss	187
b. Quarzit- und Glimmerschiefer	189
C. Jüngerer Gneiss	193
II. Uebersicht der Structurverhältnisse	193
A. Schiefergesteine	194
a) Quarzitschiefer und Quarzitglimmerschiefer	199
b) Biotitschiefer	204
c) Glimmer- und feldspatreiche Schiefer (Stromatitschiefer z. Th.)	208
d) Kalksilikathornfels	211
e) Körniger Kalk	212
f) Metamorphe Sandsteine und Grauwacken	214
α) Metamorphe Sandsteine	214
β) Metamorphe Grauwacken	216
g) Amphibolgesteine	217
B. Intrusivgesteine	222
a) Aelterer Granit	224
Hornblendegranit	231
Chemische Zusammensetzung	233
b) Jüngerer Granit	236
Chemische Zusammensetzung	239
c) Pegmatite	241
d) Aplite	243
e) Keratits	244
Schlussbemerkungen	246

Erklärung der Tafeln.

Tafel I.

Fig. 1 u. 2. Schollen von Hornblendeschiefern im Hornblendegranit. Oestliche Wand des Keraantitbruches (Goller, Nr. X) am Südwestabhang des Granberges bei Schweinheim. Maasstab ca. 1:70. Die in beiden Figuren sichtbare Messlatte trägt Decimetertheilung. (Seite 172.)

Fig. 3. Schiefergesteine, injicirt von jüngerem Granit und von Pegmatit (Pgt). Einschnitt der Kreisstrasse von Schaafheim (südl. v. Babenhausen) nach Radheim. Maasstab ca. 1:17. Das in der Mitte des Bildes befindliche Messband ist in Centimeter getheilt. (Seite 179).

Tafel II.

Fig. 1 u. 2. Hornblendegranit mit Einschluss von Grauwackenschiefer und anderen Schiefergesteinen. (Seite 234). Fig. 2 in natürlicher Grösse; Fig. 1 stellt den mittleren Theil eines Dünnschliffes aus der Gegenplatte des in Fig. 2 abgebildeten Schnittes dar in ca. 4 facher Vergrösserung i. gew. Licht.

Fig. 3. Grobkörniges Schiefergestein von Wenighösbach. (Seite 209). Dünnschliff in etwa 4 facher Vergrösserung i. gew. Licht. D Disthen; G Granat, reich an Einschlüssen; S Staurolith.

Fig. 4. Aelterer Granit, reich an Schollen von schwarzem Staurolithschiefer und injicirt von jüngerem Granit (Gr. II). (Seite 227). Maasstab ca. 1:10. Das Messband ist in Centimeter getheilt. Alter Stbr. an d. Anmühle bei Damm.

Tafel III.

Fig. 1. Jüngerer Granit. Wendelberg östl. v. Aschaffenburg. (Seite 239). Maasstab ca. 1:2 d. nat. Gr. Die abgebildete Fläche liegt senkrecht zur Schieferung des Granites und parallel zur Streckung.

Fig. 2—4. Aelterer Granit. Maasstab ca. 1:2 d. nat. Gr.

Fig. 2 zeigt die Flaserung auf einer Fläche quer zur Streckung des Gesteines. Mainsschiefer Weinberg nordöstl. v. Aschaffenburg. (Seite 184).

Fig. 3. Stängelige Structur im Querbruch des Granites. Steinbruch nördl. v. Stockstadt a. Main. (Seite 184).

Fig. 4. Faltung des Granites auf dem Querbruche des Gesteines. (Seite 226). Schurf südl. v. Habshof Kleinostheim bei Aschaffenburg.

Fig. 5. Querschliff eines gefalteten Staurolithschiefers von der Strasse Wenighösbach—Feldkahl in ca. 4facher Vergrösserung i. gew. Licht. (Seite 201). S. Staurolith.

Tafel IV.

Fig. 1. Gang von jüngerem Granit in gefaltetem Schiefer. Nat. Gr. Dessenbacher Thal. (Seite 240).

Fig. 2. Hornblendegestein von Wenighösbach. Ca. 1:2 d. nat. Gr. (Seite 221).

Fig. 3. Gefalteter Kalksilicathornfels. Lange Hecke nördl. v. Wenighösbach. Ca. 1:2 d. nat. Gr. (Seite 211).

Fig. 4. Querschliff von Biotitschiefer mit Granit injicirt. Kuppe am Nordfusse des Erbigbergen bei Schweinheim. Vergrösserung ca. 6 fach. Gewöhnl. Licht. (Seite 260).

Fig. 5. Gefalteter Glimmerschiefer von Wasserlos am Hahnenkamm. Querschliff. Vergrösserung ca. 4 fach. Gewöhnl. Licht (Seite 199).

Fig. 6. Hornblendegranit mit abhrechen Fetzen von Hornblendeschiefer. Steinbruch am Nordabhang des Stengerts bei Gailbach. Ca. 1:2 d. nat. Gr. (Seite 238).

Fig. 7. Gewundener Pegmatitgang im älteren Granit. Ca. 1:12 d. nat. Gr. Linkes Mainufer nördlich von Stockstadt, gegenüber von Kleinostheim. (Seite 248).

Tafel V.

Mikrophotographien.

Fig. 1 u. 2. Quarzitschiefer. Abtsberg bei Hörstein. Querschliff. Vergrösserung ca. 45. Obj. 5. Fig. 2 sw. + Nicols. Fig. 1. Analysator ausgeschaltet. (Seite 195).

Fig. 3. Staurolithkrystall, skeletiförmig aus Staurolithschiefer. Westende von Feldkahl. Vergrösserung ca. 10. Obj. 0. Polarisator allein. (Seite 207).

Fig. 4. Feldspathauge aus dem in Tafel III, Fig. 5 abgebildeten Staurolithschiefer von Wenighösbach. Obj. 0 + Nicols. Vergrösserung ca. 10. (Seite 203).

Fig. 5. Feldspäthe mit Einschlüssen von Erz u. s. w., die in gekrümmten Linien angeordnet sind. Haubhof bei Königshofen. Obj. 0 + Nicols. Vergrösserung ca. 10. (Seite 203).

Fig. 6. Metamorpher Sandstein. Nördl. v. Wenighösbach. Obj. 0 + Nicols. Vergrösserung ca. 10. (Seite 213).

Tafel VI.

Mikrophotographien.

Fig. 1 u. 2. Klastisches Quarzkorn im metamorphen Sandstein. Eckertsmühle südl. v. Aschaffenburg. Obj. 7. Fig. 2 + Nicols. Fig. 1. Analysator ausgeschaltet. Vergrösserung ca. 110. (Seite 215).

Fig. 3. Metamorphe Grauwacke aus dem in Tafel II, Fig. 1 u. 2 abgebildeten Hornblendegranit mit Einschlüssen. Obj. 5. Polarisator allein. Vergrösserung ca. 45. (Seite 215).

Fig. 4. Hornblendegranit mit Protoklasstructur. Ablösung von Theilchen der Hornblende. Grasberg bei Schweinheim. Obj. 0. Polarisator allein. Vergrösserung ca. 10. (Seite 233).

Fig. 5 u. 6. Biotitschiefer, mit Granit injicirt, welcher Protoklasstructur besitzt. Kuppe am Nordfusse des Erbigberges bei Schweinheim. Obj. 0. Vergrösserung ca. 10. Fig. 6 + Nicols. Fig. 5. Analysator ausgeschaltet. (Seite 228).

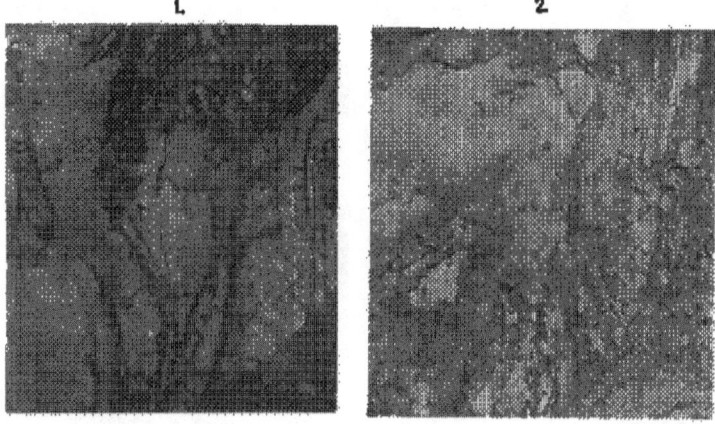
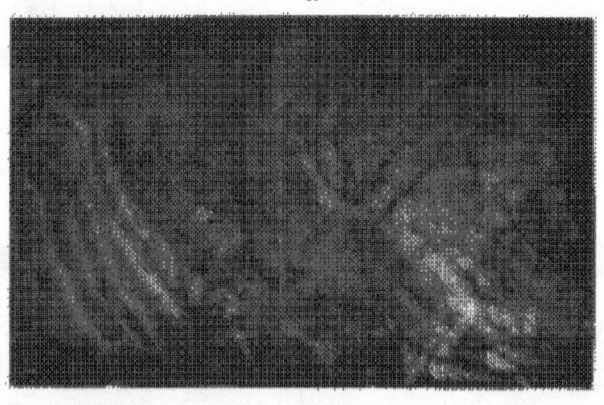

Abhandl. d. geolog. Landesanstalt zu Darmstadt. Bd. II. Heft 4. 1893. Tafel III.

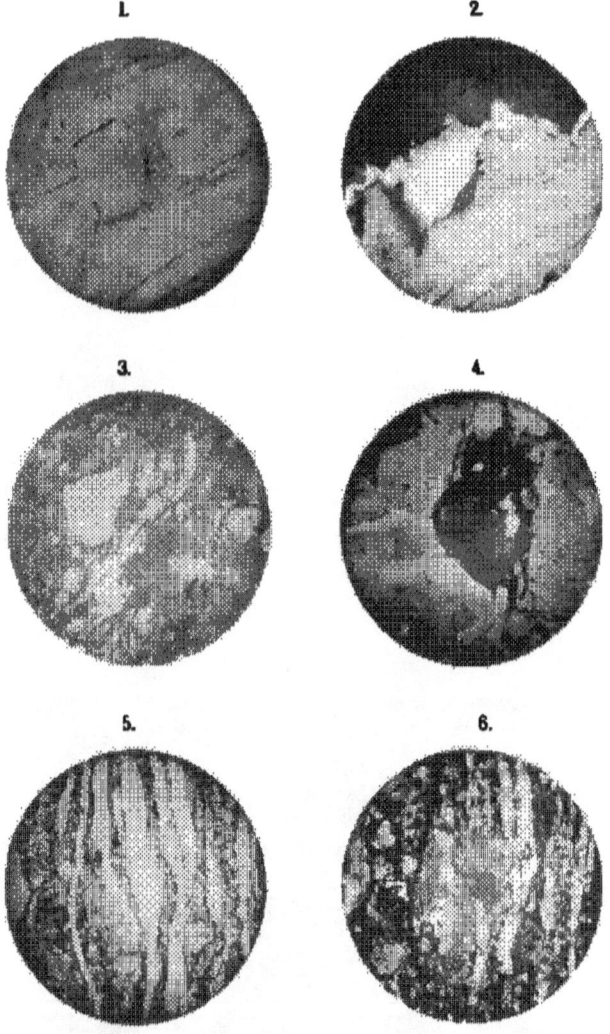

www.ingramcontent.com/pod-product-compliance
Lightning Source LLC
Chambersburg PA
CBHW032132230426
43672CB00011B/2305